婴父 著

郑州人

南京大学出版社

图书在版编目(CIP)数据

郑州人/婴父著. —南京:南京大学出版社,
2022.8
ISBN 978-7-305-25696-7

Ⅰ.①郑… Ⅱ.①婴… Ⅲ.①散文集-中国-当代
Ⅳ.①I267

中国版本图书馆 CIP 数据核字(2022)第 088687 号

出版发行　南京大学出版社
社　　址　南京市汉口路 22 号　　　　邮　编 210093
出 版 人　金鑫荣
书　　名　**郑州人**
著　　者　婴　父
责任编辑　黄　睿
责任校对　王木鱼
照　　排　南京紫藤制版印务中心
印　　刷　徐州绪权印刷有限公司
开　　本　880×1230　1/32　印张 10　字数 250 千
版　　次　2022 年 8 月第 1 版　2022 年 8 月第 1 次印刷
ISBN 978-7-305-25696-7
定　　价　68.00 元

网　　址　http://www.njupco.com
官方微博　http://weibo.com/njupco
官方微信　njupress
销售咨询　025-83594756

目　录

郑州城

　　月如钩,城似舟。古城墙虽然早已是残垣断壁,匍匐于高楼广厦的间隙,但它娓娓道来,讲述了郑州城市的前世今生,缓解了郑州人的身份焦虑,也为这座城市整合历史空间和重建文学意象提供了可能。

　　"城"字在不同语境中有不同的意涵。如果说"城乡一体化协同发展",那么这个"城"指的是和乡村相对应的城市——大规模的聚落和产业中心;如果说"花开时节动京城",这个"城"则是指特定城市的整体城区;如果说"城头变幻大王旗",这个"城"则是城字的本义,特指城墙。而我要说的"城"正是郑州的古城墙。

　　郑州与北京、南京、西安、杭州、洛阳、开封、安阳同列,并称中国八大古都。若以年资序长幼排座次,郑州有着3600多年的建城史,在八大古都中当仁不让位居魁首,是名副其实的老大哥。但在国内外游客的公议中,郑州又偏偏是八大古都里最缺乏古风的一个。不了解郑州历史的人以为郑州是一座只有百十年历史的新兴城市,是一个出身寒微迅速膨胀的暴发户。郑州人为了宣传现代史上铁路对城市迅速崛起的巨大作用,曾经自诩为"火车拉来的城市",这意外地带来了一些副作用，让不少外地人产生了误会，以为在火车头鸣响汽笛牵引着各种发展机遇呼啸而至之前，这里只是乡野墟落，只是洛阳的东郊、开封的西郊。有些访客在中心城区走走看看，悠悠逛逛，半天也遇不到古街旧巷老房子，没有钟楼、鼓楼，也没有寺观、衙署和牌坊，甚至很少能够见到起脊挑檐的传统建筑样式。他们会悻悻然地说："不见旧貌，只有新颜，你的古都身份缺乏物证，缺少景观支持。"客人有理有据地质疑："城池系统在中国是古城必有的符号，还没有听说过哪里的古城是没城墙的！——你们的城墙呢？像西安、南京、开封那样的城墙呢？"

提到城墙，郑州人没有气馁，反倒松了一口气，有话可说了——郑州过去也是有城墙、城门、城楼、城壕的，郑州有中国远古最宏大的王城，有世世代代与郑州人不离不弃的古城。《说文》曰："城，以盛民也。"用现代语言解释，城池的本质说到底不过是市民生活的容器——郑州先民们从商代开始就住在古城中，城墙环护着百姓，百姓守望着城墙，见证了古城无数次的崩坏坍塌与改造修葺，看着土墙变成砖城，又看着砖城变成废墟……这座古城自从完工那天起，摧毁与再生，解构与重建，历经三千余年兴衰而始终保持"生活容器"的功能，任何年代都不曾变成空城、废城，这在中外城市发展史上，都是十分罕见的。

记得童年时，我和小伙伴们多次跑到城东路（原来叫作二里岗大道）一带游玩。儿童的天性使然，我们老是放着平直的马路不走而喜欢在马路西侧高低不平的土岗上奔跑——那时蒙昧未开，当然不知道这平凡甚至荒陋的小土岗竟然是商代城墙的残骸。青年时代，我常常黎明即起，就近到紫荆山公园健身，喜欢在西园小山的台阶上蛙跳上行，憋着一股劲企望有朝一日能练出弹簧腰身。当时以为这座小山包因挖湖堆山而成，此乃造园常规，不曾想它花木繁盛的表皮之下竟然也是商代城墙的城垣——多年后有机会读到乾隆《郑州志》，上面说："紫荆山，乃北城门外崇圣寺后旧城址,日久积沙而渐厚者也。"编纂志书的清朝官宦和文人雅士也是知其一不知其二:他们知道紫荆山是旧城垣的一部分,但他们不知道旧城的肇始竟然可以上溯到夏商交接之际。清朝乾隆年间,久擅文献考据和金石之学的中国人还不知道世界上有一门现代科学叫作考古学,更不会逆料,我们现在可以使用放射元素碳-14鉴定数千年前的古文物,测定它们的存世年龄,误差仅止于十年上下。志书沿袭旧说,载明郑州城始建于唐武德年间——唐朝开国之初。

1950年秋,中华人民共和国成立一周年国庆节前后的一天,有位名叫韩维周的小学教师在二里岗一带散步,途经几处市政工地,他漫无目的,信步徐行,随意顾盼——不少谈到韩维周先生的读物都介绍了他小学教师的身份,但它们或者无从知晓或者为了某种考虑有意遮蔽了韩维周在民国时代已从业于考古工作的专家身份;新中国成立后,韩维周才来到郑州谋生,在南学街小学任教尚不足一年——他缓缓走来,脚下无意间踢到了石块和散碎的陶片,可能是前些天刚从工地基坑挖出来的,出于专业的敏感,他弯腰捡起,细细打量这些陶片上浅浅的绳纹,先是满脸诧异,而后陷入沉思。他初步判断,这一定是商周器物的残片,在这附近的地下一定埋藏着先秦时期不为人知的巨大秘密。他心情激动,回到住所,奋笔疾书,写信向政府部门报告自己的发现,此后又多次上书建议在二里岗进行考古发掘和深入研究。韩维周无意之间,揭开了郑州二里岗商代遗址考古发掘的大幕。

文物部门对二里岗及其周围地区展开调查,果然发现了丰富的文化遗存,1952年,开始试发掘,次年,开始较大规模的发掘。70年过去了,几代专家持续的考古发掘和研究证明:郑州商城由外城、内城与宫城三部分组成,具有严谨的三重城结构,城址面积约25平方公里,规模在殷商时代前所未有,而这种城址布局,开创了我国城市规划布局的先河。考古学家、历史学家确认，郑州商城乃商汤灭夏建立的商代第一座国都——亳都。

郑州商城是一座革命之城。商汤灭夏史称"商汤革命"，这是汉语"革命"一词的词源出处——以暴力方式推翻前朝统治，建立新的王朝，完成朝代更迭，这在中国历史上是第一次。商汤兵戈相向推翻了荒淫无度的夏桀，为中国历史提供了一种主流演进方式的范式，同时他用革命成功的喜悦和激情缔造了伟大的亳都，也为后来的都城建设树立了样板。亳都城墙为生土结构，以版筑法夯土而成，土方量多达数百万立方米，即便十万名奴隶和军士昼夜不息，非积经年之功亦难以告竣。墙土里渗透存储了古人的喘息、脉动和血汗。有艺术家提议在商城遗址附近建立夯土筑城者的青铜雕像，表现他们凝重的神态，表现他们发达的胸大肌、肱二头肌，表现他们怎么样塑黄土为城郭，化青春为史诗。

从商汤开始，商王朝五世十王都盘踞在这里，时间前后长达二百余年。据今人民公园一带的考古发现证明，商代迁都安阳后，郑州亳都仍有居民驻守。斗转星移，当周朝推翻并取代商朝以后，周武王将其弟弟管叔鲜分封建国于此地，这时候的亳都变为管国国土，管国的主要使命就是利用周朝东部重镇的有利位置，监督控制周围的商代遗族。自己垒起的都城，演变为控制自己子孙的堡垒，这是商汤缔造这座城池时万万没有想到的。管国城基本上是利用商城内城城垣复建而成，形制上没有大的变化。

春秋时期管国被郑国所灭，都城由此开始被称作北鄹——鄹字的本义是边缘的城邑，北鄹指郑国北部边城，人口规模繁盛程度日渐衰落。郑国名相子产执政时期，郑国国君把这里赏赐给他作为采邑。战国时期，魏国势力覆盖到这里，在商代城垣外侧增建了新的城墙。到了

郑州商城遗址

汉代,城池规模向内收缩,只保留了商城内城偏南三分之二的区域——北城墙向南迁改,重新修筑。城池的形状从大体方整南北略长变为东西狭长,所以郑州城后来有"舟城"之谓。这个城垣形状和规模以后沿用到唐宋元明清各个朝代。隋朝设立"郑州"地方行政建制,这里从此开始成为州治所在,变成名副其实的州城。

唐武德四年(621年),郑州城大规模重修。这是史料中首次可见确凿年份的记载。康熙《郑州志》说,修葺一新的郑州城"城周九里三十步,高三丈五尺,顶阔二丈,下宽五丈。隍宽四丈,深二丈五尺。城门四,东寅宾,西西成,两门相对。南阜民,北拱辰,两门不相对,南门偏西,北门居中。各有楼在月城上"。城上郭门嵌有匾额,东曰"东望奎躔",西曰"西维禹甸",南曰"南瞻舜日",北曰"京水朝宗"。四句话均为吉语,"奎躔"指奎星运行的轨迹,"禹甸"指大禹开垦治理的中原大地和中原文明,"舜日"意为尧舜等圣君开创的太平盛世,最后的"京水朝宗"所指较为写实,京水即今天的贾鲁河,这句话意思是说海纳百川,这条郑州城北最重要的河滚滚东流,最终还要归入大海的怀抱。

有唐一代,开始看到文人骚客关于郑州城的吟哦之作。诗人李商隐有《夕阳楼》诗一首:

> 花明柳暗绕天愁,
> 上尽重城更上楼。
> 欲问孤鸿向何处,
> 不知身世自悠悠。

夕阳楼应为郑州城西南角的角楼,登楼远眺,据说可见嵩山翠色——150华里开外峻极峰景色清晰可辨,那时候的空气质量真好得无话可说。密县一带的嵩山余绪大小山岭更应该一览无遗了。西山爽气，在我襟袖，登临之乐，令人神往。郑州人皆为夕阳楼之不存扼腕叹息，有人不无夸张地称夕阳楼与岳阳楼、鹳雀楼、黄鹤楼、滕王阁等量齐观，共为天下名楼，足见夕阳楼在郑州人心目中的崇高地位。然而实话实说，上列名楼皆为独立建筑，而夕阳楼则是一座角楼，是郑州城墙设施的一部分。

到了宋朝，郑州城的形象更多地见诸诗文和史籍。西城门被大文豪苏东坡列入送别诗题——《辛丑十一月十九日，既与子由别于郑州西门之外，马上赋诗一篇寄之》，东城门则有一个和宋仁宗有关的故事，值得一记。那时宋仁宗刚刚亲政，还不过是十几岁的少年。有奏报说为永安县（今郑州巩义市）宋陵制作亟待安装的石翁仲尺寸太大，运载的车辆由东向西进入郑州遇到障碍，官道旁民居和路边店夹道而立致其通行困难需要拆迁，郑州城东门过于狭窄亦难于入内——古时没有环城公路，通往豫西的车马必须穿城而过。身边老臣一言不发，等着听少年天子如何表态。仁宗毫不犹豫地说："民生不易，还是少打扰百姓，民房能不拆就别拆。郑州城门是公共设施官方财产，着令州官拆了重建就是。"皇帝谕旨让现场大臣心中暗暗称赞。我们从这个故事中看到了一个好皇帝的仁爱之心，也据此可知郑州城门的局促狭小。

宋徽宗也与郑州城有缘。这位文人皇帝听说郑州城墙年久失修模样不堪，便指派京畿路都转运使吴择仁负责修缮——皇帝亲自安排一座州城的维护工程，这在历史上并不多见，足见宋徽宗治国理政并不遵从常规。"近水楼台先得月，向阳花木易为春"，也许这和郑州城拱卫首都汴京，处在皇帝眼皮底下不无关系。郑州城墙维修工程刚刚竣工，就有人到宋徽宗那里打小报告，说新修城墙掺杂了沙土，修葺后反不如旧城坚固，很快便会坍塌。维修工程里面疑有猫腻。宋徽宗大怒，立刻秘密派人到郑州在城墙上随机抽样,取下一块标本,密封后送入皇宫,令身边卫士当场进行破坏性试验。城墙上的土块在宫内地砖上摔了三次,都坚如铁石,谗言不攻自破。皇帝因此对吴择仁更加赏识,任命他为户部侍郎兼知开封府——相当于民政部副部长兼首都市长。

到明朝时郑州城墙外砌青砖,由土城变为砖城——我们今天能够见到的全国各地古城城墙,大体上都是在明朝实施"砖包皮"工程的,西安城、南京城、北京城等莫不如此。在这之前,除城门、城楼等关键部位为砖石和砖木结构外,各地古城主体部分皆为黄土塑身,常年风吹雨淋,极易败坏,功能受损,观感也大受影响,看上去遍体鳞伤,残破不全。明朝中期国力强盛,砖瓦建筑材料生产技艺普及开来,促成了全国城池营造的提质升级。砖砌体使城墙更加坚固,防御功能大幅提升,也更加雄伟壮观。

郑州城刚完成转型改造,就迎来了李自成攻城的刀枪剑戟。明崇祯十五年(1642年),李自成率农民起义军攻破郑州城,知州鲁世任挥剑刎颈,决意以身报国,无奈被扈从救下,自杀不遂,只好仓皇出逃。起义军毁坏官舍民居和城垣设施,郑州城"百雉之险,不两日而拆如平地"(张柽《流土记》)。郑州城遭遇了有史以来最严重的劫难,所以在郑州民间的历史记忆和传说故事中,李自成的名字始终是杀人放火的江洋大盗的代称,并非姚雪垠文学作品中那样的正面形象。

清顺治二年(1645年),知州张肇升重修郑州城,"百雉之观,伟然金汤"。顺治七年(1650年),知州王登联锦上添花,加建西城楼一座;顺治十四年(1657年),知州刘永清再建东城楼——风水先生说,按照堪舆学的原理,郑州城的东城楼应该较之其他城楼更为重要,所以这一次东城楼修得格外坚固和高大壮观。乾隆年间有干吏能臣之誉的知州张钺任上多次修复、修整郑州城垣。他本人撰写的《重修西城楼记》描述当时郑州城内城外百姓安居乐业的繁荣景象："城以内万家邻比,庐井秩如,城以外畎亩绣交,桑麻渥若,冠盖往来,商旅辐辏,盖庶几乎富庶之邦矣。"乾隆三年（1738年）,他莅任之初便议修城墙,完工五年后南城门毁于大雨,又组织抢修,还其旧观。乙丑秋日,他又重修西门城楼——自谓曰"夕阳楼"。乾隆《郑州志》中存有张钺的《重修西城楼记》,他认为历史上所谓的"夕阳楼"即郑州城西城门上的城楼,其人其文说法与众不同,研究者可借以参考辨析。他大兴土木反复整修城垣,若以醉心形象工程相讥则对此公略失公允,城墙向来被视为御敌安民的防护设施,工程目的是"为国家壮金汤,为地方固封守",同时兼有登高望远的观光功能和"望尽天涯路"的文学意象。他虽有"工程癖好",仍然算得上一位忠于职守、颇有作为的官员。晚清郑州诗人司星聚有诗《西城烟树》一首,描写郑州西城墙一带风景:

> 烟光绕树树连城,
> 郁郁葱葱一带横。
> 暗杂晨炊飘断续,
> 浓遮午日失阴晴。
> 林端隐堞高笼雉,
> 叶底如簧细啭莺。
> 偶向夕阳楼上坐,
> 喜看画图听人声。

可见当年郑州城绿树成荫遮天蔽日,早就打下"绿城"底色。司星聚诗中的"夕阳楼",正是知州张钺所修的西城楼,与李商隐登临之处显然不在同一位置。

清同治二年(1863年)冬天,郑州知州王莲塘整修郑州城池,于同治十年(1871年)秋天竣工,工期长达八年。光绪十六年(1890年),知州吴荣启组织士绅民众重修城垣。民国初年,地方不宁,郑州士绅共同商议,在城墙上增建炮台,添置火炮,进一步强化了城墙的防御功能。

清末民初,随着芦汉铁路和汴洛铁路(陇海铁路前身)的建成与投入运营,郑州工商业跳出城墙向西发展,火车站与古城墙之间迅速出现新的街肆,郑州最繁华的区域已由城内转至城外,旧城墙的防御功能完全丧失,在城外现代生活场景与城内旧有空间秩序的强烈对比中,古城墙不但没有阻断和区隔两者的联系,相反它发挥的是折中和平衡的作用。大家生活在城墙内外,因而感觉它具有明晰的地理坐标参照系功能和空间上的方向感、层次感、尺度感,似乎有一条纽带把大家连接在一起,让大家有一种共同的地域认同和古城的家园意象。

1920年代末,西北军事集团的首领冯玉祥将军以国民革命军第二集团军总司令的名义进驻郑州,并以河南省主席的身份施行新政。主豫守郑期间,他做了不少影响郑州长远发展走向的事情,深得身后赞誉。唯有一件事让后人颇有微词:他不但没有修茸郑州城保全郑州城,反而视城墙如敝屣,下令组织市民和士兵拆除郑州城垣。具体而言,就是拆掉城墙上的青砖,用于铺装市区道路和建造平民住所。据有关资料显示,拆墙行动于1928年2月20日动工,当月29日完工,共拆得青砖700多万块。几个昼夜之间,郑州城被打回明朝以前的模样,赤身裸体,无遮无掩,满目疮痍,形销骨立。无从知晓冯玉祥当年的初衷,不知道他是为了修路盖房寻求建筑材料而拆毁的城墙呢,还是决意拆除城墙后考虑到废物利用事先给墙砖找好了出路?我相信后者的可能性更大——他把城墙当作旧社会、旧世界、旧秩序的象征,恨不能一日荡平而后快。

郑州拆除古城墙，想来当年在全国并非孤例。1931年，国民政府出台了《保护城垣办法》，要求对全国各地现有城垣、城壕及边界关塞一律加以保护；规定今后如需拆除填平者，由地方政府呈文经中央政府有关部门核准后方能实施。这是国内首部保护古城垣的法规文本。

1938年2月14日，日寇首次出动军机对郑州城实施轰炸，火车站商业区悉成废墟。此后同年3月至6月，1940年6月，日寇飞机多次对郑州狂轰滥炸。1945年8月日本无条件投降后，国民政府行政院善后救济总署河南分署报告有关数据：郑州城抗战期间房屋坍塌28000多间，城墙被毁90%。战火之后，郑州城已不再具有完整的城垣体系及连续的景观系统，古老的城墙只能求生于地表之下，地表之上的部分残躯也只能蜷曲偃卧，以土岗、土坡、土坎的形体存续于郑州市民的生活空间。前文所述韩维周散步走过的二里岗，即因此而得名。

一部郑州城墙史，不啻一部郑州兴衰史。

21世纪初年的某一天，我曾陪同一位德国城市规划专家到城南路和商城路之间的那一段古商城上散步，穿过铜干铁枝的老树，从土岗子的坡道上下来，他激动地告诉我，刚才几分钟，他经历了一段重要的生命体验——与中国商代都城零距离接触，在3600多年高龄的生土建筑上漫步，简直是太难得、太奢华了。他认为，至今仍在参与现代生活的郑州古城墙是世界上最珍贵的历史遗产之一。

前几年，为了更好地保护和展示古城墙，郑州市文物部门仿照古人版筑造城的施工工艺，用黄土把商城遗址的部分段落还原成了带状的大型立方体，让市民和游客直观地获得"商都印象"，而不是靠想象。参观者见仁见智，评价不一。有人为这种景观再现的方式点赞，有人却痛心疾首，认为如此无异于"弄真成假"，让观者对古城的原真性陡生疑云。如何讲述历史，讲好郑州故事，的确是需要高智商兼高情商的高难度操作。

与精准还原原始状态古城墙的探索相比,一些文史爱好者和郑州市民提出了一个更具可操作性的建议:希望能够按照历史上旧有的尺寸,在原来的位置上按照唐宋或明清的建筑规制复建四座城门楼子,哪怕重建一处也好——例如复建宋仁宗曾经过问的东门,或者复建苏轼与苏辙挥别的西门,或者干脆复建李商隐登临过的夕阳楼。复建古城楼绝不是为了制造一个假古董,而是运用这种方法还原郑州城曾经的建筑景观,标注郑州的古城方位,彰显郑州的古都身份,营造郑州的历史文化氛围,当然,最终是提升郑州人的文化自信,增强郑州人的自豪感和荣誉感。投资强度不高,而综合效益甚丰,这个想法有一定的参考价值。

中国科学院院士、同济大学常青教授是建筑史和历史环境再生设计方面的专家,他为郑州城门的再造提供了全新的方案:排除修旧如旧的传统模式,用银色的合金材料凌空搭建起一个通透的古城楼的框架,化实体为线条,寓凝重于轻灵,借古典以创新,既向历史致敬,又富含先锋精神,很能表现郑州这座城市"虽为旧邦,其命维新"的气质,看了让人耳目一新,心驰神往。

2020 年 6 月 22 日

郑州人

郑州人的聚集呈板块结构，不同板块有不同的生成机制，五彩斑斓，各有特色。

郑州市下辖六县(市)六区。六县不说，单说六区。六个区分别是金水区、管城区、二七区、中原区、惠济区、上街区。上街区是块"飞地"，和中心城区间隔近40公里，形体上算是孤悬城外，精神上不妨说貌离神合。其他五个区亲密无间抱成一团，构成郑州城市中心区的主体(创建之初相对独立但后来很快与市区连为一体的郑东新区和郑州高新区、郑州经开区都已做大做强，早已是风生水起气势恢宏的大块文章了，但均非一级地方行政建制，暂不列入今日话题)。从城市地图上看，它们相互契合、咬合，衔接得天衣无缝，条条大街与道道小巷和供电、电信、供热、燃气、给排水等等这些城市管线如同血脉经络，把它们连接成一个完整的肉身，即便长久在这里生活的郑州市民走来走去，大多数也都说不清各区的边界所在。

应当说，每座城市都是一个价值共同体、利益共同体，都有它的主流文化和城市精神，但这并不影响城市内部同时存在着不同的亚文化组团——一座城市的主流文化和城市精神其实就是由这些亚文化熔铸而成的。郑州六区中,最早成形的城区已有3600多年骨龄,而最新设置的城区只有30多圈年轮——它们各自具有不同的孕育机缘和诞生时间,不同的发展动力机制,不同的居住族群,因而各有各的文化表情,有着相互之间绝不雷同的性格特征——一个整体的肉身,藏着好几个有趣的灵魂。

金水区是省级党政机关聚集地,郑州市民习惯称之为"行政区"——全国各个省会城市都有这么一块地方吧。河南省会1954年秋由开封迁到郑州,一下子迁过来19万多人,金水区许多大街小巷都是抢在这个时间节点之前紧锣密鼓完成规划、设计和建设的。方整的路网如同棋盘,"经一路"至"经八路","纬一路"至"纬六路","政一街"至"政七街";道路以经纬辨别方向,以序数形成空间序列,营造了有别于老城区的全新气象;为省直单位修建的住宅院落起名曰"甲院""乙院""丙院"等等,既利用了天干地支这种传统文化元素,又以上下承接暗示了集中统一的管理体制。进入这种城市环境,你可以体会到一种整体的设计感、秩序感。

金水区街道上非"豫A"牌照的外地车辆时有所见,比例远远超过其他城区。大小餐馆酒店顾客中,好多人都在用豫西、豫东、豫南、豫北的口音谈笑,交换着与郑州毫不相关的谈资。30年前,旅游这个词语在汉语会话中很少有人提及,近义词"出差"却使用频率极高——全省各地的公务人员很少有不曾到郑州出过差的,金水区是他们出差来郑的第一目的地,这些公务人员到这里开会、请示报告工作和接受培训,来了又走,走了又来,车水马龙,川流不息。不少出差者对金水区偏街背巷的熟悉程度超过了郑州市民。应当说,郑州诸区中主要是金水区在具体承载着省会服务功能,在经营着、维护着省会形象。

金水区有这样一个人群,他们是郑州人中的"省里人"。他们在省直单位工作,看问题的角度和高度与其他郑州人不同。他们不习惯以"郑州人"自居,他们见到郑州的领导或有关部门的同行会笑嘻嘻挤眉弄眼地说:"我是郑州的臣民啊……"其实说这话的人可能有着比对方更高的职务和"辈分",他宁可使用"臣民"这个现实生活中并不存在的身份标签,也要避开"市民""居民""公民"这些具有法定意涵的概念描述自己与这座城市的关联。他用这种方式表示亲近,也以这种方式戏谑调笑。虽然他们的身份证和户口簿都对他们的"郑州人"身份确证无疑,但他们的内心深处潜意识中是以"河南人"自许的,胸怀全省,放眼全国,不愿只代表郑州一城的利益。

他们在安排工作日程的时候会说:"明天我们去郑州调研。"——他们身居郑州,又是如何做到再"去郑州"的呢?行政层级与空间位置两个不同的概念套叠粘连难以区隔,他们却随口而出毫无障碍,你不服气都不行。

这个人群是高学历、高智商的族群,他们见多识广,自信而矜持,他们身居城中,却是这个城市发展的外部动力——全国每个省会城市,都会有这样一个人群,无一例外。

管城区是郑州历史最为悠久的城区,商汤革命,终结夏朝,建起商代第一个都城亳都,亳都的区域和今天的管城城区重合,从那时候开始,就有一部分人再也没有离开过,生于斯,长于斯,终老于斯,瘗葬于斯,子子孙孙在这里繁衍生息,传承不绝。他们安土重迁,世世代代守在郑州,他们的身上,更多地携带了郑州古城的文化基因,他们的家族宗亲,从商周到秦汉,从隋唐到宋元,从明清到民国,在郑州历史更替演进的过程中从不间断赓续着自己的谱系,所以说,管城区生活着郑州人中的"原居民"和"传薪者"。

管城区的街道中,有"城东路""城北路""城南路"和"北顺城街""南顺城街"——后边两条街连起来相当于"城西路",东南西北这四条街相互连接四面围合,差不多就是汉代以后直至明清郑州城墙框定的老城区的范围。城墙早已荒圮残缺,大部分甚至荡然无存,但是根据这些古街旧巷提供的地理信息,你依靠自己的空间想象能力,照样能够穿越沧海桑田,还原出这座古城的轮廓尺度和前世容颜。参观文庙、城隍庙这两组历经波折保存下来的明清建筑,你即时就能感受到它们的存在显露了这个城市正统文化、民俗文化双线并进的发展轨迹,证明着郑州古城身份的真实不虚。

这座古城,曾经有皇帝驻跸、太后驾临,居住过名将勋臣,寄寓过富商巨贾,但古城中的原居民们大多是三教九流、草根百姓,他们崇尚仁义礼智信,坚守温良恭俭让,追求安安稳稳、平平静静的生活,胸无大志,知足常乐。一个小摊尽可养家,半间陋室足以安身。民风淳朴,邻里亲善,世代为邻的街坊们相互守望、彼此关照,感情超过骨肉至亲。

明代以后古城中回民日渐增多,形成聚集规模,他们的生活方式对郑州特别是对管城产生了不小的影响。

二七区是20世纪以后的产物。今天二七区最繁华的区域20世纪以前还是郑州西城墙之外的旷野,沟壑相连,草深蒿长,一片荒凉。京汉铁路开通,郑州车站与老城墙之间1公里左右的纵深空间里,开始了郑州市民和外来客商的自发建设,由此形成了郑州有史以来第一个"开发区"——商业新区,有研究者称之为"新市街"——今天的地图上北至太康路,南至陇海铁路,面积约5平方公里以上的范围都被覆盖其中。郑州城也从此开始了跨越城区、界限不断向外拓展的新的发展时期。

大量的外来商家在这里聚集,设置仓库,开办商号,经营店铺,修筑道路,成立行业自治机构,促进了郑州的繁荣,给这座3600多年的古城带来了前所未有的活力。这些人背井离乡,捕捉商机,移居郑州,以图大业,他们头脑灵活,目光长远,讲究诚信,追求效益,他们是郑州人中的"开拓者"。

商业新区给这座城市带来活力,带来竞争,带来规则,带来契约文明,同时奠定了今天郑州城市商业中心区的空间格局。半个多世纪以后,郑州"商战"引起全国瞩目,参与其中的诸多大型商企,差不多都在二七区的境内,基本上都在当年的商业新区之中。

当年京汉铁路和陇海铁路次第开通运营还给今天的二七区增添了另外一个新的族群——规模庞大的铁路工人队伍。他们是中国最早的最优秀的产业工人大军,是1920年代登上中国政治舞台的一支新生力量。他们具有时间观念、大局观念,富有团结、协作精神,甘于奉献,敢于斗争,勇于牺牲,他们在郑州首次点燃了中国工运之火,对现代史和郑州城市精神都产生了巨大而深刻的影响。

中原区是郑州解放和中华人民共和国成立之后的产物,随着郑州被国家确定为重点建设城市,一大批工业项目在西郊选址建设,郑州主城区这时候才开始大规模跨越京广铁路线向西拓展。国棉一厂、三厂、四厂、五厂、六厂在这里陆续建成(二厂由位于二七区的老裕丰纱厂改建而成),郑州因此名列全国六大纺织工业基地,贴上了"轻纺工业城市"的身份标签。同时,中国第二砂轮厂、郑州煤矿机械厂、郑州电缆厂等一批机械工业项目在这里兴建,他们在全国同行业内也都占有举足轻重的地位。整个1950年代,这里简直就是一个一望无际的超级工地。

在砂轮厂工地,包豪斯风格的厂房显露轮廓,附近农民天天围观久久不愿离去,他们听不懂东德专家指导施工时满口嘟嘟噜噜的外语,也听不明白南方口音的中国工程师对着图纸争论些什么,他们把"砂轮厂"误听成了"杀驴场",面对着气势如虹的施工现场,有老乡惊叹:"乖

铁路工人像

乖嘞,这一天能杀多少头驴啊!难道,全国的驴以后都要赶到这儿杀吗?……"

五家棉纺厂投入运营后,这里聚集了五万纺织女工,白色的无檐软帽遮盖着她们乌黑的头发,长长的工装围裙捆扎出她们轻盈的腰肢,她们的靓丽青春成了这座城市标志性的风景线。新的城市民谣应时而生:小妮小妮快快长,长大上班进纱厂……

纱厂的女工和其他大型工业企业的员工只有少部分来自当地,更多的是来自五湖四海,来自长城内外大江南北。产业工人、工程技术人员和为他们工作与生活提供服务保障的能工巧匠们从上海、无锡、南通、武汉、青岛纷至沓来,这些人和金水区省会迁郑那拨人时序同步东西呼应,涌现出了郑州历史上最大规模的移民高潮,也使郑州事实上成为新中国成立后全国最早成形且流入量最大的移民城市。数十万人涌入郑州,他们带来了南腔北调的口音,带来了酸甜苦辣的口味,带来了各种各样的生活习惯和社交方式,经过与当地"原居民"和初期"开拓者"的交汇融合,他们塑造了兼容并蓄、博采众长,不怕苦、不守旧、不排外的城市精神,他们是郑州人中的"新郑州人"。

惠济区在城市中心区中设置时间最晚,建成区面积最小(当初区委区政府的办公地点只好孤零零嵌入金水区界内的南阳路上,情境如同在别人家地盘上开设的大使馆),但他们拥有郑州最宽阔的河滩、最撩人的山林、最绵长的牧野、最集中的鱼塘、最壮观的郁金香和薰衣草的花园……在这里,你可以观赏"落霞与孤鹜齐飞,秋水共长天一色"的风景,可以巧遇正在劳作的农民、渔夫、牧者、舟子,可以邂逅正在优哉游哉的旅人看客,可以随时体验到郑州人难得享受的"慢生活"节奏——按照郑州人的期许,我们不妨把他们称之为郑州人中的"生态人",即与自然环境、人文环境和谐共生的人。在大多数郑州市民的心目中,惠济区搞不搞工业并不重要，他们最为关键的任务是建好郑州的后花园，当好境内自然和文化生态的守护者：守护好身边的母亲河，守护好史前西山古城遗址，守护好战国开凿的鸿沟，守护好汉代的冶铁遗址和古战场，守护好隋唐大运河遗址，守护好千年流淌哺育过郑州百姓至今顽强生存的贾鲁河……

惠济区原来名叫"邙山区"，后来是尊重学者的意见和老百姓的民意才改的。学者说，邙山之名本指洛阳段黄河边的丘陵，我们这一段其实另有专名，叫作岳山，或曰广武山。古人曰："生在苏杭，葬在北邙。"邙这个字由"死亡"和"城邑"两个构件组成，有生命终焉之地的意思，并不吉利。"惠济"之名，来自区内一座隋唐运河上的千年古桥，"惠民济世"，字面上的含义亦好。得名以来，再无人反对。

上街区建区于1960年代初，是专门为新建的郑州铝厂服务而设置的城区建制。名字来源于一个村庄。郑州铝厂氧化铝产量占到全国的半壁江山，地位了得，所以上街区又有"铝都"之称。上街区土地由荥阳县（今荥阳市，划归郑州管辖）析出，地盘不大，城市化水平（城市人口占比）高达九成以上，这在全国城区中都属于较高水平。郑州铝厂的内部组织结构、员工素质、经济效益和企业文化，都对上街区具有决定性的影响。

我们不妨戏称上街人为郑州人中的"飞人"，原因有三：

一是上街本来就有郑州飞地之谓，相距遥远，他们像鸟一样飞来飞去。

二是他们的日常起居与郑州中心城区的市民百姓极少交集，许多市民从来没有到访过上街，由于对上街缺乏了解只好依赖自己的想象臆测他们的生活，而中心城区在上街人心中是母城而非栖息之地，上街才是他们的林子和家园。

三是上街人有个飞翔之梦。上街有个小型机场,原来由河南省体育部门主管,是专门用于航空运动训练的。近年来上街人谋求新的发展路径,接手改造旧机场,扩大规模,提升装备水平,乘国家设立郑州航空港综合实验区的东风,借势进军通用航空领域,希望上街能够成为中国通用航空产业的重镇。上街人还创办了"郑州航展",云天之上银鹰飞舞,引发中外观众一片尖叫和满堂喝彩。航展办了好几届,已经在国内外小有影响。上街人梦想的未来,前景可期。

有位家住金水区的仁兄,与上街区一位老姑娘喜结连理。新娘是郑州铝厂的高级工程师,天生丽质,却潜心科研,不谈婚嫁,耽误了青春韶华。两人相约婚后继续分居两处,平时不得相互打扰,只在周末一聚。这种婚前合同貌似薄情寡义,没想到他们忠实履约后,鹊桥相会,聚少离多,却愈来愈情意绵绵,愈来愈如胶似漆。

我问其中奥秘,兄嫂皆曰:"距离产生美。"

2020 年 9 月 18 日

郑州话

月是故乡明，话是乡音亲。古人有游子归来"近乡情怯"的说法，所怯者何？首当其冲者，是害怕被滚烫浓酽的遍地乡音灌得酩酊大醉。

郑州人说话声韵古拙硬气，语气恳切，绝不流滑轻浮。

郑州人说话词语丰富，古雅别致，既保留了某些汉字古时的部分义项或特殊读音，又体现了他们自己对生活的认知和价值判断。

今天的郑州方言依然是简洁洗练，直截了当，一语中的。

郑州人把家门口的小巷称为"mang"（字形为门字框，中间一个外字，读若忙，门外两字的双音连读）——不愧为形音义高度统一的典范案例。俗话说："远亲不如近邻，近邻不如对门。"郑州人如果向你介绍谁和他是"一个 mang 长大的"，那就等于告诉你这人是他的发小和通家之好。这么高级的一个汉字现在的电脑字库中竟难以寻觅，真是让人郁闷。早年的印刷品中这个字还有所见呢。

郑州人把好朋友称为"拔丝"——也许是说像大厨用糖稀做的拔丝苹果、拔丝山药那样甜甜蜜蜜、牵连不断？

郑州人夸你聪明时会说你"能"，有本事的人被称为"能人"。这种说法本身就很聪明——郑州人认识到真正的聪明智慧绝不止步于知识丰富，知识必须转化为能力才能有所作为。郑州人是相信"大智若愚"的，如果他们把能人前面加个"小"字，情况就应声发生翻转——评价某人为"小能人"，是指这个人有点聪明过度，聪明反被聪明误。小能人若有过度表现，会被斥为"露球能"，"能"这个字就彻底变味了。

郑州人大声骂你"傻"时大概率是表示他（她）对你颇有好感，说明在他的心目中你绝不是个傻子，他或许只是在赞叹你的执着精神而已；郑州人如果真的认定你是个傻子的话，他会轻声说："二百五！"或者慢慢吐出俩字："囟球！""囟"（读若信），意思是婴儿头盖骨尚未完全闭合仍在发育的状态。"球"这个字自不待言，是个假借字，借以替代那个脏话"尿"字。这样就稍稍弱化了不雅的意味，以便夫妻和朋友们相互打趣时也能派上用场。有人把"囟球"一语记作"心囚"，这也很有其道理：你的思想和情感一旦被囚禁起来，当然与傻子无异！

郑州人把大声叫嚷称为"邪火"，讥讽你体腔内温度太高，有火苗乱窜。制止你时会说："不要邪火了！""邪火"两字念重音，"不要"两字双声连读变成一个音，音同"包"字。

郑州人谈及自己时常常不用"我"字，而是更喜欢使用另外一个第一人称"俺"，书面语例外。在日常会话中则必用"俺"字，没有听说过"我学校""我单位"的用法。俺字是第一人称单数和第一人称复数的共同用字，说俺的时候弦外之音是"我和我们"，人们在表达个人观点时仍有从众心态，避免把自己置于一个孤立的境地。

郑州人的人称代词还有一个神奇的"咱"字，把第一人称"俺"和第二人称"你"捆到一起，这个字自带温度，话一出口，就能无缝结合把对方统战过来，仿佛变成了利益共同体。东北人好像也是这种说法，而普通话中没有严格对应的字词。

郑州人把教育和劝导子弟叫作"擘画"（读若百货）——文言文常用词，谋划的意思。帮助晚辈辨别是非、权衡利弊，从长计议规划未来，不正是教育工作的核心内容吗？

郑州人把别人谋取利益捞取好处叫"叨菜"——叨是筷子夹菜的动作，形象生动——瞄准美味，迅速下手，捕获后塞进自己嘴里。

身边有人涉嫌违法被警方抓走，郑州人不说该人犯罪而说"出事"，这说明郑州人心中存有正式审判前当事人只是嫌疑人而并非罪犯的法制原则——只有审判机关才有权定罪，舆论监督当然是好事儿，但舆论定罪会酿成悲剧。

郑州人把阉割动物叫作"择"（读若宅），使用的是这个汉字的古音古意，意思是剔除掉那些无用的东西——动物们情何以堪啊⋯⋯

郑州人把侃大山、吹牛皮叫作"喷"，喷射的喷、喷涌的喷，一个字把当事人口若悬河、唾沫四溅的神态刻画得淋漓尽致。郑州人把聊天叫作"喷空"，追加一个空字，提醒你谈话内容不排除文学虚构，不必坐实。不可不信，也不能全信。

郑州人称自尊自大、自我炫耀的行为叫"鬼"，名词当动词使用，是装神弄鬼的意思——"你别鬼了"，当面制止，说明观者真的看不下去了。还有一个用法相近的词叫"带样儿"，是说某些人待人接物拿腔捏调，装模作样；"真带样"，有时候这是一句差评，有时候这是一句叹息。

郑州人把坑蒙拐骗的行为叫"权"（"权"和"我"两字双音连读才能发出类似的读音）。权指古代专卖场所的交易行为，被人"权"是指稀里糊涂之间被人出卖、被人欺骗，"被人卖了还在帮他查钱"，形容的就是被权的悲哀。被熟人权的概率远大于被生人权，前者叫作"搂着权"，甜言蜜语不得不防。

"师者，所以传道授业解惑也。"——老师一能给你真理，二能给你饭碗,三能帮你解除困惑,当然是恩公的角色。天地君亲师,传统文化中师的地位十分崇高。可现在全国各地通行"老师"的公称,在马路上随便见到谁都叫"老师",贩夫走卒概莫能外,基本替代了过去通用的称谓"同志"。就如同旧社会见到士兵也叫"长官""老总"一样,称呼高配,是一种"语言贿赂"现象。假作真时真亦假,老师的尊贵便荡然无存,处境陷于尴尬。不过,郑州人自有对策,办法是在"老师"的后边加上一个儿化音变成"老师儿",发音如同"老掺儿""劳什儿"——貌似和全国的时风协同一致,却略施小计,增加戏谑亲昵成分,颠覆了原词的正解,显示出郑州人轻松搞怪的幽默感。需要说明的是,郑州人见到真的职业教师和道德学问堪称师表者,没有例外一定是规规矩矩恭称"老师"的,舌头捋直,卷舌音取消,让他们继续独享千百年来专有的敬称。尊师重教古风淳厚,绝不含糊。

郑州人喜欢说"中"。在郑州的地盘上,繁育过中华文明,建立过中原王朝,耸立着中岳嵩山,盛行中庸之道,信守居中守正中立不倚的处世准则……中字与他们引为自豪的许多事情有关。在郑州人的心目中,中是最美好的汉字,能读出最优美的发音。郑州人和你交流时,在三种情况下会说出"中"字,而且单字成句,掷地有声:一是在他表示同意时,他说"中",这是他们的 yes(若持反对意见会说"不中",这是他们的 no);二是在他表示赞赏时,他说"中",这是他们的 good;三是在他答应你的请求且做出承诺时,他说"中",这是他们的 ok。不论何种情况,当你听到郑州人向你说"中"时,你从中获取的都是满满的正能量,你一定会有一种满足感……

郑州历史上或为国都,或为京畿之地,位于汴洛方言区的中间地带,盛唐、大宋时期,郑州话也就相当于今天的普通话,长期处于强势地位。到了推广以北京语音为标准音的现代普通话时,郑州人还真是经历了一个逐步接受的过程。

有个段子，描述了郑州开始推广普通话时的困境：

在外上学的小伙子放假回到家乡。早晨街口遇到邻居大娘，大娘主动打招呼："孩儿，啥时候回来嘞?"小伙用普通话回答说："昨晚上回来的。"大娘对他改掉乡音很是不满，脸一沉说："坐碗上回来嘞? 咋不坐你丈母娘的盆上回来哩!?"小伙哭笑不得，只好重新回答："夜儿黑回来嘞。"

这是几十年前的旧话。

过去郑州土生土长的老一代多少有点保守，鬓毛已衰而乡音难改。今天的老一代却是段子里小伙子那辈儿人过来的，心胸开放，喜新而不厌旧，差不多人人具有普通话和郑州话双频道随机切换功能：老哥们老姊妹们相处习用郑州话交流，嬉笑怒骂，趣味横生；一旦面对上小学上幼儿园的孙辈小朋友们，立刻转为普通话模式，变得柔声慢语，端正斯文。青年一代实现了普通话的全面覆盖，他们使用普通话更加自觉和规范，同时也保留了"双语模式"：普通话是他们的工作语言、社交语言，以此表现他们谈吐的正式、庄重和文雅时尚，在尺度较小的私人空间中，他们会自动选用郑州话，用以表现自己的质朴、亲昵、急智和风趣。人们内心深处最深刻的情感还是需要用方言倾诉。若不用方言，狂欢、激愤的表达不能痛快淋漓，玩幽默也难以曲尽其妙。

郑州方言一直处在调整渐变之中。郑州本来就是一个移民城市，全域千万人口一半以上都来自域外的流入，中心城区东部 1950 年代形成的省直单位聚集区，机关大院中，许多人都操着省内的南阳话、周口话、商丘话、信阳话、洛阳话、开封话……显示出干部来源的多元化特点；中心城区西部同时形成的纺织和机械大型国企聚集区，车间里工地上，更能听到全国各地北京话、上海话、武汉话、天津话、西安话、南京话、无锡话……展现了计划经济时代专业人才八方来援、会战中原的有声画卷。南腔北调的同城共存,对郑州话产生了深刻影响,古拙的声韵变得轻盈明快,佶屈聱牙的语汇也渐次淘汰出局,取而代之的是汲古扬新兼收并蓄的词语系统。所谓的郑州话,早已实现了与时俱进。

有人说,会讲标准的普通话是一种生存技能,会讲有特色的家乡话才是人文素养。相信郑州话会和其他各种方言一样,作为非物质文化遗产得到更好的保护和传承。凭着乡音,在世界上寻到更多知音。

2020 年 5 月 30 日

郑州称谓录

郑州人的称呼里有礼数，更有情感；讲规则，也有自由发挥的空间。

郑州人在亲友相处和社交活动中是很讲究称呼的。约定而俗成，名正则言顺。使用正确的称谓是发展和保持良好关系的第一步。称谓不当，会被别人看作"生瓜蛋""二百五"。

郑州人称至亲一般不会同音重叠，通常只用一个单字：称父亲为爸，称母亲为妈。这是典型的北方风格。这样既爽快，又质朴，还便于远距离呼唤。叫爸爸、妈妈是幼儿的专利，嫩腔嫩调，奶声奶气，让人心都化了。超过十岁，你若还是这样叫，就有点娘炮的感觉了，与同龄孩子格格不入，会被他们笑话的。

爸的弟弟称叔，爸的兄长称伯，也是不称为叔叔、伯伯的。若这样叫的话就把亲人叫成外人了——在郑州，小朋友对社会上父辈长者统称叔叔伯伯。称呼熟悉的长者会在叔叔或伯伯的称谓前冠以他们的姓氏，例如"赵叔叔""钱伯伯"；成年人对并不熟悉偶然相遇又不得不表达敬意的父执长辈会以"大伯"相称——将社会称谓宗亲化、血缘化，非独郑州，举国皆然，这是一种农业文明的传统。以工业文明与现代文明的角度,对这些人实在是应当称之为"先生"的,这样既礼貌,又现代,还承续了历史传统。可惜没有权威人士出来厘清和导向。

叔的配偶称婶儿,伯的配偶称娘(重读且带拖音)。而社会上统称为叔叔伯伯者,他们的夫人皆可称之为阿姨。邻家伯伯的配偶也可称之为"大大"——与北京、陕西等地称谓中的"大大"不同,郑州人口中的"大大"一般是指女性。

爸的姐妹称姑,妈的姐妹称姨,妈的兄弟称舅。姑的配偶称姑父,姨的配偶称姨父,舅的配偶称妗或妗子(也有称其为舅妈的,但这显然是普通话中的称谓,并非郑州原产)。郑州人把"姑父、姨夫、舅的媳妇"三种人称之为"三不亲"——这个亲字仍是血亲的亲,反映的还是宗亲社会的固有观念。没有一点血缘关系,反倒可以在复杂的利益关系中超然物外,不持立场,不置一词。因此,有时候"三不亲"和你的亲密关系反而超过所谓"血浓于水"的人,这种案例屡见不鲜。

郑州人长辈呼唤晚辈时一般不会使用你的全名(同辈之间也是如此),避开你的姓而只喊你的名字,或只喊你名字中的一个单字,简约柔和,一派古风。提名道姓被认为是很不礼貌的事情。若有人称呼你的全名,一般会出于两种情况:一是应急情况下,他要引起你的注意;二是气恼状态下,他要向你发威。家中长辈心情大好时会一改惯常,弃用孩子的大号和小名,把自家孩子称作"妮儿"或者"孩儿",例如:"妮儿,快点起床……""孩儿,再吃一点!"有时候,妮儿前面再加个"懒"字,孩儿前面再加个"臭"字,这种称谓就略带戏谑成分,满满的娇宠,无尽的爱怜,让你听了一辈子都不想长大。

"乖"这个字在郑州话里有三种用法,一是叹词,放在大发议论、大发感慨之前做起势之用:"乖乖嘞!真没想到啊……"相当于诗仙李白《蜀道难》中的"噫吁嚱"的作用:"噫吁嚱,危乎高哉!蜀道之难,难于上青天……"二是形容词，例如乖巧、乖僻。三是名词，用于称谓，表示对小孩儿的亲昵，是乖宝宝的意思。父母会这样叫你，爷爷奶奶、姥姥姥爷会这样叫你，甚至关系亲密的邻居也会这样叫你——有时一个单字"乖!"有时两个字"乖乖!"有时前面再加个字"好乖乖!"这称谓里面有难以言表的赞许和溺爱。他们叫你乖乖的时候，一般都在与你独处之时，轻松随机之际，轻声慢语之间，你无法拒绝和难以忘怀的慈爱缓缓注入你的心田，滋润了你的性情。

郑州人喜欢说："南京到北京，老兄是尊称。"初次相见，郑州人习惯称和自己年岁差不多的男子为"老兄"，哪怕对方比自己小上三五岁，也照样称兄不误。既表达厚道的敬意，也是中原古风旧俗。在中原文化环境中，古人是不会随便称别人为弟的。若非一母同胞亲兄弟，弟这个称谓通常有弟子、学生之意。没有深交而贸然称别人为老弟，在郑州人看来这是一种粗鄙无文的表现。熟稔之后，引为友人，大家就开始考究起来，论年齿，序长幼，排定尊卑座次。中国古代唐宋间即有序齿不序爵的故事，离开官场进入民间日常生活空间，年长者比年幼者有着更多的优先权和话语权。所以郑州人还是愿意担任老兄职务的。年轻者称年长者为老兄，年长者称年轻者为兄弟而不径称老弟，这还是在遵从旧俗，延续古风。兄弟一词在这里貌似并联词组，其实可以算作偏正结构，所指重在"弟"字。外地朋友不可不察。

对这种没有血缘关系的老兄，私人空间中也有人单字称其为"哥"的，显得更加亲切。私宴中觥筹交错之间，更有人称其为"哥哥"，甜得腻人；第一个字念一声，第二个字念二声，有点梁山好汉们的味道了。

郑州青年男女也有将比自己年长的女性称为"姐"或"姐姐"的习惯——示好的时候叫"姐"，亲昵的时候叫"姐姐"，"姐姐"的称谓同样是一声和二声，同样的甜腻，听上去简直有点撒娇的感觉了。不过说真的，人情味十足。

　　关于称谓，郑州人还有一句名言："街坊辈，胡喊乱答应。"意思是说，城市社会的人际关系早就超越了农村社会的宗亲关系，邻里之间的关联是立体化、多维度的，不能用你和一个人的关系顺利推导出你和另外一个与之相关的人之间的关系。一个人和你称兄道弟，这个人的子侄辈分的人也许也在和你称兄道弟，这种事情并不鲜见，不可过于认真。你若一定斤斤计较，让某些人改称你为叔叔伯伯，那别人就会送你一条郑州版歇后语：

　　孔夫子的裤头——装圣人蛋。

2020 年 8 月 28 日

十街巷：一种郑州史的文本结构

所谓"读城"，其实就是逛街。前往任何一座中外城市，你都能通过对其街景的流连顾盼而窥知它的过往、当下和未来。散步于文中这十条街巷，你会阅读到郑州这座城市与其他城市完全不同的历史叙事，知悉它的隐秘和个性。

所有的城市都是由街巷编织而成的。大城市的街巷数量多一些，新街老巷，长街短巷，通衢大道与偏街陋巷，林林总总，纵横交错，如棋盘，如渔网，如格栅，循环往复，互为始终；最小的城镇至少也会有一纵一横两条街道，相互交叉，形成一个十字街口。于是就有了四面和八方，就有了轴线和象限，就有了核心和外围，就有了近处与远方。

每座城市都是一篇文章——鸿篇巨制或小品文。单体建筑无论大小高矮，无论质朴还是富丽堂皇，都不过是零星单词，有了街巷，单体建筑得以有序组织起来，这些单词才相互连接形成了话语，文从字顺，各司其职，具备了抒情和叙事能力。不同街巷相互连属，前呼后应，城市的不同片区就有了不同的功能，一篇文章也就有了上下段落和特殊文采。

任何城市的历史都是一部街巷史。城市的历史是顺着街巷的延展而向前推演的，城市的主人是沿着街巷徘徊蹒跚和高歌猛进的，城市风习是在狭长的街巷空间中盛贮和流淌弥散的，城市发生过的事件是依靠街巷的物质实体记录和佐证的。街巷上空，照临过不同时代的日月星辰，街巷的地面上永久地释放着步履匆匆、马蹄踏踏、车轮滚滚汇合而成的历史回声。再简陋再逼仄再怎么其貌不扬的街巷，也都是一块历史残片，都承载着一定数量的城市文化信息。阅读城市，必须从阅读街巷开始。

街巷是增加了时间维度的四维空间，是一条条时空隧道。拣选出城市中一些街巷，它们的片段或是历史事件的现场，或是通往现场的孔径，把它们黏合连接起来，就可以得到一幅由远及近的景观长卷，一部简明的城市通史。

我有意炮制一个街巷版郑州史的文本——试图按照一定的序位将十条街巷承载的历史信息一段一段地黏结起来，形成一部简明的郑州城市通史读本。无论你是郑州人还是外地访客，希望你途经下面这些街巷时，会想起我的叙述——看到相应的建筑和景观时，想起它经历的故事；在景观阙如的坐标位置，用我叙述的公众记忆和私人记忆弥补不足与缺憾。

商城路

我必须从商城路讲起。

商城路算不上郑州的一条主干道，与形成交叉关系的紫荆山路和南边平行的东西大街相比，它显得气派不足，不够开阔敞亮，也不够豪华时尚。但许多人偏偏就喜欢不太宽的街，喜欢朴素的街，喜欢生活气息浓厚的街，喜欢站在道路这一侧的商店中就可以顾盼到道路对侧商店内顾客与货品的街。商城路就有点这种味道。

好多次深更半夜从机场或车站接回客人（有时是云水万里异域归来的家人），饥肠辘辘，都是来这条街的西段，找到那家 24 小时营业的"萧记烩面馆"进食果腹的。先点上一碟素鸡或者凉拌腐竹，一边吃，一边等待烩面的隆重登场。温暖的夜灯之下对那一碗香滑丰腴的面食和热汤热水的期待，就足以把人的肠胃系统连同心情，都调适到一种欣欣向荣的状态。

清晨上班或赶早出发到外地出差，有时候喜欢舍近求远绕路到商城路中段，去一家"伍德羊肉汤馆"喝汤。一海碗波涛汹涌的羊骨鲜汤，加几片羊肺，几丝羊肚，一牙锅盔的碎块，一撮盐，几滴入口后火烧火燎的辣椒油，一碗下肚，人们早上常有的那种困乏和惺忪顿时一扫而光，立刻产生枯木逢春的感觉。

之所以把商城路列在阅读郑州街巷的开篇位置，当然并非因为它以美食填满街肆，可以满足人们的朵颐之快。商城路的价值在于它像是郑州城市历史的一个提纲，它以景观、设施、场所讲述故事，可以独立完成从 3600 年之前郑州建城直至中共建政郑州市成立新的人民政权这一漫长过程的历史叙事。这条街上，既有这座城市初创时的遗迹，也保留了维持这座城市千年运营的中枢之地。

商城路最西端（与太康路和人民路交接）的位置是一个三角公园，内中古树参天，游人如织，土丘逶迤如同卧龙脊背，这是商城遗址的一个片段。它开宗明义地向人们介绍了郑州城的前世身份和郑州城名列中国八大古都的现实地位，它告诉人们，商汤建造的商代第一都城的城墙虽已荒圮残败，但赓续至今，从未完全退出过郑州人的生活。

北顺城街与商城路相交的位置即古商城西城墙与商城路相切的位置。1920 年代末，冯玉祥驻守郑州，为了方便城墙内外的联系，在这个

商城纪念碑

位置新开一处城门，是为"天成门"，因此商城路这一段在民国时曾经名曰"天成路"。

商城路东段路北有一组占地十亩的精美古建筑群——郑州城隍庙，原称城隍灵佑侯庙。郑州城隍庙始建于何时缺少文献记载，无从查考。可以查考的记录是明弘治十四年（1501年）郑州知州石纯粹曾经主持重修。其时距今已有500年以上的历史。郑州城隍享受"灵佑侯"侯爵待遇，正与明太祖朱元璋称帝后规定的州城级城隍应该享有的待遇吻合——都城城隍为王爷；府城高于州城，城隍封公爵；州城城隍封侯爵；县城城隍则封为伯爵。

庙宇是明代的建筑，但神主是秦汉英雄。郑州城隍神乃汉高祖刘邦征战四方逐鹿中原争夺天下时的大将纪信。当年刘邦参加项羽的"鸿门宴"，多亏纪信和樊哙等人掩护他逃遁而去。刘邦被项羽围困于荥阳，粮草断绝，几乎陷于灭顶之灾，又是他谋划诈降之计。纪信体貌与刘邦相去不远，他强行脱下刘邦衣冠穿戴在自己身上，假扮刘邦模样乘黄屋之车，悬王者大纛，大摇大摆出城投降，远远地高喊："城中无粮，汉王投降！"项羽阵营一片欢腾之声，为他们捉得刘邦终获大胜欢呼雀跃。刘邦微服轻骑趁乱得以逃脱。纪信面见项羽，项羽发现自己上当受骗，而此刻追捕刘邦为时已晚，盛怒之下，下令将纪信以火刑处死。纪信面无惧色，开怀大笑，径直投身熊熊火焰之中。

纪信赴难之地和瘗葬之所，现在称纪公庙村，属郑州惠济区管辖，离郑州主城区不足十公里。

刘邦革命成功，自然念念不忘纪信。他下令厚赏追封纪信，修建庙堂岁岁致祭。文景二帝时，纪信被封为京城长安城隍神，以后全国陆续效仿，以纪信为神主的城隍庙至宋朝在全国已有数十座之多。直到明清，纪信仍是天下城隍第一神主，兼职护佑无数城池百姓平安，主掌幽明之间善恶报应。

郑州是深受汉文化浸淫的地方，汉代文化遗存丰富而珍贵——汉阙、汉碑、汉墓、汉柏、汉代冶铁遗址，都是"国保"文物。大量的汉画像石、汉画像砖图案简洁而生动，描绘了汉代人的社会生活，映照出他们的精神追求和审美情趣，展现着他们的流风遗韵。郑州城隍庙也算是汉代历史片段的一种展示方式吧。

城隍爷纪信在全国拥有庞大的"连锁"体系，但他在天有灵，对郑州城隍庙一定是情有独钟的。尽管他在这里只能享受侯爵待遇，赶不上都城府城王爷公爵那样的显贵和排场。他在这里浴血奋战，在这里慷慨就义，相信他一定会魂系中原不离不弃，愿意端坐于郑州城中，接受郑州百姓的膜拜、追怀和亲近。

商城路的中段才是这条路的核心区位，今天的管城区委、区政府大院就是古代衙署所在地——唐武德年间修建启用，唐以后直至民国历朝历代郑州行政机关行政长官都在这里办公——在行政主导型的传统社会，官府权力始终是城市发展的主要驱动力量，官府治所也毫不例外是城池格局的核心空间。岁月不居，一茬又一茬的官宦胥吏走马灯一样换来换去，贤者、顽者、智者、愚者、能者、弱者、政绩斐然者、碌碌无为者、清廉者、贪墨者、才华横溢者、木讷无文者……形形色色，不一而足。"政声人去后，民意闲谈中"，他们都在郑州城内外留下了自己的一串屐痕，有的名垂史册，有的却成为街闾之间茶余饭后的笑料。可惜的是，历经兵燹战乱和天灾人祸，古衙署的老建筑早已荡然无存，史志记载的那些"平政堂""退思轩""旌善亭""戒石亭""状元坊""钟鼓楼""常平仓"，以及囹圄、驿站、马号等各种形制的建筑群落，只能依靠想象力在脑海中整合复原了。你现在走到这里的话，能见到的前朝旧物只有三株古木——一棵是槐树，另一棵还是槐树，第三棵仍是槐树。郑州人隐隐约约有一种"古槐崇拜",认为古槐能通神,不知典出何处。郑州古衙虽已灰飞烟灭,但几棵古槐铁干铜枝,苍颜不改,老树吐绿,愈加翠艳。它们是历史的见证者,也是历史的叙事者。

郑州官衙的旧主人很多,要数宋代州官的故事流传最广。北宋时期,郑州位居东京汴梁、西京洛阳之间,有"介两都之浩穰,承千里之风化"的说法,京畿之地,受到朝廷重视,一批名臣先后来郑州任职。那位以诗句"红杏枝头春意闹"名世、后来和欧阳修一起主修《新唐书》的风流才子宋祁,当年以翰林学士知郑州,给郑州州衙里里外外吹进清新浪漫之风;而他那曾经中过状元、登过相位的哥哥宋庠,后来也曾主政郑州(以枢密使头衔判郑州)。宋庠讲究原则,严明是非,气质温厚,作风务实,给郑州官场带来另一种新风。兄弟二人都是宋代名人,先后担任过郑州的行政长官,这是郑州人引为自豪的旧事——"二宋"在北宋的知名度,较之"二苏"(苏轼、苏辙)和"二程"(程颢、程颐)是有过之而无不及的。当年宋氏兄弟同年进士登科,小宋名列榜首,大宋逊之,名列第三,仁宗年幼,太后刘娥独断朝纲,认为"长幼有序,不可僭越",拔擢大宋为状元,将小宋名次调到了第十的位置。民间美其名曰宋家出了"双状元",一时传为趣谈。清朝郑州衙署门前树有一座"状元坊",没人讲清它的缘起出处,其实这座牌坊讲述的无非就是这段故事。将故事转化为景观,再用景观讲述故事,实施宣传教化,郑州人早就掌握了这种技术。

另一位当过宰相的宋代名臣曾公亮也做过郑州知州。他以端明殿学士头衔出任郑州行政长官时,仁宗皇帝还专门为此作诗一首,表示对他的恩宠器重。曾公亮在郑州"为政有能声",他大力整顿治安环境,境内做到了路不拾遗,夜不闭户,盗贼远走他乡,逃得干干净净。文彦博应招从长安进京路过郑州时,发现行李中一件心爱的银器失踪,曾公亮得知后告诉他：这绝对不是郑州人干的事，郑州早就不存在小偷了。较大概率是你的随从动过手脚。——经过调查，果然如此。这个故事，《宋史》中亦有记载。

宰相陈尧佐曾两度在郑州担任知州。他还是位名重一时的书法家，他的作品结体宽博，笔画丰厚，喜欢的人赞为雄壮，不喜欢的人讥为"墨猪"，有表演脱口秀节目的伶人当众打趣，拿了一张涂满墨汁的正方纸片，在中间对称撒上四撮白粉，然后告诉大家："这像不像陈长官写的'田'字?"陈尧佐不以为忤，哈哈大笑。郑州至今为书法大市，是中原书风的发轫之地。民间雅好翰墨的千年风习，不知道有无当年陈尧佐的熏染。

宋代做过郑州州官又当过宰相的还有王旦、富弼、王德用等，皆一时风云人物。这么多政坛和军界大咖都曾在郑州任职，光大了郑州衙署的门楣，也无形中提升了郑州州官的地位。

与北宋盛况相比，元代国祚不足百年，郑州州官也没有摊上什么具有较高知名度的人物。但我们从元杂剧名著中可以见到元朝郑州州官的正面形象。《救风尘》名列中国十大喜剧，是元代剧作大家关汉卿的作品，剧情以郑州和汴梁两地为背景逐步展开：郑州官二代（郑州同知之子）周舍，贪财好色，品性顽劣，将汴梁歌妓宋引章骗娶回郑后肆意打骂，百般虐待。宋引章的闺蜜赵盼儿接到求救信后亲往郑州，用计巧取周舍给宋引章的一纸休书，将宋救出虎口。周舍不服，在郑州兴起诉讼，状告赵盼儿拐骗妇女，并暗中行贿，希望州官贪赃枉法对自己有所偏私。赵盼儿毫不畏惧，反告周舍抢占有夫之妇。郑州知州李公弼在州衙开堂问案，他公正执法，判罚周舍六十大板，并取消了周舍官二代免除徭役的特权。从宋元官制上说，同知排名在知州之后，但并不是上下级关系，他们是具有制约关系的同僚。《救风尘》中的李光弼判罚周舍时故意说："若不看你父亲面上,送你有司问罪。"——不仅执行了处罚,还给人留了面子。一句话就显现出此人富有丰富的官场斗争经验。这是关汉卿塑造的一个既正派又聪明的官员形象。

《救风尘》剧本虽属虚构文学,但关汉卿也许有他的人物原型,并非全然无中生有。嘉靖《郑州志》中载有元初郑州知州黄廷佐的事迹,说他:"廉洁不苟,沉静详审,有干局。外宽内明,喜怒不形于色,刑赏不私于己,治行为一时最。""公于狱讼用心尤精,讼必罄其词,鞠之穷尽其理。既复其罪,公必开陈善恶,诲令改过自新……辨其曲直,冤者得申,人皆悦服,远近谓之神明。黄童白叟皆曰:包孝肃公复生于世!"关汉卿与之同处一个时代,对他的一些故事有所风闻,也在情理之中。世界上没有无缘无故的爱恨,关汉卿对郑州知州的好感,自然有其出处。

郑州衙署于明朝末年被李自成农民起义军焚毁。清朝历任州官相互接力都有恢复重建的举措,但直到清朝灭亡,也没有恢复到全盛时的规模。1900年庚子国难,八国联军侵入北京,慈禧太后和光绪皇帝仓皇逃难出京,有所谓"西狩"之行。1901年《辛丑条约》签订后,京中局势日渐平复,慈禧太后从西安出发一路沿黄河东行,踏上回銮之路,途经郑州,驻跸两日。太后和皇帝下榻与进膳的地方,正是郑州州衙——回銮所经州县,驻跸均在官署。时任郑州知州李元桢上任刚满十个月就遇上这种超级接待任务,这位文弱的苏州籍官员惶惶不可终日,不求有功但求无过,提前耗资扩建和修葺衙署,铺垫城中道路,装饰美化街景,接驾后字斟句酌、小心翼翼回复太后关于地方事务和郑州历史的垂询,精心安排豫菜名厨准备丰富可口的餐点,日夜在衙中应召伺候,目不交睫,直至跪送太后皇帝一行离郑,一干人马前往开封府绝尘而去。短短几日,李元桢心力交瘁,须发皆白。

民国时期全面取消州府建制,郑州改为郑县,旧州衙改为新县衙。

1948年10月郑州解放,郑州市人民政府在这里挂牌成立,这里又成为新郑州的行政中心。

一座古城的行政中心驻守在一个街区达千年以上,除了郑州以外,不知道还有谁家?

"几度东风吹世换,千年往事随潮去。"(戴复古《满江红·赤壁怀古》)不变的,是郑州人阅尽沧桑、宠辱不惊的心态和他们在商城古街上来来去去的平实脚步。

东西大街

从商城路南行不足300米,就到了东西大街。

1980—1990年代,郑州商战闻名全国,最早点燃战火引发郑州各大商场残酷竞争的商家,首推亚细亚商场。王遂舟担任亚细亚总经理时不过三十来岁,少年俊彦涉世未深,并无太多的从商经验。他超越前辈的地方,就是他懂得如何搞好企业文化建设。他组建的美女仪仗队,青春靓丽,姿容曼妙,每天举行郑州版的广场升旗仪式,让郑州人青眼相看。他在郑州首创商场内部情境设置,琴台弹奏雅乐,喷泉流水相和,绿植可以养眼,长椅聊供小憩,让顾客的购物消费变成赏心悦目的过程;首创商场导购小姐岗位,让初来乍到眼花缭乱的顾客在接引中宾至如归。"顾客就是上帝"的理念率先在亚细亚的经营管理中得到真正落实。一位大娘在亚细亚买东西,年轻的服务员找零钱时递给大娘的五角纸币皱皱巴巴品相不佳,大娘不悦,两人遂起口角,被高管巡查时发现——与顾客争吵按亚细亚店规属工作人员顶级劣行,这还得了!高管当场依规决定将服务员除名,砸了小姑娘的饭碗。大娘和服务员两人先是张口结舌，惊愕不已，继而相拥大哭，皆后悔不已。姑娘悔的是自己任性违规，以身试法，因小失大；大娘悔的是自己性急心躁，言语过激，毁了人家孩子的前程。大娘恨不得跪下为服务员求情。这件事口口相传，亚细亚再也没有出现过服务员和"上帝"争执的情况，这种事情自此在整个郑州也基本绝迹。

"中原之行哪里去？郑州亚细亚！"——中央电视台成年累月反复播出的广告词让全国人民记忆深刻，至今难忘。

亚细亚哪里寻？东西大街最西端，与二七纪念塔距离仅一箭之地。

东西大街是东大街和西大街的合称（今天的西大街还覆盖了清末民初的西门大街和西郭门大街）。明清时东大街称敏德街，西大街称里仁街；冯玉祥驻守郑州时改名为中山东街和中山西街。因为西面和解放路相望，"文革"时期又把东西大街纳入解放路序列，改名为解放东路和解放中路。改革开放后，旧街名才重见天日，得以恢复。

少年时我随大人来这条街上买过东西。记得家里请木工师傅做过两只储藏衣物的木箱，所需油漆漆片、铁钉、皮胶、合页和金属包角都是在西大街路南的店铺购买的。我印象中道路两侧全是不大的商店：布店、乐器店、中药店、杂货店、化工商店和许多家餐馆，一些小型工厂的大门也穿插其间。东大街和西大街交接之处有一座"红旗大楼"，这是"文革"时经营规模和影响力仅次于二七路百货大楼与解放路手工业大楼的大型商场。即使是计划经济时代，东西大街也可称为市场繁盛之地。1980年代初期，东西大街拓宽改造之前道路路面宽度不过十几米的样子，因为机动车流量有限，很少出现道路拥堵的现象，常见的壮观街景是每天上下班时自行车的双向洪流。骑着破旧车子的人安于顺流缓行，不争不抢，骑着崭新"凤凰""飞鸽""永久"的小伙子大姑娘们，喜欢不停地按响车把上的转铃，"丁零零"发出连续不断的金属乐音，提醒别人让路。他们彼时自我炫耀的心态，大约和现在的年轻人试驾自己的新款"宝马""奥迪"时略相仿佛。

东西大街贯通老郑州的州城，东接东城门，西连西城门。它是郑州最古老的街道之一，成街的时间至少不晚于唐朝。因为唐武德年间郑州重建城池体系，东西两门就是专门对应这条已有雏形的交通轴线而设置的。

东大街北侧的文庙更是古老，有史料记载创建于东汉明帝永平年间，距今已有1900多年的光阴。北宋形成完整和规范的建筑体系，之后历经战乱，屡毁屡修。文庙是主流文化和教育传统的标志，地方官员都不敢待之轻慢。前面我们提到过的元代那位疑似《救风尘》清廉官员原型的郑州知州黄廷佐就主持过重建郑州文庙的工程。黄廷佐"即汉永平之故基，复修而重起之，圣宇贤庑，师位生斋，下及井灶，备具一新，经始于是岁之春二月，落成于明年之秋七月"前后耗时一年半，重建工程方告竣工。

根据嘉靖《郑州志》的记载，郑州文庙在明朝的规模，殿宇廊亭已有200余间之多，占地在100亩以上。明末流寇之灾让文庙遭受严重损毁，到了清朝，又开始了一个屡毁屡修、屡修屡毁的无奈循环。到清末文庙的规模有所收缩，占地仅剩50多亩。民国时郑州乃军阀混战必争之地，你方唱罢我登场，"城头变幻大王旗"，文庙多次变成兵营，和孔老夫子塑像日夜相伴的除了他那些面目呆萌的泥塑得意门生之外，更多的是纷乱的刀枪和弥漫的煞气。

中华人民共和国成立后，文庙受到重视和保护，被公布为省级文保单位。"文革"开始后，文庙大殿又变成郑州轴承厂的车间，人们对儒学和孔子的敬意转为负值，文庙之内满地污迹，桁檩腐朽，脊瓦崩裂，屋顶塌陷，墙壁风化，门窗走形，棂星门、泮池、照壁皆损毁殆尽。

改革开放之后，文庙起死回生。经过大规模整修，昔日制度和规模重新呈现，明珠暗投的情况彻底改观，2013 年文庙大殿晋身为"国保"文物单位。红墙绿瓦，栋宇峻起，如翚斯飞，神采奕奕，东西大街东端这组明清建筑，既端庄又华美，给整条东西大街增加了不少文雅之气。每至岁末年初新旧交接之时，这里都会在冬夜里举办敲钟祈福仪式，郑州人在黄钟大吕之声中迎接新的一年。每年夏天高考之前，都会有不少即将应试的少男少女们嘻嘻哈哈半真半假地到孔子像前鞠躬施礼，请老夫子多多保佑；比他们加倍虔诚的是他们的父母，他们心口合一，馨香祷祝，暗自许愿，期待孩子考场顺利，一展宏图。高考之前文庙一游，差不多成为郑州的新民俗了。

古建筑的修复相对容易一些，难以还原的是古建筑周邻旧有的植物生态。例如，文庙前面的千年古柏是无法再生的。

清末郑州知州、诗人王莲塘有《文庙古柏行》诗一首，描述了文庙中一棵古柏树与火灾和风灾搏命抗争的雄强姿态。诗云：

东城卑湿无老树，文庙老柏气弥固。

突作龙拏劲骨盘，倚欲虎卧苍鬙怒。

似此轮囷几何年，岁月消磨影不圆。

禁地虽无牛羊扰，霜天难免蝼蚁穿。

我膺广文初至此，忽遭劫火惊欲死。

芹宫鸳瓦烧乱飞，泮水鱼殃救不止。

烟焰直扑老蛟螭，赤舌乱缠黑铁皮。

万斛翠涛翻碧海，泼退祝融还支离。

未几又遇怪风陡，云飞海立沙石走。

学署老桐蔽牛粗，难敌狂飙作狮吼。

霹雳一声桐抉断，此时老柏犹力战。

冲突直立树将军，号呼排击云惨淡。

清帝东巡幸管城，草木欣欣也向荣。

古干葱茏蒙御气，大材合抱含深情。

至今铁路亘城西，火轮震荡嚣尘迷。

泮宫未许雷霆扰，翠盖仍安鸾凤栖。

噫嘻乎！天灾人事更迭见，老柏间中阅世变。

内蕴文章不求知，高悬日月常垂鉴。

　　王莲塘把古柏树塑造成了郑州文庙的保护神。可惜这棵树冠如碧涛翻滚、树干似铁皮裹身的老柏树早已无影无踪。不知道院内院外新近移植的树木，何时能成为泮宫华盖，具有庇佑一方的气度。

　　东大街上像文庙古柏那样遁形而去的景观还有不少，最著名的要数开元寺塔。开元寺始建于唐玄宗开元年间，民国时已荒废不存，开元寺塔则建于宋太祖开国不久（康熙《郑州志》则云："舍利塔在开元寺，高十余丈，唐时建。"梁思成先生游郑州时鉴定为宋塔，梁公精通古建形制，不会有错。旧志之说，也许把建塔的时间与建寺的时间混为一谈。1934 年 5 月，作家张恨水到郑州游玩，游记中提到该塔"传说是元朝建筑"，听谁说的，语焉不详）。塔高十三层，高耸入云，是老郑州城市天际线中陡然而起的针点，老郑州建筑的制高点。天朗气清之时，古塔在老城区无尽的鳞鳞灰瓦和树梢之上卓然鹤立，云卷云舒之间，一群群白鸽在塔湾一带反复盘旋，鸽哨声忽远忽近，久久不散，愈发衬托出古城生活的宁静和安详。"古塔晴云"名列清朝和民国"郑州八景"之一，是文人骚客反复吟咏的景致。

　　像杭州西湖边连通白堤的"断桥"因断而成其名一样，郑州开元寺塔也因其残损而凄楚动人。可见的文图资料显示,清朝时开元寺塔就没了塔尖,处于残破不全的状态。"闲云片片度晴晖,缥缈偏从断塔归",清光绪年间郑州学正朱炎昭的诗句称其为"断塔",虽略显夸张,但也从旁佐证了塔的确是受过严重外伤的。塔尖何以缺失?郑州专有民间传说加以诠释,说是某日王母娘娘离开仙宫,在中原大地上空飞来飞去,巡看下界美景,突然裙裾被郑州开元寺塔挂住,泄露了春光,王母娘娘又羞又恼,一巴掌打下去,把塔尖打飞到几十里地开外的黄河北岸原阳属地。郑州人就是这个样子,即使是缺陷和瑕疵,他们也能够编出浪漫有趣的故事来,化消极因素为赏心乐事。不过,有人还真的见到过黄河北岸滩地里闲置着一个来历不明貌似塔尖的建筑构件——你不服就是不行,郑州人编故事可不是瞎编,他们平素注意观察生活细节,总有一天他们会把不相干的事物靠文学想象建立起双向关联,让你不由自主为之倾倒。

开元寺塔虽已残损,却不影响一代建筑大师梁思成对它的钟爱。1937 年,梁思成中原访古,就专门来看望过这座造型优美的宋塔,并亲手绘影图形,画出了八棱古塔的端庄肖像。梁先生在写生作画时大概不会料到,不出数年这座古塔就在日军军机对郑州的轰炸中粉身碎骨,殉于国难。

根据世居东大街的老人回忆,开元寺塔的旁边有一口神奇的甜水井,据说是民国十年(1921 年)左右由裕丰纱厂捐资打成。一年四季井底涌泉翻滚,水量充沛不竭,满足了远近住户的用水之需,夜静无人时井水悄然外溢,因而水井周边常常被滋润得苔青草绿,野花芬芳。井水清冽甘甜,以卖水为生的人推着独轮车远途跋涉也要到这里取水,因为这口井里的水不但卖得快,而且能卖得贵。俗话说:"美不美,家乡水。"这段甜甜的舌尖记忆,充满了浓浓的乡情和怀旧之情。

开元寺塔

开元寺塔旧址，就在今郑州市第一人民医院院内。寺、塔和井都没有了，只留下一个"塔湾"的地片名称和医院边侧一条"塔湾路"的路名。如果开元寺塔还在的话，它应该是和西边的二七纪念塔一古一今遥相呼应、相互守望的。

一条街道的魅力固然与建筑是否壮丽、商业是否繁盛、街衢是否宽广等因素有关，但真正让人最感兴趣的，还是哪些高人、要人、奇人、闻人曾经在这条街上生活过，居住过，逗留过，他们在这条街上留下了哪些逸事、韵事、趣事和糗事。这些东西才是名街之所以称为名街的核心内涵。东西大街就是这样一条有故事的街道。

宋朝名相吕夷简退休后就住在郑州这条街上。吕夷简在宋仁宗时期三度拜相，执政时间长达13年，是名副其实的权相。在废立皇后、迁移首都等问题上，范仲淹与他意见相左，自此两人长期不睦，屡屡交锋，形同政敌。范仲淹多次向皇上上书批评吕夷简用人不公、专权徇私，吕夷简也曾斥范仲淹"越职言事"，将他逐出京城，外放偏远之地。但几次关键时刻，吕夷简都在皇帝面前替范仲淹主持公道，以国为重，不念旧恶，对其加以保护。范仲淹在前线主持与西夏作战，因斗争需要和敌国首领有书信往返，这一下可犯了头等政治大忌，受到大臣们的猛烈攻击。那位郑州曾经的"状元知州"、如今的朝中大臣宋庠情绪激动，表态说："范仲淹可斩！"吕夷简极力阻止对范仲淹的苛责严惩，要求从轻处罚，认为两国交兵，相互沟通是正常现象。大将在外，不能事事都由中央控制。终于，范仲淹被减轻了罪责。吕夷简因病辞去相位时，又向皇帝推荐范仲淹，建议请他入朝辅政。范仲淹知道后深受感动，感叹吕夷简有君子之量，长者之风。他在历经磨难之后，对吕夷简的作为愈加理解和敬佩，他路过郑州时，专门到吕家拜访，言谈之中提及往事，多有愧悔之意。两人洞开心扉促膝而谈，从朝霞满天谈到月明星稀，意犹未尽,不肯作别。

前面提到的当过宋朝宰相的书法家知州陈尧佐,他的家也在这条街上。老爷子陈省华,官至左谏议大夫(部级待遇),兄长陈尧叟当过枢密使(时称使相,相当于中央军委副主席),老弟陈尧咨当过节度使(省军区司令),满门将相。哥哥和弟弟还都是状元出身,不但全家显贵,而且满庭书香。这种家庭,古今皆不多见。这些都还不是重点,重点是他们家生活简朴,不用仆佣,老太太一日三餐亲自带领儿媳们下厨做饭,烟熏火燎,灶间情形,一如普通百姓人家。更有甚者,退休多年的老爷子喜欢交往,一些住郑的退休干部和邻居老汉们无事过来串门喝茶,三个儿子在家时,按照家规家风的要求,他们都垂手而立,不时伺候客人,为他们添茶续水。邻居们十分尴尬——三个茶童三个进士,两个状元,两个副国级。谁能受得了这种服务啊,不是让人折寿嘛! ——一家人古朴雅致、其乐融融的状态,足以颠覆常人关于古代高官家庭生活的想象,让人们对宋人世风有一个全新的视角。

吕夷简、陈尧佐都和郑州有不解之缘。他们生前曾在郑州工作居住,身后长眠于郑州城南。吕夷简的墓地在新郑郭店镇武岗村,陈尧佐墓地在新郑郭店镇宰相陈村,离郑州城区皆不足20公里。

在东西大街卜邻择居,有"穷东街,富西街"的说法:官宦商贾之家集中于西大街,东大街住的都是平民百姓。其实并不尽然。远近闻名的魏氏家族就住在东大街上。宋朝吕家、陈家在东西大街的具体位置已很难考证,但东大街青灰色魏家大院的面貌是今人所共见,记忆犹新的。

明朝官员魏尚贤世居郑州,天资聪慧,少年时就经常口出金句,语惊四座,让邻居长者刮目相看。万历四十四年(1616年)中进士,官至通政使。明朝通政司,有"银台"之代称,掌受内外章疏敷奏封驳之事,凡四方陈情建言、申诉冤滞，状告官吏违法乱纪，都由此上达天听，堪称咽喉之所。长官称通政使，正三品官阶。其时，宦官魏忠贤权倾朝野，结党营私，迫害忠良，对那些不愿投靠依附自己的官员常常罗织罪名，置人于死地。一时间满朝惶恐，中外战栗。魏尚贤与魏忠贤名字只一字之差，让人感觉两人乃同宗同族，若兄弟之行。魏忠贤虽然一手遮天，但内心深处因为自己起于寒微和自残进宫的身世而极度自卑，他见魏尚贤品行端正、素有雅望，而且出身世族，意欲与之攀亲联谱，借以抬高自己出身。魏忠贤派爪牙向魏尚贤几度传话，诱以高官厚禄。魏尚贤不屑一顾，说："鄙人掌管银台，负责皇上言路，与宦官结交，实有不便。"当他受到威胁时，自叹："许多人已蒙冤而死。我死不足惜，但天下不知内情，会让朝廷蒙上屠戮谏官的污名。罢罢罢，不如拂袖归去！"他果断辞去官职，回到郑州东大街家中，十多年每日以读书自娱，心情好时约邀故知，谈诗品茗，超迈豁达，深受邻里拥戴。

魏氏一族，多出俊彦。现代军旅作家魏巍、著名豫剧表演艺术家魏云都是魏尚贤后代。可惜郑州规模最大的明清古民居魏家老宅未能得到妥善保护，进入 20 世纪 90 年代，月明风清的一个夜晚，这座饱经沧桑的老房子被房地产商的挖掘机推成一片瓦砾。古城名街的历史片段，又被删去一节。

东西大街是一条横贯古城的路，也是一条连接远方的路。出西城门可以上郑洛古道，通往洛阳以至长安；从东城门，经圃田、中牟，可以直抵开封。当年慈禧太后西狩回銮，走的就是这条路线。1901 年农历十月初一（郑州风俗这一天是祭奠亡者的日子），太后和皇帝从州衙出来，通过衙前街（今管城街）左转上东西大街东行，一路接受郑州百姓的跪拜和瞻仰——秋寒之中，他们把黄色八抬大轿的轿门敞开，让老百姓能够看到圣颜，以示对恭送者的恩宠。大多数老实巴交的郑州百姓没敢抬头直视,个别胆大者用闪电一般的速度瞟了一眼,看到的是皇帝一脸蜡黄的抑郁愁容。太后和皇帝出了东门,大家才起身站立,目送中国最后一个王朝的背影,慢慢地渐行渐远,走出郑州人的世界。

钱塘路

明朝官员王璋,郑州人,官至都察院右都御史。《明史》评价他"严介自持,请托皆绝",人不能干以私,是一位忠于职守、刚直不阿的清官。宣德二年(1427 年)去世后,宣宗皇帝亲赐其棺木,葬于郑州城外西南方王家老坟。四五百年过去,清朝接近谢幕,民国曙光隐现,开通不久的铁路给郑州带来了新的繁盛之机,西城墙和南城墙外一望无际的土地进入开发阶段,不几年这里就成了铁路建设者、经营者和商户的聚集区域。王璋墓地由原来的一片荒凉,变得繁华热闹起来,永久地失去了庄严和宁静。

晚清时做过郑州知州此时已经赋闲的王莲塘——写诗赞颂过郑州文庙古柏的那位,这时候又写了一首诗,题目叫作《王都堂墓》:

古管城西王家墓,前明都堂埋骨处。

沧桑一变万事非,此墓逼近火车路。

火车停处聚商家,商人争看北里花。

无数青楼无处置,争向都堂墓边遮。

翁仲已入青楼里,残碑忽泼胭脂水。

∙∙∙∙∙∙∙∙∙∙∙∙

王莲塘为了强化诗句的艺术效果以表现他的郁闷,把包围王璋墓地的建筑物都说成青楼妓院,不免失真。但诗中描述的许多新建筑逼近墓塚的情景,当属写实之笔。这首诗生动反映了郑州进入现代之后日益凸显的古迹保护和经济发展城区扩张之间的矛盾。王莲塘在诗篇终句直呼:

> 我吟此篇祈州守,应怜先达骨已朽。
> 净扫风花高筑墙,呵护前朝一抔土。

平汉铁路开通于 1906 年,这首诗的写作时间应当是在这之后,在民国废除州府建制的 1912 年之前,因为诗中还有向"州守"喊话的字样。王莲塘向州官提出的解决办法是高筑围墙,把王璋墓地与周围的环境隔绝开来。从后来这个地方的实际状态看,他的建议显然没有得到响应。

王璋墓地的位置,就在今天的钱塘路边。钱塘路原名钱塘里,因为修筑铁路的工人和小商小贩麇集于此,这里在清末已自然形成很有人气的小街。民国初年,湖北籍地产商芦澍清在这里盖了一栋两层小楼、三进院落,显耀一时。芦澍清的恩师为湖北商人刘邦骥,是德化街的商业教父,张之洞的旧部,曾任浙江钱塘道尹(主政钱塘,这是刘一生中的高光时刻),为芦澍清在郑州立足和发展提供了有力支持。为了向刘邦骥致敬,他将此路取名为"钱塘里",得到了官方和民间的认同。虽为拍马屁的行为,但并不恶俗,没有引起物议。倘若不知街名来历,你走在今天的这条商场林立、商潮汹涌的郑州街道上,也许闻街名会有"钱江弄潮"意象的联想吧。

1901 年 8 月,慈禧回銮取道河南洛、郑、汴诸城,然后北渡黄河,经直隶（河北省）返京。当时的会办商务大臣盛宣怀奏请批准，从上海购运外洋机器，架设了连通慈禧回銮全程的电报线路1600华里，并与山东、江苏线路连接，以便掌控局面。电报线路途经郑州，在郑州钱塘里离王璋墓地不远的位置设电报房一处，专供军政通信使用，这是郑州电信业的肇始之地，当时充满神秘色彩。电报房前有警察值守，门旁竖着"非传政令不得入内"的牌子，民间称之为"电报衙门"。1906年，随着京广铁路的运行，郑州电报房升格为电报子局，开始为民众提供电信服务。"旧时王谢堂前燕，飞入寻常百姓家。"郑州商家和平民由此进入电报时代，学会通过西洋的技术，使用汉语有史以来最简短的文体，向远方发送他们的祈盼和呼唤。

1912年，中华民国交通部从汉口调拨磁石式人工交换机一部，在郑州开通电话业务，满足各行各业信息交流的需要，电话机房附设在电报局中，初装电话43部，使用者皆为官府、警察、驻军和实力雄厚的金融机构——郑州市内电信业的历史源头也在钱塘路上。

芦澍清的小楼和官府的电报房都没有侵占王璋墓地，与这座前明古墓最为逼近的建筑是一家大戏院，名叫"普乐园"。——若把王莲塘诗中的"青楼"改为"戏楼"，就与史实吻合无误了。

1908年2月，一位姓侯的河北人在钱塘路开了家"同庆茶园"，是简陋的席棚构造，座位不多。1913年，天津人赵鸿福发起，多人参股投资，拆除茶园在原址上建起了一座砖木结构的大戏院，院内有东、中、西三面砖楼，楼上楼下总计有1500个座位——即使在100多年后的今天，这也是大型戏院的规模。股东们坐在一起协商戏院名称，认为古人有"独乐园"，有"众乐园"，新民国新世界取旨应当更加宏远，大家一致同意取"普天同乐"之意，把戏园命名为"普乐园戏院"，老百姓习称"普乐园"。说是普天同乐，其实每天光顾的还是那些官僚、商人、军警和生活富裕的知识界人士,绝非社会底层劳工平民。据说河南人一向禁止女性进戏院看戏,郑州妇女每年只能在城隍庙庙会的戏台之下远远张望,一饱眼福。普乐园开张后,首任郑县知县叶济却认为"郑州商埠开通,风气尚应开化",允许妇女入院看戏,但须男女分别前后出入,各就其位,不得混杂。给女性划定的座席在东楼之上,即便夫妇一同来此,也要暂时小别,分清界限。来这里看戏的女子,不用说也都是上层社会的女眷。

很多外地朋友都知道郑州乃二七名城,是中国工人运动的重要发祥地;知道郑州市有二七路、二七广场和著名的二七纪念塔;但很少有人知道钱塘路才是二七大罢工工人游行队伍面对反动军警的枪刺奋力前行的通道,也不大知道普乐园才是当年中国工人阶级登上历史舞台的第一剧场。

京汉、陇海铁路前后开通,郑州变身铁路枢纽后,产业工人队伍不断壮大,这里很快成为年轻的中国共产党指导和发动工人运动的深耕之地。李大钊两次来郑州,巡察工运和工会组织发展现状,前后两次在离钱塘里200米远的三益街郑州铁路职工学校(民国时这里曾是湖北会馆)讲学,介绍俄国工人解放的情况,传播革命理论。30多岁的李大钊先生留着两撇浓重的八字胡,鼻梁上架一副无框眼镜,头戴黑礼帽,身穿深色夹袍,这身打扮不同流俗,让人望而生畏,但他张嘴说话之后,听课的工友们立即感受到他的和蔼可亲。

李大钊在黑板上写一个大大的"天"字。

"这是什么字,认得吗?"李大钊问大家。

满堂听课的人纷纷回答:"认得!是天嘛!"

李大钊说:"对,是天字。天是什么?天就是工人!你看这个天字,上面是个工,下面是个人……"李大钊接着深入浅出,讲解工人阶级的历史地位和历史使命。听课的工人们被李大钊新奇的说法深深吸引，目不转睛，屏声静气专注听讲，心田受到无声的滋润。

经中共领导人参与策划，京汉铁路全线工人代表决定1923年2月1日在郑州成立京汉铁路总工会，会址选定在钱塘路上的普乐园戏院。这里离郑州车站不远，与预定来郑州参会的各地代表在大同路(时称大通路)上的几处下榻饭店、旅馆很近，交通方便，普乐园又是郑州最大的戏院，座席能够满足大会规模的要求。

京汉铁路总工会成立大会是中国工人阶级作为中国新生政治力量登台表演的仪式，也是中共建党以后一次重要的政治活动。会议筹备过程中受到直系军阀吴佩孚及其爪牙们的阻挠。吴佩孚气焰方炽，势力范围覆盖冀、豫、鄂中部诸省，图谋消灭南方革命势力。吴佩孚等戒惧铁路工人政治活动的原因，当年伦敦《泰晤士报》分析说："革命党企图制造局势，如果铁路工人操纵了这个运动，他们就能够在必要时妨碍军事行动。"吴佩孚害怕迅速发展的工人运动和联合起来的工人阶级威胁军阀政权的统治，对京汉铁路工人的集会下达了严厉的禁令。2月1日(农历腊月十五)，京汉铁路工人的代表冲破军警的威胁和层层拦截，坚持进入普乐园布置好的会场之中。京汉铁路局局长赵继贤传达军方命令："不许开会！所有人自行解散，限五分钟迅速离开现场，不然武力解决！"工人领袖们知道无法按预定方案完成议程，便高声宣布："京汉铁路总工会正式成立！"会场上立刻欢声雷动："京汉铁路总工会万岁！""劳工万岁""打倒军阀"的口号声此起彼伏，声振屋瓦。

这是一次悲壮而神奇的会议，会议主持者在会场只说了一句话便宣布会议结束；但这是一次正式的会议，会议产生了中国工人阶级诞生以来最重要的一个组织机构，这足以让这次会议彪炳史册，成为党史和工运史上一个不可磨灭的里程碑。

当天晚上，工人领袖们在郑州花地岗(今日一马路附近)一位铁路工人家中秘密召开会议，决定将京汉铁路总工会迁至汉口办公，并决定与反动当局坚决抗争，2月4日举行全路工人总罢工。出席会议的人员除了京汉铁路总工会的负责人外，还包括著名的共产党人陈潭秋、罗章龙、林育南、项英(项德隆)以及后来在大屠杀中慷慨就义的施洋大律师。

京汉铁路总罢工指挥中心移师汉口。罢工如期举行，2月4日京汉铁路长达1000公里、工人20000多人在三小时之内有条不紊全员投入罢工，表现了空前的组织性纪律性。2月7日，吴佩孚彻底撕去"保护劳工"的伪装，挥动屠刀，对罢工工人进行了残酷镇压和血腥屠杀。汉口江岸、信阳、郑州、北京、高碑店等铁路站段数十人惨遭杀害，受伤者、被捕者不计其数，史称"二七惨案"。

因为敌我力量对比悬殊，京汉铁路工人大罢工以失败告终，中国工人运动第一个高潮由此结束。但大罢工标志中国工人运动已从维护生活权益的经济斗争转入对反动统治阶级的政治斗争阶段，铁路工人表现出的纪律严明、不怕牺牲、前赴后继的革命精神，给后人留下了宝贵的精神财富和政治资源。

二七惨案之后，1930年代，普乐园的经营内容由戏曲演出试图向文明戏(话剧)转型，但观众有限，没有获得商业上的成功。之后，河北商人何胜魁接手经营，易名为"万福舞台"，继续上演京戏。抗战时期被大火焚毁。1947年底，广东人陈某筹资在原址又建起席棚结构的"大光明电影院"，时间不长，无疾而终。

郑州是一个讲政治的城市。郑州解放不足百日，新的中共郑州市委敏感地抓住时机，于1949年1月26日印发《关于开展以民主运动来纪念"二七"的决定》，确定以二月一日至二月七日为"二七"宣传周，

郑州二七纪念堂

广泛深入宣传"二七"运动的历史意义,要求全市工人阶级发展生产,支援前线,巩固胜利成果,同时加快筹备各业工会和总工会,组织工人力量,为争取全国胜利而斗争。1951年,郑州二七纪念堂在钱塘路普乐园旧址动工兴建,1952年完工。这是全国第一栋"二七"运动的纪念建筑,比另一座二七名城武汉的二七纪念碑和纪念馆的落成,早了5个年头。1971年,郑州市在离二七纪念堂不远的二七广场又修建了二七纪念塔,很快成为郑州城市形象的标志性符号。一塔一堂,隔着一条不长的德化街相互守望,代表了一段历史在郑州人心目中的分量。2006年,一塔一堂双双被国务院公布为"国保"文物,2017年又双双入选《全国红色旅游经典景区名录》。

二七纪念堂现在常年陈列郑州现代发展史的专题展览,向市民和游客免费开放。但它的知名度似乎比二七纪念塔逊色不少,大家对它的前世今生知之寥寥,专程来访者屈指可数。它不像二七纪念塔那样矗立街心,便于人们环围仰视;它藏身于左右相邻的商业建筑之间,内敛而平静。有人形容它像是闹市隐者,温和低调,默然阅世,内中却浩气回旋,激荡着历史的回声。

大同路

当年从京汉铁路沿线城市汇聚郑州的铁路工人代表400来人提前到达,大多数都安顿在大同路上,有的人在大金台旅馆下榻,有的人则住在五洲旅馆、华阳春饭店等。1923年2月1日早上,他们集合起来,与1000多本地铁路工人,抬着各地工人赠送的庆贺大会召开的牌匾,经由大同路向京汉铁路总工会成立大会的会址进发。整个步行线路呈

"丁"形，从住地到钱塘路普乐园戏院，只有数百米的距离，但这段路却虎狼伺伏，步步难行。

郑州驻军司令靳云鹗偕同郑州警察局局长黄殿臣出现在大同路上，亲自指挥军警，拦住工人代表的队伍。

"为什么拦路，你们不是批准同意开会吗？"

面容枯瘦的靳云鹗横眉冷眼说："奉吴大帅军令，不许你们到会场！"

面对强行前进的工人们，靳云鹗下令军警施暴，砸碎工人们手中的牌匾，玻璃碎渣一时布满路面。

罢工实施后，靳云鹗又奉吴佩孚的命令逼迫郑州铁路工人复工。当年的报纸报道了相关情形："靳氏并令军人搜索工人，迫其上车服务，人皆奔避，有被揪获者，皆饱受枪托之打击……"

郑州人面对靳云鹗这副嘴脸，感到十分迷茫，心中有无数个问号：这还是那位曾经护城安民、赞扬之声溢满街间的靳云鹗吗？

靳云鹗是郑州现代史上的名人。他是北洋政府总理靳云鹏的弟弟，1919年任陆军第八混成旅旅长，驻防郑州。1922年4月，第一次直奉战争爆发，奉军逼近直系传统地盘和军事重镇郑州。河南督军赵倜本是直系人物，但他听信了吴佩孚急病毙命的谎信，权衡利弊，下决心在奉系张作霖身上押宝，于是暗中与奉军勾结，命令他的亲弟弟、镇嵩军师长赵杰偷袭郑州，消灭驻军靳云鹗部，拿下郑州城，向张作霖献上投名状。"春秋无义战"，郑州人看惯了中原大地上的刀光剑影、狼奔豕突，对军阀之间的斗争原不必选边站，但赵杰求胜心切，向手下士兵作战前动员时的言辞充满邪恶，让郑州人心惊肉跳，怒火中烧。赵杰向手下承诺："打下郑州城，三天不点名！"不点名，就是要纵兵劫掠，默许士兵向土匪学习，恣意烧杀奸淫祸害郑州百姓啊！

民心向背,胜负可定。郑州人蒸馍烙饼支援前线,同属直系阵营的冯玉祥部队自洛阳大举东进支援靳云鹗郑州守军,赵杰的队伍被打得丢盔弃甲,逃窜而去。靳云鹗大获全胜,荣升陆军第十四师师长,成了郑州驻军的最高首领。在这次战役中,靳云鹗部某团团长彭象乾腹部中弹,当场战死。事后由靳云鹗主导,郑州商界和民众捐资,在老坟岗北边,通往老鸦陈的乡间土路旁购置20亩土地,建设"铭功园"一座,为彭象乾建立祠堂,铸造了一尊彭象乾骑着高头大马的铜像,铭记和宣传驻军将士保境安民的功德。后来郑州当局又专门修建了通往铭功园的城市道路,命名为"铭功路"。郑州百姓习惯称铭功园为"彭公祠",落成之时北京的媒体还特别关注,对其给予报道——当年的铭功园现在是"人民公园"的一部分,从铭功路入公园西门循路前行,你还可以找到当年五座亭子的组合形制,当年的祠堂建筑却早已在"文革"中灰飞烟灭,不见了踪影。铭功园的筹建虽然在某种程度上体现了郑州民意,但毫无疑问,它也是靳云鹗主导的形象工程——名义上这是一个对战死者的祭奠和纪念的场所,实质上是对靳云鹗本人和他所隶属的军事集团歌功颂德的神坛。

靳云鹗在大同路上施暴的形象让郑州人困惑,困惑之后转而开始清醒:在这个天下大乱军阀割据的年代,根本就没有什么王者之师、正义之师,军阀之间今天情同手足,明天却视同寇仇,你争我夺的是利益、地盘、势力范围,惦念的绝不是民生福祉、民众权益;面对民众,他们屠夫和善人角色可以瞬间转换,平常总是满口的尧舜之言,关键时刻一翻脸就大行桀纣之实,对民众屠刀相向,毫不犹豫。后来的第二次直奉战争和北伐之战、中原大战,兵连祸结,无一例外都对郑州人的生活产生了巨大冲击,郑州人饱受战乱之苦,只能在无奈中负重前行,搏命求生。

1924年夏天,鲁迅先生曾连续两次在大同路上现身。他应邀到西安讲学,从北京乘火车至郑州,第二天转乘火车一路西行,从西安返回北京时又在郑州停留。《鲁迅日记》记载,7月"八日,忽晴忽雨。下午抵郑州,寓大金台旅馆,晚与四五同伴者游城内"。"九日,晴。上午登汽车发郑州。夜抵陕州。"(所说汽车取日语说法,实际指火车)8月"十一日,晴,晨乘火车发洛阳。上午抵郑州,寓大金台旅馆。午后同伏园往机关枪营访刘冀述君。阅古玩店四五家,所列大抵赝品。晚发郑州"。鲁迅两次在郑州下榻,均在大金台旅馆,这是前一年来自北京和汉口的铁路工运领袖曾经住过的地方。他游城内、访友人、阅古玩的私人活动也必经大同路或就在大同路的街上,同行者没有郑州人,没有地陪导游为他指认历史事件的现场,对前一年这里曾经发生过的故事细节他也许一无所知,但他步履所及,给堪称郑州"现代第一路"的大同路增添了一笔亮色。

大同路是郑州跨出古城墙发展的第一条新辟城市道路。它的起源可以追溯至西城墙外的一座小庙——吕祖轩(又名印月轩)。据传清朝康熙年间,有人见到八仙之一的吕洞宾曾在郑州上空飞翔盘旋,而后降落在西城墙最高处(夕阳楼残基),头戴华阳巾,须髯飘飘,俯瞰全城,良久方去。讲述者或为幻觉,或为酒后醉话,但无稽之谈一旦流传开来,便有人信以为真,到此顶礼膜拜。康熙十八年(1679年),郑州知州赵鼎臣在西城外凭空创建吕祖轩殿宇一座,大门外立有"蓬莱仙境"石碑,字迹龙飞凤舞,号称仙笔。乾隆年间,两任知州张钺、何源洙先后增建新亭,完善旧制,重修残垣,平治甬道,这里变成了郑州城外观光和休憩胜地。吕祖轩并非郑州古城旧有文化资产,吕洞宾亦属非郑籍虚构人物,官府主事为其建庙立祠,多少有些荒唐。但吕洞宾这个神话人物一身酒色财气的形象很符合市井和江湖的口味,所以,吕祖轩虽为无中生有但能受到各界欢迎,作为清朝郑州旅游资源开发的案例,你不能不说尚有可圈可点之处。

光绪二十三年(1897年),卢汉铁路(后称京汉铁路)开工建设,工程采用了分段施工的办法,郑州也成立了类似今天工程建设指挥部的施工管理机构,办公场所选来选去,找不到合适的现有房屋,几经踏勘,最后看中了与工地现场略有距离但规模适宜且没有产权纠纷的吕祖轩,于是"指挥部"在这里安营扎寨,开张运行。地方官吏、工程主管、洋人买办、技术人员在这里进进出出,车轮马蹄扬起一阵阵尘烟。吕祖轩通往西边铁路站舍工地的一条窄窄的土路,慢慢地就演变成了一条宽宽的大路,郑州人称之为吕祖庙街。1904年春,平汉铁路郑州车站(今天郑州火车站的位置)建成,1906年至1908年,平汉铁路和陇海铁路先后通车,郑州官府于1908年开始整修郑州火车站通往老城区方向的这条道路,取名"马路大街"。当时的郑州缺少修建城市道路的经验,一段不足一公里的道路整整修了一年,上半年完成土工,下半年开始铺垫石块,路面是泥结碎石结构,这种胶泥版的混凝土结构,在当时的郑州已经是独一无二,堪称前卫了。马路大街不但是地方政府修建的跳出城区向西延伸的第一条城市道路,而且是郑州第一条既有路基又有面层结构的道路,现代筑路技术由此在郑州开始普及。

在平汉铁路和汴洛铁路(陇海铁路前身)的修建过程中,马路大街上已有可观人流——铁路施工人员和他们的眷属开始趋近搭建住所,形成窝棚聚落和生活场景,小商小贩逐利而来,各种小吃、土产、杂货摊点应运而生,直到晚上路两边依旧熙熙攘攘,郑州人的生活不仅沿着空间轴线拓展,也在沿着时间轴线延展,郑州人的夜生活也从这条马路大街上从无到有渐次展开。

平汉、陇海两条铁路进入运营状态之后,对郑州城市建设的拉动作用神奇地显现出来。为人流、物流提供服务的商家向"站前新区"快速聚集,对建设用地提出迫切要求。马路大街这时候开始被郑州人改称为"大通路"了——也许他们嫌马路这个词的意象太过古拙,不够新派,而"大通"的"通"字表达了连通、畅通、贯通的含义,显示了这条街的基本功能。大通路不但发挥了这些功能,而且像树干生长出枝杈一样,生发出敦睦路、福寿街、德化街、钱塘里等横向的街巷,形成了新的路网结构,形成了新城区的城市肌理,许许多多商家店铺沿街排列,鳞次栉比,共同创出新郑州的繁华。平汉、陇海铁路运营之后的二十年间,郑州火车站与郑州老城西城墙之间的地带出现了一个面积与老城相当的繁盛的新区,大通路在这个过程中扮演了重要角色——大通路是个纲,纲举目张。先有了大通路,而后才有了其他的街巷;有了对发展时序和因果关系的了解,才能弄清楚城区发展的动力机制所在。

1920年代末,冯玉祥主政郑州时,把西城墙与城内南学街对应的位置上扒了个豁口新设了一个城门,郑州人后来称之为"小西门"——冯玉祥为小西门定名为"地平门",将西城墙与今天商城路对应的位置新开的城门命名为"天成门"。"天成地平"语出《尚书·大禹谟》,是古代典籍中常见的吉语,大意是万事顺遂、天下太平——小西门与大通路接通,恰好完善了大通路贯通新老城区的功能。但这位习惯利用地名宣谕政治理念的将军这时候又把大通路改名为"大同路",借此宣传他对孙中山先生"天下大同"理想始终不渝的追随。"通""同"谐音,郑州人乐于接受,这个名字连同这条道路很快被到访郑州的外地人记住,成为郑州人新的生活方式的标签和符号。

当年住在古城墙内的居民对城墙外发生的变化满心好奇,他们感叹城外景观变迁的速度,感叹城外街巷展示出的与城内明显不同的风尚和秩序——当时有一种"出城"如"进城"的说法,老城市民从小西门出城通过大同路走入新区,就如同乡下农民进了城,目光所及,到处都是新鲜事物，侧耳倾听，到处都是南腔北调。走到大同路西段看看，这里邻近火车站站房，到处是餐馆、酒店、旅馆、客栈，灯红酒绿，店招林立；与德化街、钱塘里交叉的中段，是当年郑州新的商业中心，布匹、绸缎、时货、银行、金店、药铺、书局，各种业态，应有尽有。大同路上，有郑州首屈一指的豫菜名店"豫顺楼"，有郑州第一家外国人开设的西餐厅"法国饭店"，有以"佛跳墙"闻名的闽菜馆"小有天"，有郑州最著名的糕点老字号"鸿兴源"……食客老饕，大快朵颐，美女名媛，唇齿留香。走在这条街上，岂止老郑州人眼花缭乱，就连走南闯北的外埠旅行者也赞叹郑州已迅速崛起为华北地区的重要都会。1930年，南洋华侨首领陈嘉庚慕名来郑投资，在大同路东段路北开办了郑州有史以来第一家橡胶制品商店。1932年6月，爱国商人刘桂勋、谭九思创立的郑州国货公司在大同路西段开张营业。

上海《申报》记者陈赓雅多次路经郑州，几度在郑逗留，1936年他写下对郑州的印象："抵郑州下车，时已入暮，巡礼大同路德化街等处，商肆鳞次栉比，类多新式建筑，市招飘摇，亦多减价大字。路人多操道地北音，出入华洋百货商店之仕女，又多满口交关、唔啥、一塌糊涂之沪语。闻之，不啻身已返沪。"他在大同路上听到上海方言，并不值得大惊小怪，郑州作为铁路交通枢纽城市，每天南来北往的流动人口遍及全国。另外，据《申报周刊》报道郑州新市街的人口构成时说："为了陇海平汉铁路在这儿有管理局，城外的市面是大为繁荣的，一般的较高职员全非本地人，江浙的尤其多……他们说着一些娇柔的家乡话，或是不地道的郑州白……"这段话和陈赓雅的见闻吻合。江浙人因参与铁路的建设和运营管理，在郑州就业、在郑州生活，他们已经变成新郑州人了。

七七事变后，郑州铁路系统很快投入全民抗战的大潮中。1938年初，作家碧野来过郑州大同路，他发表在《战地》杂志上的文章写道：

民国时期的郑州大同路与德化街十字路口（摄影者　佚名）

"夜,更显得郑州的美丽。在繁华都市区大同路上,人群像潮般的涌着。忽然,不知从哪里飘送过来小孩子群的不合谱的救亡歌声。明亮的灯光就像是温柔的眼睛,回瞬着她的周间。她接来了从前线上下来的伤兵车、病号车、难民车,接来了运到前线去的兵车、弹药粮食车、慰劳车。"碧野用"她"字描绘郑州,描述她承担的后勤保障和军事运输任务,对这座城市充满脉脉温情。

1938年2月14日——农历正月十五,时值传统的上元节,这一天郑州风和日丽,火车站、大同路、德化街一带人如潮涌,市民百姓在街巷中观看舞狮子、耍旱船、走高跷,防空警报突然响起,街上的节庆演艺活动并没有因此戛然而止——人们并没有当真,因为郑州人从来不知道什么是空袭。这时候日本侵略军的轰炸机已经出现在大同路的上空,它们俯冲扫射,投弹轰炸,瞬间把郑州最繁华的街市变成了人间地狱。这一天日军出动飞机30余架次轰炸郑州。郑州车站站舍、邮政局办公楼、大同路上"二七"工运领袖和鲁迅先生下榻过的大金台旅馆,以及华阳春饭店、豫满楼饭店连同东西大街上那座宋代古塔,全被炸毁炸伤。仅华阳春饭店一处就有800多人遇难。大同路上,一片痛哭之声。碧野再次来到郑州时,郑州城已被日军的轰炸机摧毁。他写道:"大段被炸毁的铁轨飞落在矮墙根","两个停放在里面的火车头被炸毁","邻近车站的大厦被炸倒了……从前的繁华市区,现在变成了一片凄凉的废墟"。

你若走在今天的大同路上,看到的会是几经更替的建筑,平淡无奇的街景,闲适的居民和匆匆走过的路人,几乎看不到历史旧痕。但大同路的确是郑州历史上与众不同的一条街,它被军阀践踏过,被外寇蹂躏过,它曾经是郑州许多新建街巷中的优等生、排头兵,它代表了郑州曾经的繁华和精彩,是郑州民国史的缩影。

顺便提一下大同路的原点"吕祖轩",抗战胜利之后,国民党反动派把它改造为"郑州绥靖公署"。刘峙、顾祝同、孙元良等高级将领都曾在这里挂帅,运筹帷幄,指挥数十万军队对解放军负隅顽抗。结局不言自明。这是后话。

花园路

记得小学毕业那一年冬季的某一天,十几位同学在校园内扎堆儿闲聊,聊着聊着不知怎么就聊到了黄河。大家一致认为我们居住在大河之滨的郑州,竟然都没有见过黄河,简直就是一种耻辱——"文革"期间,殷承宗演奏的钢琴协奏曲《黄河》也是享受"样板戏"待遇的,或可称之为"准样板戏",收音机里可以经常听到。必须承认,这首乐曲对许多人进行了一次强制性钢琴欣赏训练,这首旋律高亢的乐曲也塑造了万里黄河的音乐形象,在我们心目中给黄河增添了神性的光芒——大家约定,第二天(正好是星期天)早晨七点在我们纬五路二小门前集合,来一次空前的远足,到花园口去拜谒黄河,当面向母亲河表达我们的敬仰之情。"风在吼,马在叫,黄河在咆哮……"黄河大合唱的歌词在耳畔轰鸣,我们为自己的激情而自我感动。

第二天早晨七点钟前后,校门口只有三个同学在那里企足张望,一位姓王,一位姓魏,一位是我本人。等到八点,仍然只有我们三人,其他那七八个姿态最积极的远足倡议者还是不见踪影。他们也许早就把今天的约定忘到九霄云外,正趴在家中床上呼呼大睡。我们仨只好放弃等待,一边埋怨他们言而无信,一边经由纬五路匆匆向花园路奔去。

花园路是市区向北直通黄河岸边花园口大堤的一条大道,它的前身是郊外公路等级的"郑花公路"。从我们的小学校门算起到花园口黄河大堤，往返距离超过 40 公里，上午八点钟出发时精神饱满，晚上九点多回到家时步态踉跄，精疲力尽。到家后坐在床上，看着脚上的血泡，还没有来得及烫脚，就浑身散架进入昏睡状态，一觉睡到天亮——往返两程步速不算太快，但天寒地冻，还是相当消耗体力的。数十公里的徒步行进，对三个小学生来说算得上有点英雄气概了。从此，我们仨在同学中间的话语权明显提高，成了黄河话题的权威人士，那些爽约的同学们失去了高谈阔论的资格，好长时间都只有听我们吹牛的份儿。

其实我们仨对这次花园口之行是相当失望的。我们走到花园口那著名的花岗岩堆筑的帚形石坝上，冷风刺骨但并没有吼叫之声，也没有听到战马嘶鸣，更没有听到黄河的咆哮，看不见想象中的浊浪排空和激流如箭，眼前的场景是一望无际的开阔河床，窄幅的水流在缓缓流动，泥沙饱和的河水具有芝麻酱一样的质感，漫天冻云之下，河水默默无语，慵懒而驯顺。这就是我们朝思暮想反复歌颂的黄河吗？我们久久不语，明白了艺术形象和现实场景存在着巨大的差异。但那时我们的知识还不足以明白：黄河上游、中游和下游有着不同的地理环境，因而有着不同的景观特征；黄河一年四季中有丰水期和枯水期的差别，有径流量的周期变化，因而有着不同的性格表现。另外，我们虽然知道脚下的花园口是"黄河决口"重大历史事件的现场，但我们还是对抗日战争初期那个举世瞩目的事件所知寥寥，一头雾水。几十年以后，我才对那个事件有一个整体的概念，才形成转述和论说的能力。

1937 年卢沟桥事变之后，日本帝国主义大举侵华，当年年底即占领北平、天津两市，以及河北、山西、山东的大部，上海和南京也先后沦陷，日军图谋沿陇海铁路转进平汉铁路攻取国民政府所在地武汉。1938 年徐州失守，日寇乘势沿陇海铁路向郑州方向进犯。中国国民政府军事委员会决定将豫东军队调往豫西,同时在中牟县黄河赵口段掘开大堤,以水代兵,拦住日寇西进之路。此时黄河中牟段河水向河床北部滚动,黄河水流难以顺利导出,决堤效果很差,改由国军新八师在郑州花园口掘堤。1938 年 6 月 9 日,花园口黄河大堤被炸开,恰值汛期到来,河水破堤而出,水量与日俱增,滔滔黄流向东南方向奔腾而去,至六月中旬形成宽达 30 余华里的水面。日军前进道路被洪水切断,日军西犯的计划被阻滞挫败,但河水狂野奔涌,波及豫皖苏三省 44 个县,淹没耕地 84 万多公顷,洪水所至,庐舍无存。因为这次黄河决堤,89 万人丧生,1200 万人流离失所无家可归。据当时《河南省黄泛区灾况纪实》记载:"人畜无由逃避,尽逐波臣;财物田庐,悉付流水。当时澎湃动地,呼号震天,其悲骇惨痛之状,实有未忍溯想。间多攀树登屋,浮木乘舟,以侥幸不死者,大都缺乏衣食,魄荡魂惊。其辗转外徙者,又以饥馁煎迫,疾病侵夺,往往横尸道路,亦皆九死一生。艰辛备历,不为溺鬼,尽成流民。"——这段文字,镌刻在今天黄河大坝"花园口事件记事广场"的花岗岩浮雕墙上,当年惨不忍睹的场面,由此可略见一斑。花园口事件和长沙大火、重庆防空洞民众窒息伤亡案一起并称抗战期间三大惨案,震惊中外,令国人欲哭无泪,悲痛欲绝。

"以水代兵"这个词听上去太轻飘、太荒率,怎么看都不像是现代军事学的概念。蒋介石决定炸开花园口"以水代兵",虽为应战争局势而制定的对策,产生了一定的战略效果,但做出决策之时,对可能造成的负面影响从未进行过量化评估,对善后事宜更缺少事先谋划。花园口决堤之后,国民政府对外的宣传口径是由日寇轰炸所致,将责任转嫁给日本侵略者,敢做而不敢当,足见决策者自知此举"冒天下之大不韪",对其正当性、合法性、必要性亦自我质疑,不敢直面舆论压力。无论如何,花园口决堤事件都不能不说是中国人有史以来最严重的一次自残,

花园口难民图

"花园口事件记事广场"灾民逃难浮雕

郑州人和黄淮平原千万百姓为此付出的代价之重,是难以估量、难以补偿的。花园口是抗战史也是中国现代史上的一道疤痕,无法消失,亘古难平。

负责执行决堤任务的新八师师长蒋在珍是一个悲剧人物。黄河掘堤计划首先在中牟赵口实施,未达目的,经蒋在珍提议,掘堤地点才移至花园口。决堤成功后,据说他因而获得蒋介石颁授的青天白日勋章一枚,奖金3000元。但蒋介石密令统一宣传口径,中央社和《中央日报》不断发布假消息,控诉日军暴行,将黄河决堤指为"惨无人道之暴举",蒋在珍内心惴惴不安,压力很大。根据上峰指示,他又指挥下属,伪造花园口遭受敌机轰炸的现场,并组织人力,演出不可能成功的堵口复堤的大戏。中外记者纷至沓来、察看现场,面对一次次质询,他更是外表从容、内心慌乱,唯恐真相泄露,成为千古罪人。抗战胜利后,他作为杂牌军将领不受倚重,曾回贵州老家赋闲,解放后因被认定为花园口事件的罪魁祸首,民愤极大,被押赴刑场执行枪决。自己的行为身不由己,自己的命运无法自控,自己的人生结局也是他难以想象、难以逆料的。如果拍一部取材于花园口事件的电影,蒋在珍这个人物一定是最难刻画、最难扮演的角色吧,应该没有哪个优秀演员能真实还原和淋漓尽致地表现他的愚鲁与狡黠,无奈与悲伤。

花园口事件发生于1938年6月,郑州城中几个月前刚刚遭受日军轰炸,残垣断壁尚未清理,城北的花园口又罹此难,郑州人对日寇的惊恐和仇恨可想而知。黄水滔滔,无数百姓流离失所,涌入郑州城中,这些灾民原本就是郑州郊野居民,遭此劫难,理所当然地进入城市寻求生存机会。许多灾民在日军轰炸过的房屋废墟旁用席片、纸板搭成窝棚暂以栖身,更多的人露宿在街头民房的屋檐之下,相与枕藉,无所依归。一夜之间,郑州变成乞丐之城。每天早晨大同路、德化街、南大街、西大街这些商铺集中的街区都汇集了成群结队的灾民,商店去掉门板刚开始营业,就有灾民蜂拥而入,向店员和顾客围堵乞讨,久久不去,店家只好请警察帮助维持秩序。日军虽然被黄河阻隔,暂且取消进犯郑州的计划,但他们的飞机三番五次轰炸这座铁路枢纽和军事重镇。防空警报响起,灾民们如惊弓之鸟四处奔逃,拼命寻求庇护之所,敌机轰炸和扫射中,不知又有多少灾民血溅街头死于非命……

抗战期间,郑州两度沦陷,屡遭劫难,饱受战乱之苦。这段记忆,记录在郑州城的史志中,更刻骨铭心,保留在郑州人的灵魂深处。

花园口决堤三年之后,日寇还是涉过新老黄河(郑州人口中的新黄河是指黄河水脱离故道从决堤处向东南奔流形成的水面),沿着今天花园路的大致走向攻进了郑州北门和东门。1941年10月3日,华北日军在指挥官鲤登少将的率领下强渡黄河进攻郑州,10月4日,攻进城内。这是郑州城第一次陷入敌手,但郑州军民没有让日寇在郑州城中待够一个月的时间便让他们原路折返,铩羽而归——国军第一战区第三集团军孙桐萱部评估形势后主动撤离城区,在郑州西南方向远郊利用有利的山麓沟壑地形与敌寇相持。10月中旬,第三集团军以逸待劳,待日军出城进攻时组织有力反击,在黄岗寺西门外击毙日军联队长小林大佐及其手下数百人。10月31日,国军杀回城内,发动巷战,敌军逃出郑州北门和东门,向花园口方向败走。今天的花园路沿线,当年又成了追击、狙击敌军的战场。第三集团军第十二军第八十一师一路狂奔,最后将负伤的敌酋鲤登少将和众多日军士兵围困于大庙村残破的古庙之中,准备聚而歼之——大庙村北距花园口决堤之处不足1公里,紧邻今天花园路与北四环交叉处大型立交,堪称从黄河北岸进入郑州的咽喉兼枢纽之地——第一战区司令长官卫立煌闻讯大喜,电令现场将士务必生擒敌酋,活捉鲤登,以雪郑州沦陷之耻。国军火力因而有所顾忌，小心翼翼，唯恐打死鲤登，违抗了军令。鲤登龟缩在大庙之中，固守待援。华北日军不惜代价多次派遣军机，空投渡河逃窜所需物资，空降伞兵增强突围力量，全力抢救鲤登脱险。在北渡黄河逃往新乡的过程中，鲤登受创严重的残躯再度被国军子弹击中。他虽侥幸过河回到新乡，但很快伤重身亡，呜呼哀哉——鲤登是抗战时期被郑州军民消灭的日军最高军阶的指挥官。参加围歼日军的将士们为没有活捉鲤登而遗憾不已：真是便宜了鳖儿！早知不能活捉，不如轰塌大庙，将鳖儿砸成肉饼，炸成肉酱！

据《大庙村志》记载，所谓大庙，是指始建于唐代的东岳神庙，相传为唐太宗时由大将军尉迟敬德监造。村子因神庙而得名，神庙则在战火中焚毁，其后又经"文革"，早已拆尽荡平，皮毛不存。

花园口决堤处原为京水镇属地，京水镇即今日之花园口镇。镇名改作今名，即与那个灾难性的事件有关。地名有明显的记史叙事功能，这又是一个典型案例。

花园路的南端（金水路至黄河路段）"文革"以前就很热闹，是郑州市最重要的商业街区。几十年来大型的商业设施和知名品牌的房地产项目一路向北快速推进，国贸360、"花丹"（花园路丹尼斯商场的简称，郑州人的习惯称谓）、正弘城等沿街大厦均为郑州商业巨兽，郑州动物园、河南电视台、黄河博物馆、长途客运新北站这些临路项目也都人气爆棚，地铁线路、公交线路更是把人流顺着花园路向北推送。大家都看得出来，花园路是城区向北扩展的一条主轴。有些人的说法很有想象力：用不了二十年，黄河边花园口一带就会变成郑州的"外滩"了。

黄河边的观光者

二七路

在我的少年记忆中，二七路是那个年代全郑州最热闹的街，也是最有人情味的街。沿街建筑夹道而立，虽然都低矮朴素，但规整而和谐，形成相互照应的连续界面，有很好的尺度感和整体感。二七路南段路西的艳芳照相馆在郑州开张之时就具有业内老大的地位，摄影师是清一色的广州师傅，满口广东腔调的普通话，蹩脚难懂，但摄影技术出手不凡，高人一筹。顾客来店中照相不论男女丑俊，保证可以展现最佳状态，拿到自己心满意足的照片。艳芳照相馆的橱窗曾经是郑州的风尚之窗，那里面精美镜框中笑容可掬、春风满面的美女帅哥，一直都是郑州青年的大众情人；他们清澈的眼神和浅浅的笑靥，醉倒无数少男少女，他们由艳芳店内师傅设计的发型服饰，屡屡让郑州青年追随模仿，风靡一时——"文革"中缺少影视明星可供追捧，艳芳就是郑州的"星工场"。据说谁家姑娘的照片能入选艳芳的橱窗，上门提亲者就会络绎不绝，踢断门槛。二七路南段路东的大昌服装厂，曾是郑州最好的西装厂——我1980年代参加工作后曾和几位年轻同事由单位里的长者带领来这里量身定制，做过一身灰色三件套西装，现在看起来做工堪称精良但款式有点土气。回想起当时镜前试穿的感觉，器宇轩昂这个词扑面而来，新郎官风格的形象跃然而出。

二七路和太康路交叉口的位置上一东一西蹲踞着两座建筑，东边是郑州市百货大楼，西边是河南人民剧院，两者都是当年"王者"——百货大楼只有三层，却是全市最高端的大型综合商场，每天人山人海，摩肩接踵。逛商场的人未必都是购物者，郑州人特别是女士们有逛商场

二七路

的嗜好,他们购物极为谨慎,不货比三家绝不轻易出手。到商场悠悠逛逛有时是像参观工业品博览会那样,为了了解消费时尚、搜集商品信息,有时则像游公园那样纯粹是为了散心解闷。人民剧院是郑州最高端的演艺场所,1954年为迎接省会迁郑而建,是重要演出和名角登台的必选之地,梅兰芳等京沪名家来郑州演出一定是在此登台亮相的,毛泽东、邓小平、胡耀邦几代领袖人物都在这里观看过戏曲表演。记得1970年代初某一天我在这里观看过一次文艺晚会,因为现场观众席中坐有来自越南战争前线的一个代表团,台上男高音青年歌唱演员为此满含深情专门献唱一首越南歌曲,歌词曰:

越南——中国,山连山,江连江

我们的友谊万年长……

斗转星移,寰球大变。现在忆起,或如隔世。二七路上的街景也发生了颠覆性的变化,一条老街变成了一条新街。横向舒展的百货楼改造成一座竖向挺立的建筑,面相端正的人民剧院拆除后建起了一座名叫"大卫城"的超级 Mall。

二七路其实与1923年发生的二七大罢工、二七惨案没有关系,或者说没有直接关系。二七路原名长春路,长春路南端是跨越金水河的一座木质桥梁(当年金水河的走向与现在的流经位置有较大不同),名叫长春桥。1923年,郑县当局将木桥改建为两孔砖石拱桥,宽约6米,长30余米,桥两端的灯杆上装燃油路灯四盏,算是当年郑州最重要的市区桥涵了。唐代魏徵有句云:"茫茫禹迹,浩浩长春。"这应当是桥名的出处。据说是有长春桥在先,修长春路在后,路随桥而得名。解放后,郑州市政府在长春桥的位置平整场地修建交通性广场,为纪念二七大罢工,将广场定名为二七广场,并将长春路和北端相连的新市场街（太康路与金水路之间）整合为一条道路,统一改名为二七路。

二七路与二七大罢工没有直接关系,但它与郑州现代史上另一次重大事件有关——日本投降,抗战结束,中国第一战区在郑州隆重举行受降仪式。

中国人民经过十四年浴血奋战,终于获得抗日战争的伟大胜利。继"密苏里"号战舰上日军向中苏英美盟国递交投降书之后,1945年9月9日,中国战区受降签字大典在南京中央军校暨陆军总司令部大礼堂（现中国人民解放军东部战区第三野战军军史馆）举行。随后,按照统一部署,全国划分为16个受降区,分别再举行仪式,接受日军投降。1945年9月22日,第一战区在郑州举行受降仪式,驻扎于郑州、洛阳、开封、新乡的日军向中方投降,日军领受国军颁发的投降命令——陆军总司令何应钦先给第五战区刘峙下达了由他在郑州受降的命令,因为情况变化和技术失误,又向第一战区胡宗南下达了由其在郑州受降的命令,结果胡宗南这位蒋介石的黄埔军校得意门生兼浙江老乡捷足先登,占了先机。刘峙自认为自己和胡宗南有黄埔师生之分,胡不应当以下犯上,几次打电话向上投诉,最后也不得不服从大局,退回漯河地区,隐忍了事。

9月22日上午,仪式在长春路南端的国军前进指挥所礼堂暨中华圣公会礼堂举行。这是一座带有拱券门窗的中西合璧的教堂建筑,礼堂中高悬深蓝布幔,布幔前竖立着中美英苏四国国旗,悬挂四国领导人肖像。礼堂正中横置着覆盖白色桌布的长桌,这是受降席,第一战区司令长官胡宗南中将（在郑州参加受降仪式,结束返回西安后即获晋升,由中将加上将衔）居中就座,两旁是范汉杰中将、刘茂恩中将、裴昌会中将、马法五中将、李昆岗少将等。仪式由第一战区郑州前进指挥所副主任李昆岗少将主持。美军上校包瑞德等参加观礼。可以容纳400人的礼堂内一片肃静,日军投降代表第十二军司令长官鹰森孝等五人鱼贯而入,到受降席前列成一排向受降主官深躬致敬,而后在投降席前就座。镁光灯闪闪烁烁之中鹰森孝神情沮丧,面容麻木而窘迫。他按照议程规定起立向胡宗南报告:"本人今日前来拜受命令!"

胡宗南问:"贵官有无证件?"

鹰森孝恭敬地将自己的身份证件递呈上去。胡宗南察验后,连同下发给日军的投降命令交范汉杰转交给鹰森孝。鹰森孝恭立双手接受,并在命令受领证上签字用印,然后呈交给胡宗南。

胡宗南目光锐利,声音响亮:"希望贵官切实执行我的命令!"

鹰森孝两腿并拢挺直脖颈:"哈衣!"

胡宗南命令日军投降代表退席,鹰森孝等人集体向中方将领敬礼,退出礼堂。

以上情境的描述,综合了多种文献的记载,这些记载相互印证,基本一致。郑州版受降仪式的议程包括现场对话的设定应该和上海版、北平版、长沙版及其他各受降点的版本完全相同,都是按照规定好的统一标准组织实施的,不可能各自为政,自行其是。时任第一战区长官司令部调查统计室主任的文强随从胡宗南到郑州亲眼见证了受降仪式的全过程,他在《郑州受降记》一文中回忆当时情景时有几句细节描写:"……鹰森孝向前一步,面向受降官脱帽鞠躬,两眼不敢仰视,呈上降表后,又举双手呈献军刀一柄,表示缴械投降。"——这个细节画面感很强,也更加符合民众关于受降仪式的想象和期待;可惜未能得到其他史料的支持,也与全国十六个受降点的规范不尽一致,不足采信,聊备一说而已。值得一提的是,鹰森孝貌似恭谨,文质彬彬,其人却对中国军民负有累累血债。1937年,他任侵华日军陆军第三师团步兵第六十八联队长,参与淞沪会战,攻占苏州后,又杀向南京,攻入通济门和武定门,参加了惨绝人寰的南京大屠杀。1939年,鹰森孝晋升陆军少将;1941年,任陆军第十一师团中将师团长;1945年,出任"北支那方面军"第十二军司令官。日本战败投降后,他两次担任投降代表参加投降仪式——在郑州向胡宗南投降之前两天即9月20日,他已在河南郾城代表日军第十二军、三十四军各一部分向中国第五战区司令长官刘峙上将投降。一个日军将领两次以反角身份出席胜利者组织的受降仪式,这在中国战区十六个受降仪式中是唯一的案例,历史无情,这个安排使鹰森孝的嘴脸重复曝光,加倍受到中国军民的鄙夷和唾弃。

举办郑州受降仪式的建筑离大昌服装厂不远,位于二七路的南头,与二七纪念塔咫尺之遥。这是一座灰色的建筑,青砖白缝的墙体,拱券式的门窗,造型优雅尺度宜人,没有西式教堂高耸的塔楼,端端正正骨相清奇,更像是一座小型的美术馆。当年我曾反复从它门前路过,总看到满身锈蚀的院门日日紧锁,院内满是蓬蒿,看不到有人进出。这座建筑躲过了"文革",却没能躲过旧城改造的浪潮,于1980年代被拆毁,原址上建起了大型商场。会讲故事的建筑不断抽身而去,这是街道的贬值,也是城市的悲哀。对这座以商贸城闻名的城市而言,多一个少一个商场又有什么紧要呢?但毁掉了一个划时代的标志物,才是城市优质资产的巨大亏损吧。如果这座建筑还伫立于原地的话,也许会是"郑州抗战纪念馆"的理想馆址。或者简单地把它布置成一座小型专题美术馆,或者干脆改造成一个酒吧、一个茶馆,让郑州市民或外地访客闲坐其中,凭窗眺望有塔的街景,让他们看到街巷和历史的纵深,他们该会更加惬意、更加满足吧。

当时的郑州人对胡宗南可能并不熟悉,哪位高官前来参加受降仪式也许并不重要。重要的是,抗战胜利了,老日(郑州人对日本人的称谓)投降了。这是全民族的胜利,是四万万五千万中国人民用血水、汗水、泪水换来的胜利。郑州大街小巷到处悬挂着庆祝胜利的标语,长春街上受降仪式会场外很多人静静地等待着,等待着仪式结束后参加民众的纵情狂欢。一些人喜极而泣,放任自己的泪水奔流而下,打湿自己的脸颊和前襟。仪式结束了,鹰森孝等人乘车灰溜溜地离去。郑州市民涌上街头,欢呼雀跃,锣鼓声和鞭炮声此起彼伏——全城震耳欲聋的鞭炮声响了一阵子就停止了,只剩下咚咚锵锵的锣鼓不休不止,鞭炮已在全城售罄,无处购买,相信这个时期鞭炮在全国都是最紧俏的商品——夜幕降临,郑州热闹的街区龙灯旱船一起出动,东风夜放花千树,鱼龙腾跃长春路。大家欢呼歌唱,度过了一个不眠之夜。

10 月 10 日,郑州军民又在东西大街的塔湾空场上举行了抗战胜利纪念大会。这个时期,老百姓每天都像过年,故友见面都要拱手相贺,大家走在路上都挺直了腰板。驻守在城中的日本士兵则一改往日的趾高气扬,变得老老实实,无精打采。出生于郑州的退休医生史金腾老人当年七岁,他记得日军投降后的那些天一些士兵有组织地在东大街平整道路——大概临时实施一些市政工程有利于缓冲与郑州民众的心理对立吧。他看到日军士兵垂头丧气重复着劳动的动作,因为害怕孩子们投掷小石子击中他们的脑袋,他们干活时也戴上了钢盔。他回忆说:"那些天就连日本兵遗弃的狼狗也变得温顺了,谁喂它食,它就跟谁走。街上照相馆的老王就捡了一只大黄狗,我给它喂食,它就摇尾乞怜。"

孔从洲先生的回忆则提供了另外一个角度的历史信息。时任国军第四集团军五十五师师长的孔从洲奉命担任受降先遣部队进入郑州。接管郑州后,他被委任为郑洛警备司令。驻郑一个旅团的日军尚未缴械,日军宪兵仍然负责街巷巡逻,管理治安。某日日军坦克中队长驾驶坦克在大同路一带横冲直撞,轧死一位老大娘,激起市民强烈愤怒。孔从洲闻讯派警卫连赶到现场,拘押肇事者。这一行动实属警备司令责权范围之内的正常执法,却遭到第一战区郑州前进指挥所副主任李昆岗少将的干预和反对。李昆岗再三劝孔从洲"不要惹事""不要捅出乱子"。孔从洲大怒道:"抗战期间,日本侵略者奸淫烧杀到处行凶罪恶滔天,老百姓谁敢说话?现在我们胜利了,日本人投降了,你还那么怕,是何道理?!如果装聋作哑,不闻不问,老百姓能答应吗?!"

孔从洲告诉李昆岗:"你别害怕。人是我抓的,我既然敢抓人,就敢承担这个责任。"李昆岗向胡宗南告状,胡宗南打电话向孔从洲了解情况,最后也未置可否。

在孔从洲坚持下,这个案件由法院管辖和判决,按中国法律程序处理。最后,肇事的日军中队长被判一年徒刑,由他承担死者的丧葬费用。日本宪兵司令为此到警备司令部赔礼道歉。出殡之日,肇事者披麻戴孝,手执哀杖,为死者送葬。孔从洲如此处理,得到郑州百姓的认同,看到一众日军抬棺扶柩,举哀前行,路边观者稍感宽慰,舆情也得到纾解。

李昆岗作为胜利之师的将领,郑州受降仪式的主持人,之所以在战败者兼交通死难事故责任人的处理问题面前畏首畏尾,是因为他和胡宗南等领会与贯彻了最高当局对日军"以德报怨"并加以利用的意图,还表现出一些军人美式军服衣襟之下深藏着的对外来侵略者多年一贯的怯懦。

郑州百姓还没有来得及尽情享受抗战胜利带来的安稳生活,蒋介石便调转枪口,悍然发动内战,郑州城再次陷入兵荒马乱之中。

蒋介石将郑州视为军事重镇,在抗战第五战区长官司令部的基础上组建郑州绥靖公署,由刘峙出任主任,兼管军政事务(胡宗南先是被任命为刘峙的副手,但很快就任西安绥靖公署主任,受命后将他接管的大批郑州敌伪物资全部运到西安,刘峙仍是莫奈其何)。刘峙布防范围几乎覆盖整个华北,组织各路人马包围晋冀鲁豫解放区,其对手是著名的刘邓大军,刘邓的大智大勇用兵如神,让刘峙战战兢兢,惶惶不可终日。在豫东战役中,刘邓大军猛将王近山、杨勇、陈锡联等围歼国军王牌师整三师,活捉师长赵锡田(陆军总司令顾祝同的亲外甥),令蒋介石大光其火,撤去刘峙郑州绥靖公署主任一职,令顾祝同取而代之。刘峙黯然神伤,也松了一口气,告别郑州,返回南京。

胡宗南任西安绥靖公署主任,充当内战急先锋,进犯延安,屡遭彭德怀西北野战军重创。他的那位下属李昆岗少将也成了解放军的俘虏。

解放路

好多城市都有解放路——天津有,重庆有,南京有,杭州有,武汉有,西安有,长春有,长沙有,济南有,苏州有,太原有,福州有,厦门有,南宁有,桂林有,合肥有,南昌有,昆明有,开封有,洛阳有,商丘有……郑州也有。

2019 年,全国 70 座城市联动,共同制作庆祝中华人民共和国成立 70 周年的系列报道《我家住在解放路》。这是一个巧妙的媒体策划,用一个简单的路名就唤醒了诸多城市的共同经历,点亮了他们的共同记忆,创造了一个大家都有话可说的共同话题——70 座城市这个数字主要是为了和 70 年大庆的数字对偶,其实若真的有一家算一家的话,全国拥有"解放路"的城市还会多出这个数字——这些城市不约而同用这种方法纪念在 20 世纪上半叶即将结束时以武力打碎旧时代的枷锁，推翻蒋介石政权，建立中华人民共和国这样一个划时代的历史事件。

郑州解放于 1948 年 10 月 22 日，解放郑州城的队伍是中国人民解放军第二野战军，曾用名中原野战军，郑州老百姓习惯称之为刘邓大军。二野第一、第三、第四、第九纵队参加了郑州解放战役；第一纵队司令杨勇，第三纵队司令陈锡联，第四纵队司令陈赓，第九纵队司令秦基伟——清一色的解放军名将，因为参加解放郑州战役而留名于郑州当代史的首页。承担主要作战任务的是第九纵队秦基伟部，参战部队在郑州外围歼敌 1 万多人。二野第三纵队某部当天入驻郑州城。当晚，邓小平、陈毅、陈赓等二野首长进入郑州，住地为大同路东端的原国民党郑州绥靖公署。第二天（即 10 月 23 日），中共中央电贺郑州解放："刘伯承、邓小平诸同志及中原人民解放军全体同志：济南、锦州、长春解放之后，郑州又告解放，平汉、陇海两大铁路枢纽为我掌握，对于整个战局极为有利，特电致贺。"

《我家住在解放路》系列报道联动城市中几十条"解放路"，相当一部分是因解放军由此入城而得名。郑州也不例外。据郑州解放后首任人民政府市长宋致和回忆，他是解放当天随着解放军队伍沿着慕霖路（解放路当时的名字）进入这座中原名城的。这段简易的城市道路其貌不扬，却是西北两个方向进入郑州的咽喉要道——继续往西，连通碧沙岗，再往前就是郑洛古道；通过铭功路向北，又可以通往老鸦陈——郑州战役的主战场之一，继续向北通往黄河铁桥和俗称邙山头的山峦沟壑——抗战和郑州战役时期，这里都是敌我必争的战略要地。

宋致和是骑着一匹大白马进入郑州的。任命虽然尚未公布，但他已经接受了组织上的重托，负责建立新的人民政权，重建这座城市的秩序和繁荣。他骑在马上，看到了深深浅浅的军用堑壕和废弃的防御工事，看到了慕霖路北侧教会医院倾圮的洋房建筑，看到了埋葬明代穆斯林圣贤的"巴巴墓"，看到了老坟岗一带残砖烂瓦和茅茨席棚共同构筑的民居群落……他一边行进一边左顾右盼，却见临街民居中走出一位衣饰不整、满脸病容的中年妇女端着木盆用力把脏水泼向路面，几乎溅到宋致和的马蹄上面。宋致和默然无语，继续前行——满目疮痍，百废待兴，市情复杂，他意识到他接手的任务并不轻松。

这段描写，来自宋致和老人 2003 年的一次口述，笔者有幸在北京木樨地他的寓所中当面聆听，具有较高的史料价值。

一些回忆文章谈到解放军不同的入城方位、入城道路，例如有一部分队伍从南关街、南大街进入城内，并且受到沿途群众的热烈欢迎。这很容易理解，和解放军由解放路（慕霖路）进入郑州的史实不相抵牾，完全可以并行不悖。二野第一、第三、第四、第九纵队各部在郑州城外不同方位布防驻扎，进城时不会只选同一个孤立的孔道。但解放军正式的入城仪式并没有出现在 10 月 22 日当天，而是出现在三天之后。

据秦基伟将军回忆，10 月 25 日中原野战军第九纵队第二十六旅（旅长向守志）接替三纵七旅担任郑州警备部队，该旅组织了隆重的入城仪式，郑州各界群众夹道欢迎，围观欢呼。中原野战军政治部《解放郑州》小报上有这样的描述："解放军战士们身穿草黄色新棉军衣，头戴此次歼敌所缴获的深绿色崭新钢盔，步枪刺刀闪闪发亮，无数挺轻重机枪泛着青光。雄壮整齐的部队在街道上穿过，威武的炮兵行列在洋灰大道上隆隆前进。战士们红光满面，精神焕发，高唱雄壮的人民解放军进行曲和三大纪律八项注意歌。群众极为兴奋,互以喜悦羡慕的眼光投视,并不断报以掌声和欢呼。""德化街和大同路交叉口处一个面铺的小伙计大声嚷嚷:雄赳赳的,真是打仗的好队伍!"从这些描述可以判定,二野九纵二十六旅的炮兵隆隆前行的"洋灰大道"乃大同路无疑——郑州解放前唯有大同路路面为混凝土结构。他们的目的地是大同路东端的"绥靖公署"大院,九纵进城后的指挥部就设在这里。而二十六旅行进至大同路之前的路由,或为解放路二马路,或为解放路福寿街,无论如何解放路(慕霖路)都是必经之路——根据战史资料,二十六旅驻防和作战位置,全部在郑州城外西北方向(今天的郑州高新区一带),他们只能选择铭功路或郑洛古道经由解放路进入郑州城。

郑州解放之战九纵表现优异,受到时任二野第一副司令员陈毅同志的高度评价:"九纵成熟了,可以打大战了!"陈毅开秦基伟的玩笑说:"老秦,你打了大胜仗,不请客怎么行!你打了蒋委员长的土豪,我们也要打你的土豪!"结果陈毅、陈赓和秦基伟三人半夜三更敲开一家早已打烊的餐馆的门,厨师已经回家,他们只好自己生火,自己下厨,由陈赓掌勺做了几碗肉丝面,聊以解馋。郑州十月下旬的秋夜,寒意袭人不逊初冬,热腾腾一盆汤面,暖肠胃更暖人心,将帅间的情谊让秦基伟终生难忘。餐馆守夜的小伙计睡意蒙眬,他无论如何都不会想到,半夜闯进店来、说话南腔北调的三位军人,竟然全都是彪炳军史的传奇人物:一位是未来的共和国元帅,一位是未来的开国大将,一位是未来的国务委员兼国防部部长。他们不劳店家自己下厨,还按价码交足了饭钱,餐馆小伙计望着他们离开的背影,既莫名其妙,又深受感动。

秦基伟将军进驻郑州时年仅 34 岁,虽身经百战却是英锐之年,朝气蓬勃,喜好文艺,特别喜欢京戏和豫剧(老家湖北红安属于豫剧覆盖地域),有时候应战友们的要求还会唱上两段。一天晚上,他检查完司令部值班情况,给值班参谋做完交代后换上便装,掖好手枪走上街头,一路打听,就来到了解放路北侧老坟岗一家戏院,悄悄坐到观众席中观看豫剧名角的表演。常年驱驰疆场,难得有一会儿清闲时光,他听着台上千回百转的唱腔,不禁击节称赏,连声喝彩。

秦基伟晚间忙里偷闲看了场戏,不料想,被同在郑州城中的邓小平政委发现,受到他的严厉批评。邓小平晚上有事需找秦基伟研究,打电话到九纵司令部,忠诚老实的值班参谋向邓政委如实报告了秦基伟的去向。

邓小平大怒:"什么?看戏去喽?刚进郑州,敌情复杂,工作千头万绪,你还身兼郑州警备司令,随意离开工作岗位、离开机关、离开参谋和警卫人员,纪律忘到脑壳后头喽,部属们都向你学习,郑州岂不是乱了套喽!"

秦基伟受到二野全军通报批评。被严厉批评的还有九纵后勤部部长杨以山。

部队刚刚进城,枪支弹药得到补充,但纵队首长的交通工具问题迟迟未能解决。秦基伟等出门开会或巡查部队时只能骑马,这在城市环境中特别显眼,既不方便,也不安全,有时不得已只能步行,所以杨以山一直操心想为纵队首长弄两台汽车使用。他听说郑州铁路局有几部小轿车,就打了借条,开回来暂用。

邓小平知道后很是生气,批评杨以山:"你们说是借用,带着枪去借来的东西,那能叫借吗?!铁路局虽然是专业部门,但和国民党的体系有扯不清的关系,郑州解放,他们对共产党心有疑虑,惶惶不可终日,不知道共产党会怎样对待他们。你明借暗要,不是抢也和抢差不多。违反我军城市政策,破坏我军形象,不撤你的职不足以挽回影响!"

结果杨以山不仅挨了批,还丢了后勤部部长的官职。

在解放军高级领导人中,邓小平以严厉治军著称。他善于着眼全局,抓问题的苗头,枪打出头鸟,未雨绸缪,防患未然。对功勋部队、胜利之师的主将和重要干部如此奖罚分明、一丝不苟,让二野全军深受震动。全军上下借此进一步申明纪律,宣传城市工作政策,为向东挺进,全面取得淮海战役的胜利打下了良好基础。二野部队过硬的作风和强悍的战力从何而来,从这件事中我们可以略知端倪。

很快秦基伟率领二野九纵与兄弟部队一道挥师东进,开始投入新的战斗。其郑州警备司令的职务由孔从洲接任。

这是孔从洲第二次担任郑州警备司令了。上一次他还身在国军序列,以国军第四集团军五十五师师长身份率军从日寇手中接管郑州,承担警备任务。1946年,经中共中央批准,他率部起义,加入中国人民解放军的行列;时隔三年,1948年10月,以豫西军区副司令员身份再次入主郑州警司,接手秦基伟在郑留下的工作。孔从洲的主要任务,是在维护社会治安、稳定社会秩序的同时,迅速恢复交通,支援全国解放战争,保证陇海、平汉两条铁路的运营安全,防止敌特捣乱破坏。

孔从洲也是骑马进入郑州的,他沿途目睹了与宋致和市长所见相同的残破景象,但他回忆说,他这一次的心情与上一次迥然不同。当年那种苦闷、愤懑、忧心忡忡、前景渺茫的情绪一扫而空,他看到郑州处在万民欢庆的气氛之中,内心充满胜利的喜悦和对未来的无限期待。他听到一首歌在大街小巷传唱,这首歌名叫《郑州解放之歌》:

十月二十二,
伟大的那一天,
哗啦啦砸开了铁锁链,
咱们的郑州解放了!

翻开雾云见晴天。

市民十六万，
受苦又受难，
盼来了共产党拯救咱。
人民的救星来到了！
搬掉头上三座大山。

同胞四万万，
跟党心相连。
解放了全中国做主人，
咱们的祖国富强了，
共产主义早实现。

　　谁写的歌词，谁谱的曲子，现在已经很难查考。你不能不佩服当年文工队员和宣传工作及时跟进解放大军攻城略地的效率与效果。不要小看一首歌曲，它影响民众心情与创造街巷气氛的能力，有时候不亚于一支荷枪实弹的军队。这首歌的歌词貌似朴实无华，没有太多文采，细细品玩，方觉亮点纷呈："十月二十二"，开宗明义，让你牢牢记住郑州解放日；"哗啦啦砸开了铁锁链"生动而精确地揭示了"解放"一词的内涵；"市民十六万"留存了当年郑州人口的真实数据，成为此后衡量城市发展的一个重要指标的基准——查1948年民国郑县政府向国民党绥靖公署的报告资料，当年郑州城总人口约16.4万——郑州解放70周年之时，郑州人口已经突破1000万的规模，等到郑州解放100周年的时候，人口规模达到解放初年16.4万人的100倍，看来没有太大的问题。

人民路

　　人民路是郑州最经典的法桐大街,到了夏天,整条街就是一个绿色隧道,千百层枝叶遮天蔽日,天上骄阳似火白光炫目,路上却浓云密布步步生凉。冬天树叶落尽,街景照样值得一看,道路两旁等距排列的巨大树干和相互交叉的粗壮枝柯如同冷兵器时代用长枪大戟搭起的迎客拱门,一面向你执礼致意,一面向你示威逞强。

　　人民路中段的丹尼斯商场,郑州人习惯称之为“人丹”——路名加店名,简称兼昵称。丹尼斯是一位郑州籍台商返乡缔造的郑州本土商业品牌,丹尼斯旗下有数十家大卖场、数百家便利店,营业面积和营业收入多年来雄踞全国零售商业第一方阵,郑东新区 CBD 连绵 1.5 公里的“七天地”商业街和二七路上的“大卫城”商厦也是这家公司的资产。许多人有所不知,“丹尼斯”和“大卫”分别是老板两个儿子的英文名字——老板如此命名他的商业城邦,是在显示他对所创基业的一往情深呢,还是在暗示他未来家业传承的分配格局呢? 外人无从臆测。“人丹”和“大卫城”都是郑州年轻人打卡之地,这里既是商业领地,又是城市公共空间,具有城市公园或城市广场的性质,大家来来去去,时常逛逛,买不买东西好像并不重要,少男少女们喜欢这里的都市风尚,喜欢在这里寻觅或巧遇,约会或邂逅。

　　丹尼斯的路对面是全省最大的新华书店,即便是在实体书店生意清淡的今天,这里每天还是人来人往,人气不逊人丹。人丹北邻是著名的合记烩面的旗舰店,名气够大,所以天天食客不绝,常常是人满为患。

　　据说全国城市中重名率最高的路名是中山路、解放路和人民路,这三条路差不多是大型城市和历史名城的标配。果不其然,这三条路郑州一个不缺。东西大街在冯玉祥驻守郑州时改名为中山东路、中山西路,南大街改名为中山南路,管城路改名为中山北路,东西南北四条路合称"中山大十字"。冯玉祥既是三民主义信徒,又是基督徒,他亲自取名的"中山大十字",真的是显露了冯氏鲜明的个人色彩。郑州的解放路修建于1950年,是郑州解放时大军入城之路,也是郑州解放后修建的第一条水泥道路。修建解放路时扩展了慕霖路,填平了金水河旧河床,废除了旧河床两侧的顺河路、迎河路,同时建成了二七广场。郑州的人民路建成于1951年,市直机关干部倾巢出动,全都参加过修路的义务劳动。"人民"一词具有鲜明的政治色彩,在解放后形成的"命名学"伦理规则中,人民一词,是新政权、新秩序、新生活、新气象的象征,人民政府、人民法院、人民公社、人民剧院、人民广场、人民医院……凡冠以人民两字的实体名称,或具有法定地位,或在域内独一无二最具权威性,或是在同行同业同类中具有领军地位。

郑州人民路之所以在新郑州的路网中具有超乎寻常的重要地位,不仅因为它是连接老城中心区与东北新建城区的主要干道,还因为它是迎接省会由汴迁郑,展示未来省府形象的一条景观大道——所以人民路在1956年正式定名之前,一直被郑州人称作"省府大道"。按照1951年版的郑州城市规划方案,火车站被塑造为城市大门,以火车站站前广场为起点,开辟一条通直的主干道向东北方向辐射(途经二七广场,二七广场因而由原来的十字交叉变成六路放射形的广场),在这条斜向道路的尽端(现河南人民会堂的位置)建设河南省政府办公大楼。这样的话,外地人到访郑州,出了火车站,远远地就能看到省政府的高大形象。省府大楼面向西南,背朝东北,身后是众多规整的小型街坊,用以安排省直机关办公设施和住宅区的建设,形成建筑集群。这些建筑像是一个规模庞大的航母编队,平行排列于省府大厦的身后,一律面向西南,和省府大厦保持高度一致,显现出有序的城市肌理和大地景观。

在20世纪郑州崛起的动力机制分析中,"省会迁郑"是四大驱动力量之一(其他三项分别是"铁路枢纽的形成""一五时期国家生产力布局""改革开放后的开发区发展模式"),省会由开封迁至郑州是河南更是郑州发展史上的大事,省市两级都提前开展了大量的筹备工作。在官方的记述和当年媒体报道中,省会正式迁郑的时间是1954年10月31日。中央政府和中南军政委员会同意河南迁移省会的批复时间为1952年的9月和10月。但从人民路(省府大道)的动工暨1951年版郑州城市规划方案的实施情况看,郑州人至少在1951年对自己跻身省会的事情就已经心中有数,开始有所行动了。

省里领导动心思变更省会的时间可能更早。1950年,省有关领导曾邀请哈雄文教授一行三人专程来郑州考察,指导郑州城市规划工作——哈雄文是中国最早的城市规划专家之一,1932年毕业于美国宾夕法尼亚大学建筑系,曾任沪江大学教授、国民政府内政部营建司司长,中华人民共和国成立后历任复旦大学、上海交通大学、同济大学、哈尔滨工业大学教授,长期从事城市规划、建筑设计和建筑教育工作。应邀莅郑时他的身份是中国建筑师学会理事长,是国内城市规划界的领军人物。这位学养深厚的专家,对西方城市规划手法有深入的研究,善于借鉴欧洲城市轴线和广场及路网的布局方式,人民路这条郑州城市规划图上醒目的斜线,就来自他基于借鉴的创意。

贯彻哈雄文基本构想的郑州城市规划方案于1951年新鲜出炉(据说规划过程耗时9个月,两易其稿),这是中华人民共和国成立后郑州发展空间布局的第一份蓝图。这个规划方案构图优美,具有浓厚的西方古典主义色彩。总的指导思想，是充分利用旧城现有基础，围绕旧城向外扩展，规划用地重点拓展方向是京汉铁路以东和金水河以北区域，放弃了跨越铁路向西的发展方向，没有预料到郑州国民经济第一个五年计划时期会出现那么多大规模投资项目，所以工业用地安排较少。这时候，全国性统一部署的城市规划编制工作尚未展开，更没有设定规范的行政审批程序。郑州市1951年版的城市规划具有一定的超前性，也有提升完善的较大空间。

省会迁郑的安排迫使有待完善的规划方案立即投入实施，规划图上的人民路1951年紧锣密鼓开工建设。1952年8月中南军政委员会在政务院批准河南迁移省会之前，先行向河南省政府行文，原则同意河南省的意见，并同意成立省直建筑委员会，驻郑统筹负责修建工作。规划图中人民路上端部分斜向的街坊1952年也抓紧完成了各项前期准备工作，开始动工修建，并很快进入施工高潮。

1953年春天，河南省委书记潘复生兴致勃勃来郑视察省直有关在建工地，工地上正在开展施工竞赛，所到之处一片你追我赶、大干快上的气氛。他很快发现有一批正在赶工的建筑侧身斜立，不符合中原地区传统建筑坐南朝北的惯例，这些建筑有些刚刚砌筑地基，有些已经主体结顶——至少有四栋斜楼已经建成，1990年代这些楼还在使用：黄委会院内有一栋，另外三栋则在纬二路和政一街附近。政一街的东侧至今保留了一段斜向的道路。我上小学时经常在此玩耍，因为有同学就住在"斜楼"之中——潘复生疑窦丛生，立即叫停了部分工程项目。经过现场视察后，潘复生在郑州市委召开专题会议，研究解决省会迁郑工程中存在的问题。郑州市委书记、市长宋致和，市委秘书长吴玉清，副市长王钧智都参加了会议。根据时任郑州市委办公室副主任萧枫的回忆，潘复生对省直项目的规划布局很不满，他认为道路和建筑方向不正,不符合中国的文化传统。建筑采光也不合理,冬冷夏热,不符合北方城市的实际。如果把新的行政区建成歪门邪道,不符合国情、不符合民意,将来省直机关数以万计的干部和家属们会骂我们一辈子,甚至于骂我们几辈子的! 潘复生要求会后要立即行动,坚决改正。他对城市建设中的草率决策提出了严厉批评,如此重大的事项不事先向省委请示,是无组织无纪律的行为。潘复生现场在军用地图上和大家商议了省委、省政府、省军区的选址位置,对省直一些重要部门的选址也做了初步的安排。这次会议对郑州市城市规划的调整和郑州东北部行政区的建设格局产生了深刻影响,发挥了正面作用。直到今天,郑州人在总结中华人民共和国成立后城市建设的成败得失时,对潘复生的决定始终给予积极评价。

不过,这次会议上潘复生另有一段论述值得探究。他表示:城市规划工作中,对苏联专家的意见要尊重,但苏联的东西不一定都符合中国的国情民情,我们不能生搬硬套,盲目推行。我们一定要从实际出发,一定要坚持群众观点。——虽然没有证据显示,但逻辑常识告诉我们,在潘复生发表有关苏联专家这段话之前,一定有人事先向潘复生汇报过,正在实施的"歪门邪道"方案,体现了苏联专家的意图,或者干脆说是苏联专家的手笔。当年的时代背景是,全国各行各业全面学习苏联老大哥社会主义建设经验,苏联向中国派出了 A.C.穆欣(苏联建筑科学院通讯院士)、巴拉金(俄罗斯牟尔曼斯克市总建筑师)等高水平的城市规划专家,作为国家建工部的顾问指导全国重点建设城市的规划建设工作。苏联专家的权威是不言而喻的。

郑州城市规划的历史叙事一般都会讲到这段历程。《郑州市志·城市建设卷》(1997年版)写道:"1953年,郑州市城市建设委员会成立,统一领导郑州市的规划与建设工作。城市规划主要学习苏联的理论和

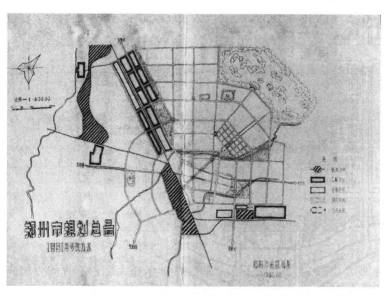

郑州市规划总图（1951年）（图片来源：李浩《城·事·人：新中国第一代
城市规划工作者访谈录》第一辑，中国建筑工业出版社，2017年）

做法。1953年，苏联专家穆欣为郑州勾画了一个城市规划草图。1954年，郑州市组织力量，重新制定方案，新的方案在国家城建总局的指导下编制完成，后经建工部苏联专家巴拉金修改，进一步完善……"

潘复生实事求是的精神和纠偏救误的做法当然是值得尊敬的。但他所纠之偏、所救之误并不应该由苏联专家承担责任。斜向的人民路1951年即开工建设，行政区为省会迁郑而规划的建设项目1952年亦开始实施，但据有关史料显示，穆欣1952年6月才踏进中国国门，对郑州城尚一无所知，1953年才开始与郑州人有缘接触，1953年10月前后他的来华协议到期，踏上返国归程。而巴拉金迟至1953年6月才来到中国，更和潘复生1953年春天已经叫停的行政区内"歪门邪道"规划不可能产生任何瓜葛。被叫停的规划，一定是1951年版的郑州规划方案中的相关内容。很长一段时间内，没有人就上述事实进行时间节点的比对，没有人对相关因果进行梳理厘清，粗枝大叶地就沿袭了潘复生改变苏联专家"歪门邪道"的说法，这个故事流传在许多人的私人回忆录里，也留存在了官方的叙事文献中。

现在想来，最早发明这个说法的人，也许是祈望原来那个极具特色的城市构图能够保留下来，拉大旗做虎皮，假托是苏联专家的作品以吓阻领导改变规划的决心；后来中苏交恶，陈陈相因，这个说法固定下来，或许反映了一种"政治正确"的大众心态。

事实上，苏联专家穆欣1953年对郑州上报的城市规划方案的指导，应该主要体现在城市跨越京广铁路向西发展的战略方向上。郑州市一批工业项目亟待解决用地问题，这才是城市规划服务经济建设的当务之急。1953年，国营郑州第一棉纺厂在西郊棉纺路位置上顺利开工，说明在穆欣的支持下，郑州西郊工业用地的位置和格局基本敲定，1951年版郑州城市规划方案的总图发生了颠覆性的变化。巴拉金接

有雕像的街景

替穆欣对郑州规划进行了更具体的指导，对郑州高水平完成城市总体规划，提供了宝贵的支持。一桩历史旧案，内有曲折隐情，还原真相，此其时也。

应当说，1950年代郑州从来没有发生过盲目照搬照抄苏联经验、苏联模式的问题，当年经历的是一个新中国新兴城市适应加速发展形势不断自我调整、自我完善、自我矫正的过程。潘复生召开会议部署纠偏工作，部分项目前期工作需要推倒重来，使省会迁郑的日程有所延宕，由原来预期的1953年内，推迟到了1954年10月。当潘复生和上万名省直机关干部及其家属迁入新居后，他们发现自己身处纵横交织端端正正整整齐齐棋盘一样的方格路网之中，如愿以偿，兴高采烈，很快爱上了新的家园。

早已完工的人民路不在纠偏范围。歪打正着，它虽是一条斜路，却大受郑州人的欢迎。这条路不转弯不抹角，用最短的路径建立了老城区和行政区的关联，具有较高的通行效率。因为人民路这条斜向道路的存在，二七广场落实了它放射性广场的中心地位，二七广场和二七纪念塔在郑州城市生活中的精神价值得到了更好的凸显。

棉纺路

建设路比棉纺路名气大得多。许多郑州人从来没有去过棉纺路，但是若有人说他不熟悉建设路，或者说没有路过建设路，那他一定是郑州人中的"奇葩"。

建设路是郑州西郊的一条主干道，碧沙岗到秦岭路这一段曾经是郑州最宽的马路。据说这段路具有战备机场的功能，倘若打起仗来正式机场遭到破坏时，战斗机、运输机可以在这里临时应急起降，由"战备机场"的说法可知这段路之笔直、开阔和修长。

直到 1950 年代纺织城在这块土地上开工兴建时，建设路还是一条大土沟。郑州人那时候出远门都喜欢骑毛驴，雇毛驴就像今天乘坐出租车一样便利。听说这里要建设大型棉纺基地，许多市民从老城区来看热闹，因为路程在十华里以上，年岁大点的都是花上三四角钱雇头毛驴赶过来的。他们骑着毛驴翻过大沟进入工地，手搭凉棚放眼望去，看到的是满地开挖建筑基础的放线木桩，还有随处堆积的砖瓦建材；晚来几个月的人，还没有跳下毛驴就看到了已经建好的厂房和职工住宅。这种一日千里的速度让他们大受震动，难以相信自己的眼睛。

走在今天的建设路上，你可以看到路北每隔数百米就出现一个牌楼式的大门——"郑州国棉六厂""郑州国棉一厂""郑州国棉三厂""郑州国棉四厂""郑州国棉五厂"，几座牌楼大多是艳丽的红漆柱子，上覆绿色琉璃瓦，红绿搭配反差明显但一点也不显得艳俗，反倒洋溢着一种民间的欢乐气氛。这些牌楼是建设路的标志性景观元素，让人过目难忘。不过，你若以为从牌楼下面进去就可以直抵厂区，那你就错了。几座棉纺厂的厂区大门都开在建设路北边紧邻的棉纺路上。

棉纺路才是纺织城的轴心道路。棉纺路的南侧是刚才所说的通过牌楼可以进入的区域，这里是各家棉纺厂分别建设扎堆聚集的生活区——牌楼设在建设路上，应当是为了在城市主干道上树立棉纺企业形象，取得更好的广告效应。棉纺路的路北才是五家新建棉纺厂的厂区。这段道路既是超大型纺织工业基地生产区与生活区的分界线，又是数万名纺织工人上岗劳动与回归市民生活的连接点。所有棉纺厂都实行每天三班轮换的工作制度，每天三次交接班的那段时间棉纺路上都是人潮汹涌，这时候的棉纺路看上去就像是一条河的河床——街上

郑州国棉四厂大门

是一条双向流淌的河流,成千上万的纺织女工迈着矫健的或者疲惫的步伐行进着,毫不迟疑地走进和走出她们的工厂,走向她们下一个生活仪程。无论是充满活力的上岗者还是略显困乏的下班者,都迈着纺织工人特有的碎步,绝不拖沓,悄然无声——这是一种美丽而壮观的街景。可惜这种街景没有留下相关的影像资料。当年数量有限的照相机还无暇顾及这种普通人的生活场景和城市文化的主题,镜头更多摄取和记录的是重大事件的现场、重点工程的进展和重要人物的行止。

1950 年代初,国家纺织工业部根据全国生产力布局的总体要求将郑州和北京、西安、石家庄等城市一起确定为全国纺织工业基地。从1953 年到 1957 年,每年一个大型棉纺厂在棉纺路旁完成建设,开工投产。棉纺路从西到东,依次排开了郑州国棉六厂、一厂、三厂、四厂、五厂五个企业,构成了郑州棉纺工业的核心区域——在排名序列中缺少二厂,是因为另有故事。1918 年,上海民族资本家穆藕初看好郑州接近棉花产区的资源优势和铁路枢纽的交通条件,筹集资金在城南陇海铁路内侧一个名叫豆腐寨的村子旁建起了裕丰纱厂,企业规模和设备先进程度在全国同行业中堪称翘楚。4000 多名纺织工人成为郑州产业工人队伍中的有生力量,1923 年"二七"工运中对铁路工人大罢工提供了有力的声援和呼应。抗战期间为躲避战火,裕丰纱厂迁往重庆。郑州解放后的 1951 年,经中南军政委员会批准在原裕丰纱厂的旧址上建成了一家新的国营棉纺织厂。当棉纺路上郑棉一厂开工建设时,国家纺织工业部同时指定这家企业纳入郑州棉纺企业新的编号序列,改名为郑棉二厂。二厂虽然纳入谱系,但置身城南,远离新建棉纺企业核心区域,所以较之其他姊妹企业社会知名度、市民关注度和媒体曝光度都低了不少。不过,它为后来者提供了纺织企业建设管理方面的经验,也为后续发展的新厂培训了一批又一批的入职青工,它的示范和孵化功能,使它在郑州纺织工业发展史上具有独特的地位和价值。

几家新建棉纺厂开工建设的时序安排是一厂打头,三四五六厂陆续跟进;从空间布局看,六厂开工建设时,向东已没有合适的选址位置,只好跳回棉纺路西端,打破序号规则排在一厂的前面。由此可以推测,当年纺织城的规划一定是一边实施一边调整的过程。在超大规模、超高速度的城市剧变中,总是有一些随机因素超出事先的筹划和有限的经验,郑州人只能不断发现新情况,适应新形势,解决新问题。这是那个激情燃烧岁月的特点,一个时代的特点。

征地拆迁、建设厂房、安装机器都还相对容易,而征集到能够熟练操作机器并带徒学艺在岗监管的技工却难上加难。一个郑棉二厂毕竟输出能力有限,为了满足郑州新建棉纺厂对技术干部和技术工人的需求,纺织工业部协调全国棉纺企业对口支援,雪中送炭,一大批来自四面八方的热血青年听从召唤,驰援郑州,他们很快进入角色,成为郑州纺织工业发展的中坚力量。

据有关厂史资料和相关人员回忆,郑棉一厂的外援力量主要来自上海、武汉;三厂的外援主要来源于上海、江苏南通;四厂主要来源于江苏苏州、无锡、常州等城市;五厂则由山东定向支援,人员来自青岛、济南两市;六厂外援分别来自武汉和北京。每个厂子接收的人员数量不等,最多者多达近千人,少者亦有三二百人的规模,总量达到数千人。这些人大部分为青年女性,来自物阜民丰的东南地区和通都大邑,与郑州一带原居民中姑娘们的淳朴率直相比,她们更加温和优雅,落落大方,具有较高的文化教养。她们随身带到郑州的除了劳动者的品格和技艺外,还带来了异乡风习,她们的气质、衣着、口音、用语、餐饮习惯、购物习惯和社交方式等对新郑州的城市文化嬗变都产生了深刻的影响。她们当年是郑州西郊最美丽的一道风景。

今年已 85 岁高龄的原国棉四厂女工陆雪娣,常常回忆当年从江南来到郑州的情景。她生于 1935 年,原籍江苏江阴,来郑州前是无锡棉纺厂的工人,共产党员,生产标兵,明眸皓齿,青春靓丽,有一位情投意合的男朋友,正在南京读大学。她来郑州工作事出偶然。当年无锡奉命选派技术骨干支援郑州国棉四厂建设,厂领导舍不得将她列入名单。然而,被列入名单的女工们对千里之外的中原一无所知、疑虑重重,向领导提出条件:若陆雪娣去,我们也愿意去。陆雪娣闻知后,说服领导,义无反顾,于 1954 年之夏陪伴着一群姐妹来到郑州。当时建设路位置上的大深沟还在填土筑路,周围尚未建成一条正式的城市道路,随处是沟沟坎坎,举目四望一片荒凉。住下后的第一个早晨,言笑晏晏的姑娘们打开房门,扑面一阵风沙吹了进来,眼角眉梢和头发上、脖领里都落上了一层黄土。突然面对这样的环境,一位无锡姑娘当场哭了起来。几个月后,好几位伙伴适应不了郑州的环境,悄悄踏上了返乡的火车,不辞而别。陆雪娣的男朋友假期来郑州看望她,看到她藏在笑容背后的疲惫、孤独和思乡之情,搂着她说:“我们结婚吧!”没有世俗仪式,没有聘礼嫁妆,没有花烛绣衣,一对年轻人在这座陌生的城市浪漫携手走入婚姻殿堂。爱人大学刚毕业,一天也没有多停,直接奔赴郑州,他被分配到正在建设的郑州电缆厂工作。从此,两个江苏人自愿变成了郑州人,在这里工作生活,在这里经营爱巢,在这里开枝散叶。他们渐次长大的三个儿女,在外面和别人说普通话、郑州话,在家里和父母说无锡话,他们虽然早已对接和融入了郑州的生活,但他们关起门来仍然维持运行着一个迷你型的“无锡文化特区”——他们在家中保留了以家乡美食和家乡方言为核心的家乡记忆,不忘他们的初心和来路。陆雪娣来四厂时带来了原来在无锡棉纺厂时的工资标准——每月六十多元,直到退休,只涨了半级工资,不到十元钱。她说:“我们纺织厂当年有个说法，叫作'机器一响，黄金万两'。纺纱机、织布机开动一个小时，就够全厂职工发放全月工资了，其他的收入悉数都是为国家做出的贡献。我们从来没有向组织上伸过手，既没有要过待遇，也没有要过荣誉，但生活得很充实，很幸福。郑州生活数十年，他乡悠然成故乡。今生今世，无怨无悔。"

纺织工人队伍的确是一个不辞辛劳、甘于奉献的族群。她们日复一日逡巡于纺纱机、织布机前，以特有的平稳身姿和细碎步履走来走去，一刻也不能停歇，每天在车间里的累计行程一般都高达30公里以上，每人每年在厂房里面走过的路程相当于一个万里长征。因为这种旷日持久的车间里的远征，无数纺织女工都患有腿部的静脉曲张病——这是她们的职业病之一，她们撩起裤脚，你可以看到蓝色的静脉血管像蚯蚓一样匍匐在她们的小腿边侧，这些病状和病痛常常伴其终生。因为车间内机器运行产生的噪声，女工们在互相交流时不得不提高嗓门，天长日久，耳膜失去敏感，说话习惯高腔大调，言辞简洁、声音响亮也成为纺织女工一个共有的职业特征。当她们成群结队出现在公共场所旁若无人畅言无忌时，文质彬彬的路人有时会避其锋芒退避三舍。

几家棉纺厂大门之内，都设有"哺乳室"建筑，这也是纺织厂之外其他行业的企业难以见到的景观。纺织厂婚育青年女工占比很高，许多生育之后仍在哺乳期的女工只能家国兼顾，以厂为家，以厂为重——家人按约定时间将嗷嗷待哺的孩子抱到哺乳室来，妈妈们匆匆忙忙从车间赶过来给孩子喂奶，她们来不及释放更多母爱的柔情，不足片刻便合上衣襟快步返回车间，回到专注的工作状态。她们既身负母亲养儿之职，又担当"衣被天下"的女工之责，既平凡又伟大，让人无法不心生敬意。据说郑州市改革开放之前相当长一个时期，以几家纺织厂为主体的纺织行业提供的税费收入一直占到全市半壁江山的分量,为城市稳定运行发挥了决定性的作用。从这巨大的财富贡献中,我们可以看见纺织女工的身姿,看见她们似柔而刚的韧性和母性。郑州人应当在棉纺路上为纺织女工立一尊高入云天的铜像,塑造一个头戴无檐软帽、身穿兜兜围裙的矫健前行的纺织女工的形象,纪念她们的青春岁月,纪念她们为这座城市做出的无私奉献。

西郊纺织城在第一个五年计划完成时基本建成。当年为了给纺织厂及其周边的建设项目提供更加高效的服务,郑州市政府紧锣密鼓在中原路与互助路之间完成了部分办公设施的建设,1957年,由商城路搬迁至现在的市委北院。郑州由此开始形成东部和西部两翼共振的省市两级行政中心。更为关键的是,围绕大型纺织企业基地,一大批与纺织业有关的企业、学校、机关和科研院所随之而来,形成纺织行业集群效应,形成了完整的产业链条和配套服务体系。1953年1月,中南纺织工业管理局工程公司(1978年易名为河南第五建筑工程公司)由武汉迁至郑州建设路,担任了纺织城建设的主力角色;中南纺织工业管理局安装工程公司(亦由武汉迁郑州,1954年),郑州纺织工业学校(中原工学院前身,1954年),河南省纺织医院(今郑州中心医院,1954年),河南省纺织设计院(1954年),中南纺织供销处(1955年),河南省工人文化宫(1955年),河南省纺织管理局高级技工学校(1958年)等单位或由异地迁来,或属创制新建,陆续在距离棉纺路1公里左右半径内安营扎寨;一批上中下游企业和配套关联企业也纷纷降临,横空出世:郑州印染厂、河南纺织器材厂、郑州纺织机械厂、郑州纺织空调设备厂、郑州针织厂、郑州服装厂、郑州童装厂、郑州被服厂……郑州西部以纺织产业为驱动力量,在1950年代形成了20平方公里新型城区的开发规模,形成了15万人口以上流入和聚集规模,新建城区面积和人口数量一跃超

纺织女工出身的杭慧兰女士,解放后曾任上海市普陀区人民政府副区长,
1950年代受命支援郑州纺织工业建设,先后担任郑州国棉一厂副厂长、
厂长,国棉六厂、五厂党委书记,郑州市委组织部部长、市委副书记等职
务。图为她(左)担任国棉一厂厂长期间在织布车间顶班劳动,倾听工人
意见。时间为1960年代。(摄影者 佚名)

过了郑州老城千百年的累积。如果说京汉、陇海铁路的开通为郑州拉响了现代文明的汽笛，省会迁郑确立了郑州在全省的政治中心地位的话，棉纺路一带系列大型纺织企业的建成标志着郑州正式迈入城市化、工业化进程，从而在经济和文化上提升了自己的区域中心地位，郑州的城市文化由此也变得融汇天下，博采众长，更加绚烂多彩。

时至今日，纺织行业在郑州已经完成历史使命，早已退出支柱行业的序列。你现在到棉纺路上走走看看，沧桑巨变，已经看不到棉纺厂的影子了。原来那几家厂子改制之后，陆续外迁到周边地区，转轨变型，不复旧貌。棉纺厂的旧址变成了房地产商角逐之地，车间厂房被全面清除，取而代之的是高档住宅和大型商场，棉纺路北侧的街道景观和土地性质发生了颠覆性的剧变，路南依然居住着纺织厂退休和分流出来的职工。这些人多数已是年届古稀、皓首白发，他们望着对面更新过的建筑景观，个中滋味一言难尽。所幸的是，郑棉三厂的部分厂房在拆迁过程中被紧急叫停，郑州市决定把这些当年由苏联专家设计的建筑作为工业遗产保留下来，建造一个纺织工业博物馆。这个暖心的决定赢得了无数郑州人的赞赏和支持，在这个不断进步的城市里怀旧不再是纯粹的私人情感和小资情调。当一个城市懂得珍惜自己的经历、尊重自己的历史超过炫耀上古文明时，它在访客的眼中才更显得有趣和高贵。

据三厂担任过车间主任的老同志武克华介绍，郑棉三厂的图纸由苏联专家提供，与北京棉纺二厂、石家庄棉纺二厂、西北（咸阳）棉纺一厂用的是一套图纸。武克华曾到上述企业考察交流，偶有内急，不用打听，直接就能按照习惯找到厕所的位置。在郑棉三厂建设纺织博物馆内保留的，就不仅仅是郑州一座城市的集体记忆了，北京、石家庄和咸阳的纺织业老人到这里参观，不用说也一定会眼前一亮，心中一热吧。

棉纺路街景

金水路

金水路始建于 1953 年,因位于金水河北岸且与之一路伴行而得名。记得少年时郑州人都称其为"金水河大道"或"金水大道",似乎这种叫法更能显现出这条道路的品质和气派。

和人民路一样,金水路也是郑州最经典的法桐大道。因为道路宽阔,法桐树的树冠有着无拘无束的绽放空间,所以都长得恣意狂放,和高大的行道树相比,路边的建筑看上去反倒显得拘谨而低矮。成群结队的灰鹭最喜欢在金水路一带翔集和栖息——绿化水平的高低或者说生态环境的优劣光靠人的评价不能完全算数,鸟类的避趋取舍应当是最权威的裁判吧,灰鹭鸟群的认同对金水路算是一个可信的褒奖。鹭鸟卧在树上,少不了往下投放一些石灰水一样的排泄物,来来往往川流不息的轿车常常有中彩的,没有见到谁大光其火,他们会非常淡定,一笑了之,自认倒霉,在回家洗车的过程中,他们还会在心中飘过一丝对长期相邻相伴的生物油然而起的共生共荣的情愫和情调。

在城市机动车保有量还没有疯狂增长的时代,金水路曾经是一条适宜散步和骑行的道路。郑州年轻男女"轧马路",这里是常规选择。1990 年代初,为了治理拥堵,这条贯通东郊和西郊主干道的部分段落修建了高架路和立交桥,通行能力大幅提高,但付出的代价是这条路景观质量的跌落和亲切感舒适度的丧失。也许再过多少年,郑州市路网结构得到更大改善,金水路现有的机动车流量大部分被平衡改流到其他快速通道上去,拆除高架路,降低这条路的技术功能,提升它的人文环境质量,让这条历史街道重新焕发光彩,也不是完全不可能的事儿。

如果说金水路是一条行政大街的说法未必确当,但至少不能说完全没有道理——省委大院、省军区大院、省政府大楼、象征人民代表大会政治制度的河南人民会堂,以及河南省高级人民法院、郑州市中级人民法院都散布于这条街上。省委大院的围墙是沉稳的暗红色,在北京长安街天安门城楼的墙壁上和中南海的围墙上你能找到同样的颜色,色谱上的高度一致可以表明它们血缘上的密切关联。

水利部黄河水利委员会也在这条街上——郑州人曾经自称"黄河之都",这种定位应当与之有关——黄委会驻扎郑州,统辖全流域十几个省份的河务工作,郑州市自然要尽心尽力提供相应的服务和保障,从而增强城市的影响力和扩大辐射力。黄委会机关大门处有一面米色的大理石墙面,上面镌刻着毛主席的手迹"一定要把黄河的事情办好"。这句话是黄河水利工作者的座右铭,也值得路人观者细细品味。毛主席对淮河的题词内容是"一定要把淮河修好",对海河的题词内容是"一定要根治海河",不知道有没有给长江题词,单和淮河、海河这两大水系在用词的待遇上比较,黄河是享有殊荣的——"根治"有斩钉截铁、毫不客气的感觉,"修"要柔和许多,但也体会不出敬意;而"一定要把黄河的事情办好",好像是为一位长者的轻声叮咛、深情嘱托。言为心声,母亲河在毛主席心中的地位果然不同。

毛主席曾多次视察郑州,都在金水路一带留下履痕。金水路南侧金水河畔的省委第二招待所,是中共中央两次郑州会议的会址,金水路路北相距不远的河南宾馆,也是郑州会议期间毛主席组织座谈和接见各级干部的地方。1958年11月和1959年2月的两次郑州会议,时间都在"三年困难时期",主题都与农业、农村和农民有关,中央和部分省市领导在郑州研究讨论发展中的情况和问题,特别是第二次郑州会议,解决了脱离实际、急于向共产主义过渡的错误倾向。会议提出一些重要的方针政策,对保证我国农业生产稳定发展起到了重要作用。第二次郑州会议是我党纠正已经察觉到的"左"倾错误的开端。党史上如此重要的活动安排在这里举行,郑州人感觉与有荣焉。

省委二招在省委南院深处,普通市民无缘造访。但河南宾馆身在通衢,十分亮眼,不少人都知道这座身高只有三层但气度不凡、器宇轩昂的大屋顶建筑曾经的故事,路过时常常投以赞赏的目光。不过,这座庭院好多年都大门紧锁,处在停业的状态,很容易引发路人的猜测:有人猜这座六十多岁的老建筑一定是在整修内部,完善功能,假以时日,它一定会焕发青春,融入城市新的生活;也有人猜它现在的沉寂预示着它的寿终正寝,它会像其他一些老建筑那样,不知哪一天突然变成一堆残砖废瓦,彻底从街景中消失。生活在变化,社会在演进,城市的改造和更新势所难免,如何使历史建筑顺时应变,有尊严地存活下来,并且适应相邻街区功能、形体和空间的整体要求,焕发出新的活力,的确是一个重要课题。

燕庄是金水路边的一个村子,1970年代以前它都处在金水路东端,这里是城市的郊原,是乡村的边沿。金水横北郭,绿野绕东城,燕庄的环境大抵如此,四季稼穑,一派田园风光。上小学的时候老师组织我们来燕庄捡过麦穗,听燕庄的老支书绘声绘色地讲述过毛主席视察燕庄的故事。

1960年5月11日下午,毛主席在省委书记吴芝圃等人的陪同下乘车来到燕庄视察麦田,毛主席身穿银灰色中山装,脚穿一双黑皮鞋,大步跨过水渠,来到等待的人群面前。燕庄大队党支部书记吴玉山等在麦田中等候,只知道有大领导光临,当他辨认出毛主席后,既吃惊又兴奋。毛主席轻抚田中麦穗问吴玉山:"一亩地能打多少斤啊?"

下面关于吴玉山和毛主席的对答有两个不同的叙事版本。一个版本是吴玉山按照省里提前统一过的口径答道:"每亩能打 600 多斤吧。"毛主席摆摆手说:"打不了那么多吧,我看也就能打个 300 多斤!"另外一个版本是吴芝圃抢在吴玉山之前回答说:"应该能打 600 多斤吧。"毛主席没有理会吴芝圃,坚持要听吴玉山的评估,吴玉山迟疑了一下,他没有和吴芝圃保持一致,回答说:"差不多能打 300 多斤吧。"毛主席点点头说:"我看还是村干部的话可靠一些……"

两个版本略有差别,但无论哪个版本,都体现了毛主席对当年"浮夸风"的警觉和质疑。两个版本中我更喜欢后者——我们去燕庄拾麦穗时老支书的深情回忆与之一致,表现出领袖对基层群众的信赖和对实事求是精神的认同。

毛主席又问:"这块地下一茬准备种什么庄稼啊?"

吴玉山回答:"种玉蜀黍。"

毛主席听不懂。

吴玉山换了个说法:"就是苞谷!"

毛主席仍然不明白。

在场众人异口同声解释:"玉米!"

毛主席仰脸大笑:"懂得了,懂得了!"

据说事后公社干部和吴玉山等研究安排,派民兵对毛主席视察的麦田日夜守护,对这一亩麦子专人收割,专车运送,专场摊晒,专门过秤,精准计量后确认实际亩产 320 斤,和毛主席与吴玉山的估产基本一致。

毛主席察看过的麦田现在已经是一眼望不到边的楼群,燕庄在城市总图中的位置也早就由边缘变成了中心——这里有一个著名的房地产项目名曰"曼哈顿",如果不做过度解读的话,这个命名的含义显而易见,不过是想自炫该项目身处繁华之境和中心之地。燕庄百姓早已迁

金水路

离故土,但他们自发捐资在金水路边修建了毛主席视察纪念亭,比照当年照片上的形象竖立了毛主席的全身铜像,以此向专程前来的探询者和不经意从这里路过的行人讲述 60 年前在这里发生过的郑州故事,珍藏一段燕庄人的集体记忆。

离开燕庄顺金水路东行很快进入郑东新区,首先映入眼帘的是郑东新区 CBD 建筑群。郑东新区的开发建设是郑州城建史上最重大的历史事件——根据河南全省城市化进程对省会城市扩大发展规模、提高发展质量、完善城市功能的要求,省市两级对郑州东部 150 平方公里的范围进行了总体规划,制定了郑东新区的发展蓝图,提出了"三年出形象,五年成规模,十年建新城"的目标,2002 年东区建设在 CBD 拉开序幕,随之是昼夜兼程的持续推进,十年之后,发展目标如愿达成。又经近些年的拓展,如今郑东新区在郑州城区图上已经有半壁江山的规模,而且继续保持着向东挺进的开放性态势。

当年郑东新区总体规划遵循国际通行惯例,采用在国内外征集方案的方式落实设计单位,经过激烈竞争,日本黑川纪章设计事务所的方案脱颖而出,最后中标。黑川纪章是国际知名的建筑大师,和矶崎新、安藤忠雄并称日本当代建筑三杰。郑东新区规划引入了生态城市、共生城市、新陈代谢城市和环形城市的理念,为郑州城提供了独具特色和可持续发展的可能性。2002 年,在世界建筑师联盟年会上,黑川纪章因郑东新区总体规划而获得首届城市规划设计杰出奖。郑东新区总体规划用许多个环状的快速通道将不同的城区组团连接起来,路网构图线形丰富,城市干道的走向也曲折多变——郑州人在观念上对道路走向和建筑朝向的多样化较之"人民路时代"已经有了更高的包容度,他们在新的空间秩序中获得了新的生活体验和空间感受。城市在发展,城市主人的习惯、口味、眼光和襟怀都会有所变化。

郑东新区 CBD 更是一个典型的环形城区。在金水路上仁望,你可以看到由 60 栋高层建筑围合而成的双环形"巨石阵"——英国索尔兹伯里巨石阵那样的阵型,但远远超出其尺度和气势——内环 30 栋大厦统一高度 80 米,外环 30 栋大厦统一高度 120 米,环形布置个头等高的建筑序列,法度严整,让人从中可以看到郑州人在城市营造过程中的工程能力和管控水平。双环阵型的圆心是碧波荡漾的如意湖,被称为"郑州之眸";如意湖的一侧连续排列着 CBD 三大标志性建筑——郑州国际会展中心、河南艺术中心和会展宾馆。

会展宾馆是一座高度 280 米,兼有酒店、餐馆、写字楼功能的综合建筑——会展中心的配套服务设施(现在的名字叫"千禧广场"),郑州人最熟悉的是它的昵称"大玉米",它是 CBD 建筑群的视觉焦点,也是郑州城继二七纪念塔之后一个新的辨识标记和城市符号。

"大玉米"不是黑川纪章的作品。黑川完成了郑东新区的总体规划方案,完成了 CBD 的城市设计,还完成了郑州国际会展中心的建筑设计——他在一座中国省会城市新建城区宏观、中观、微观三个层面的设计中充分显示了他的才情和智慧,在一个建筑师所能展开的业务中均取得了全面的成功,收获了众多的荣誉和无数的赞叹。但他不想止步于此,他真正在建筑设计上最钟情的还是 CBD 王冠上的明珠——会展宾馆项目。他多次向有关方面展示他为会展宾馆准备的人称"黑川塔"的锥形建筑方案,为此他投入了大量的精力,绘制了白昼和夜晚的建筑效果图,表现了朝晖夕阴之中玻璃材料、金属材料和原浆混凝土墙体相互配合形成的现代美感——他认为他以郑东新区"总规划师"的地位可以当仁不让顺理成章地拿下这个设计任务,为郑东新区制造一个新的高潮。但他还是被婉拒了。郑州人下决心仍然以竞争性的方式选择会展宾馆的建筑方案,又一次举行了盛况空前的国际招标活动。曾经为上海浦东新区设计过金茂大厦的美国 SOM 建筑事务所的方案胜出——这个方案可称作"中原之塔",设计灵感来源于中岳嵩山的嵩岳寺塔。嵩山嵩岳寺塔建于北魏,是中国最古老的砖塔,梁思成称其为"最不凡的宝塔","大塔的总体构图,是日后中国普通佛塔外形之祖"。SOM方案显然借鉴了嵩岳寺塔的造型特点,恰如梁思成先生描述的嵩岳寺塔的形体特征,"凸肚形塔身外廓略如现代的炮弹壳形,既秀丽,又雄浑"。评标委员会专家对这个方案给予高度评价,郑州人更是一见钟情,认为设计者认真研究了郑州地区文化资源,向中国古建传统表达了适当的敬意。国际知名先锋派建筑师、法国女建筑师奥黛尔·戴克说:"我完全理解郑州人的想法——他们希望有一个在郑州文化背景下生成的建筑,而不是等来一个天外来客。"郑州人有严重的"塔情节":嵩山脚下有一批国宝级和列入世界文化遗产古建筑群名录的各式各样的古塔,是郑州文化之旅的精品项目;城区逝去的"古塔晴云"景观至今留存于公共记忆之中;创新形制的二七纪念塔又被追捧为郑州城的"精神造像";会展宾馆建成后,郑州人希望看到一个"现代宝塔"屹立于CBD的背景之中,成为郑州现代化的新地标。

没有想到的是,会展宾馆完工之后,在测试建筑内部灯光的时候,内透光密集映射,层层叠叠,通体发亮,这栋建筑第一时间就在民间得到了新的命名:"大玉米"——你不能不佩服这个形容词的惟妙惟肖,整个建筑饱满健硕,通体造型活像一个玉米穗,六十多层建筑的每个窗子都像是一颗玉米粒,建筑外部纵横相连的金属杆件及其敷设的灯光更强化了玉米一般的肌理效果。这个略带调侃意味又不乏亲切感、很接地气的称谓超乎寻常地迅速传播开来,百姓口口相传,各类媒体也迅速认同、推波助澜,以至于"大玉米"之名很快人所共知,变成了这座建筑的大号,它经营中注册使用的正式名称"千禧广场"反倒很少被人提及,嵩岳寺塔的意象和中原文化元素的联想更显得像是阳春白雪的"小众文化"而被抛到九霄云外了,较之古塔的造型,郑州百姓对玉米棒有着

"大玉米"

更加丰富的视觉经验和唇齿体验。有人分析说，这个貌似戏谑的名字其实是一个关于中原文化的暗喻，它表达的含义是：以郑东新区 CBD 建设为标志，中原大地正在完成由农业文明向工业文明和城市文明的现代转型。这个解释不无道理。"大玉米"得名的过程还说明一个问题：百姓在对城市景观的认可和对公共艺术的评价方面，拥有巨大的无法轻视的话语权。

2015 年，上合组织成员国政府首脑理事会第十四次会议在郑东新区 CBD 举行，这是该组织第一次在中国京沪之外的城市办会，会址城市的选择必然综合考虑了城市的国际化程度、城市市容环境、基础设施保障条件、城市服务设施和会展服务能力、国际航空和其他外部交通条件等诸项因素。上合组织首脑会议把会址选定在郑州，无异于一次对郑州和东区环境给定的权威认同。

金水路穿过郑东新区和郑开大道连接，这是一条郑汴融城之路，郑州沿着这条路向东延展，开封沿着这条路向西靠拢，眼看着两座城市越来越近，不用太久，两座城市一定会完成空间融合和功能整合，到那时候，郑州就会再次进入一种全新的发展模式——新的城市形态如何命名，那就是另外一个课题需要研究的内容了。

郑州人每年都要举办一次从郑东新区 CBD 出发的国际马拉松比赛，发令枪一响，成千上万的参与者顺着金水路和郑开大道涌向古都开封——郑州和开封的距离现在恰好是一个全马的赛程。与其说这是每年一度的体育赛事，不如说这是双城联姻的年度狂欢。

郑州在这边高喊："开封，我来了！"

开封在那头回应："郑州，我等你！"

2010 年 11 月 16 日

廿雕塑：公共空间的叙事与抒情

　　雕塑具有文学性，是一种"城市修辞"，既能讲故事、说历史，又能造气氛、添情趣，在城市公共空间中有画龙点睛的作用，自带流量，往往成为不同街区的节点、热点和亮点，这些雕塑也自然而然地成为城市特色的重要看点。

　　从某种意义上说，郑州曾为雕塑大市。在行政区划的市域范围内，拥有登封汉阙和新密打虎亭汉墓的汉代雕刻壁画，巩义北魏石窟寺的宗教雕塑，巩义北宋皇陵大量的石像生系列雕塑，还有为数众多的郑州汉画像砖。这些古代雕塑（雕刻）作品，都是中华民族雕塑艺术的精品和瑰宝。

　　从某种意义上说，郑州又曾是雕塑小市、弱市。在 1980 年以前的郑州中心城区，你几乎看不到什么城市雕塑。在我的记忆中，那时候的郑州只有两座雕塑，一座是人民路金水路交汇处原河南省博物馆广场上的毛主席挥手站像，保存至今岿然不动；还有一座在对面紫荆山公园——"文革"时改称"东方红公园"的西大门入口处，一位工人（男）、一位农民（女）高举"红宝书"的 3 米来高的塑像。"文革"结束后，这座雕塑不见了踪影，连影像资料都无从查阅。偌大城市，难觅公共艺术一席之地。

这是我国城市共有的一段经历，荒芜程度不同而已。

进入 1980 年代，郑州城市公共空间——公园、广场、滨河廊道、街头绿地，陆陆续续出现一些雕塑作品。本土艺术家扮演了垦荒者的角色，他们在开发利用历史文化资源方面小有成就。不少具有全国影响的外地雕塑家包括一些业内领军人物继而纷至沓来，逐鹿中原，他们带来了新颖的作品样态，也带来了新的艺术观念、新的语言形式、新的创作导向。郑州城市雕塑的密度和品质不断提升，作品在全国大奖中摘取桂冠的消息接踵而至，雕塑文化在郑州同时受到官方认同、民间认同、学术认同。

城市雕塑具有一般艺术品独立的审美价值，可这不是它最重要的价值。优秀的城雕作品之所以备受欢迎，是因为它接通了历史文脉，表现了城市个性，给所在的城市增加了可阅读性、可意象性和可辨识性。城市是个充满魅力的文化读本，但需要有注解；城市是个形体空间系统，需要添加表情；城市是个历史延续过程，需要收纳和展示集体记忆；城市是个就业中心、生活中心、高密度的人口集聚中心，需要振作精神，释放情感……恰好，城市雕塑可以参与完成这些任务。

同一件艺术品不同的人去观赏，可以根据自己不同的经验和想象力做出不同的解释，不强求统一，这是艺术欣赏的妙处。基于本人碰巧知悉又积存未忘的相关信息，我把自己对郑州 20 件雕塑作品的解读稍做梳理以飨读者，或可为你提供专题游览的参考，或可在你接待外地访客、回答友人垂询时有所依凭。但你尽可不必采信，你别出心裁另有新解，这才是雕塑的原作者最开心、最欢迎的事情。

雕塑作品以落成时间为序。

青　春

　　这座雕塑由共青团郑州市委1984年9月组织建设,设计人为单红栓,郑州金属制品研究所团委书记;设置于金水路与沙口路交会处,背靠陇海铁路,面向金水路高阳桥的高坡。

　　雕塑主体为一对青年男女站在高高的雕塑台基之上,昂首挺胸,豪情满怀,目视远方,摆出一个舞台造型动作——两个人双手高举,共同擎起一个多环交错的电子符号,表情庄严坚毅,神圣不可侵犯。小伙子身材挺拔,裤线笔直,女孩裙裾迎风飘起,青春洋溢。雕塑主题是青少年要面向现代化、面向世界、面向未来,在国家和城市发展中展现青春风采。

　　看到这个雕塑你不能不联想起"穆希娜范式"——苏联著名女雕塑家穆希娜1937年为巴黎世界博览会苏联馆创作了大型雕塑《工人与集体农庄女庄员》,雕塑造型为一男一女并肩跨步挺立,男士左手高举象征工业的大锤,女士右手高举象征农业的镰刀,镰刀和锤子交叠成苏共党徽的图形,雕塑中的衣纹紧贴人物身体,富有装饰性和运动感;男女主人公意气风发的神态,显示了新型苏维埃国家蒸蒸日上的风貌,雕塑问世后,立即获得国际赞誉,对社会主义阵营各个国家的艺术创作产生了广泛影响,形成雕塑语言的示范效应。这座雕塑至今仍然被当作苏维埃艺术的时代经典和重要象征。雕塑《青春》落成于改革开放初期,它的名字就是一个隐喻——郑州的城市雕塑和公共艺术产品,是从青春期走过来,一步步走向成熟的。

《青春》

商城纪念碑

雕塑由铜方鼎造像和图腾柱及相关场域构成,位置在人民路和商城路夹角中,市民习称"三角公园",设计人为郑州本土雕塑家吴树华。

巨大的铜方鼎高踞在雄浑的雕塑台基之上。铜方鼎是以郑州杜岭前街出土的商代大鼎为原型,放大制作而成的。雕塑基座四角为"男""女""老""幼"四个奴隶人像柱,奴隶们皆双膝跪地,双手擎天,身有负重之姿,面有坚忍之色。基座四壁分别刻绘"祭祀""农耕""铸造""战争"场面,展现了3000年前中原地区青铜时代的社会生活图景。图腾柱矗立在距离铜方鼎20米开外的位置,对场地形成良好的限界控制,图腾柱与铜方鼎,形散而神不散,一个奇崛,一个平正,纵横取势,相互对比,相互呼应,形成了良好的整体效果。图腾柱上雕饰了商代图纹符号"日""月""昼""夜""风""火",既诡奇又瑰丽,显现了商代先民的审美取向和造型能力。龙凤纹、饕餮纹上下相倾,提示了"天命玄鸟,降而生商"的历史传说。

商城纪念碑的背景为一座小丘——郑州城墙的残留段落,城墙根部偃卧着3600年前的古商城遗址。丘上有亭翼然,周边林木蓊郁,最有趣味的是十几株老松,自由散漫,各具姿态,皆有名士之风。纪念碑的这个位置紧邻民国时的郑州城西城墙新开的天成门——郑州城的西门在东西大街的延长线上(今日二七纪念塔的东侧不远处),冯玉祥驻郑时为了方便市民出入,加强城内与城外拓展区域的联系,下令在西门以北现商城路的位置把城墙扒开一个豁口,供行人车马自由通过。再后来,冯玉祥下令拆除郑州古城墙,三角公园一带的古城墙就成了郑州

商城纪念碑

城西城墙仅存的遗骸残体了。

商城纪念碑落成于1985年,是郑州改革开放后最早的城市公共艺术作品。它屡屡被人称道之处,一是它利用、整合了历史文化资源,独具郑州特色;二是它彰显了郑州古城身份,也标注了古迹现场位置,叙述了郑州故事;三是创设了游憩环境及其场域精神,市民悠游其间,可以发思古之情,亦可以得观赏之乐。因资金有限,投资强度不足,铜方鼎为锻铜制作,后来出现锈蚀漏透之处;图腾柱为水泥塑形,风吹雨淋,色彩褪变,有碍观瞻。2005年,经过整修,锻铜变为铸铜,水泥变为石材,面貌焕然一新。

哺　育

雕塑为一位头挽发髻、身着古装、仪态端庄、慈眉善目的女性怀抱婴儿的坐像,设置于黄河文化公园——原称黄河游览区的五龙峰小广场喷水池中,落成于1985年。原为白色水泥塑成,2014年被置换为汉白玉材质,高5米,设计者叶滨。

雕塑的官方解释为:母亲象征黄河,婴儿象征中华民族,寓意黄河哺育了中华民族。

雕塑刚落成就大受欢迎,游客到此必争先恐后与之合影,以证行踪——这座被附近村民称为"娘抱娃"的雕塑很快被公认为黄河游览区的标志,甚至成了郑州市的城市形象标签。河南电视台新闻联播节目多年用黄河激流与雕塑《哺育》作为片头,日日配乐播放,使其成为郑州市暨河南省曝光率和知名度最高的公共艺术作品。赞扬之声自然不少,难以胪列,而批评的言论至少有两条让人印象深刻。一是设计者初稿中母亲原为露乳哺育,怀中婴儿吸吮母亲乳汁,母子交流的神态更加生动感人。母亲形象改为现在的正襟端坐注目垂爱,婴儿作安静状,显然是设计者(岂止设计者,还应当包括黄河游览区的建设者)在当年强大到难以抗衡的人体视觉禁忌面前选择了退却,令人惋惜。二是作品有图解概念之嫌。黄河早就有中华民族母亲河的称谓,雕塑家据此塑母子形象,平正无奇,并无创见和巧思。

不过,若把母亲怀中的婴儿解释为郑州的象征,则顿生新意,这座雕塑就会立刻转型为郑州人饮水思源的纪念碑。

1970年代之前,黄河之滨的郑州市城市饮用水的主要来源却是贾鲁河水,贾鲁河属淮河水系,有人开玩笑说,黄河是我们的母亲,淮河是母亲的妹妹——我们的姨妈,郑州人没有尝过母乳的滋味,是喝着姨妈的奶汁长大的。贾鲁河水量逐年衰减,1970年多次出现断流情况,郑州城市供水频频告急。当年奉命以军人身份主政郑州的王辉,以发动百日会战、建成二七纪念塔而闻名街间,其实,他此前果断决策,带领郑州各界实施引黄入郑工程一事,对郑州的大局稳定和长远发展的现实意义与社会价值更是不容低估。郑州人艰苦会战,几经曲折,最后成功在黄河岸边的山岭上建成邙山提灌站及其配套设施,大河波涛通过新开辟的引黄干渠和新开挖的西流湖,进入自来水厂,最终化作甘甜清流进入千家万户,让郑州人第一次喝上黄河水,吸吮到母亲的乳汁。

邙山提灌站就是黄河文化公园的前身,而雕塑《哺育》所在的五龙峰小广场正处在提灌站的核心位置——一排8道巨大口径的铸铁管道如同巨龙吸水,从沉沙池中将清澈的黄河水提升至雕像一侧,河水由此达到全部流程的最高点,而后因重力作用自行奔涌向前,波光粼粼顺渠而下,穿山越岭,流向城中。

黄河是中华民族的母亲河,更是郑州人的母亲河。雕塑《哺育》,很

《哺育》

好地讲述了一座城市当代史上饮用水源变迁的故事,表达了郑州人对母亲河的感恩之心。

雕塑的材质可以置换,雕塑的含义也可以重新诠释。与其将雕塑母亲怀中婴儿理解为华夏民族,不如解读为郑州儿女,既避免语义浮泛,又讲述了郑州故事,生动贴切,情深意长。

掰手腕

雕塑正式名称为《竞》,但大家都习惯称之为"掰手腕",更口语化,也更亲切。雕塑设置于郑州高新区合欢街原开发区管委会办公楼楼前广场;高 5 米,锻铜制作,设计者为郑州本土雕塑家常宗贤。

雕塑造型为两只男人的大手掰腕角力,两只手相互咬合,腕关节、指关节节节上劲,手臂上肌腱隆起、血脉偾张,充盈洪荒之力。支撑两手的手臂与基座形成三角构图,加之两手势均力敌而形成的平衡状态,让整个雕塑显得雄强而稳固。雕塑没有正面反面的区别,360 度环围观赏,任何角度都不失完美。

雕塑家本人讲解创作体会说,掰手腕虽然对抗性强,但它是标准的友好竞争项目,以掰手腕决胜负的人,依凭的是规则,较量的是实力和技巧,表现了开发区市场经济条件下企业主体的公平竞争精神和契约精神。雕塑的花岗岩基座被形象地解释为开发区致力于为区内企业搭建平台,提供优质服务和创业环境。

其实优秀的公共艺术作品是无须做出规定性解释的。1992 年,郑州高新区管委会启用新建办公楼,雕塑《掰手腕》也几乎同时揭开红盖头,街头上天天有人拍照留念,很快被公认为开发区的城区标志。记得

《掰手腕》

当年就有商家据此制作小型摆件,在市区一些大型商场上柜出售,有的企业也有个人买了当作礼品,在接待来宾和对外交往应酬中作为馈赠之用。在这之前,郑州市公务活动中的礼品通常会选用迷你型的商代铜鼎——鼎器这种东西越放大越显得端庄华贵、气度不凡,但过度缩身之后就像是一只古装版的烟灰缸,让人拿不出手——有了《掰手腕》,郑州对外交往中又多了一张新的名片,多了一段新的说辞。

郑州高新区前些年在瑞达路南端——开发区南入口门户之地又放大制作了一座雕塑《掰手腕》,还是同样的材质,同样的造型。一座城市雕塑竟有两个真身,这种事儿并不多见,只能解释为高新区对它的喜爱之甚。分身之术,是为了让它更多地展示开发区形象,宣谕开发区精神。

鱼尾狮

新加坡国名来源于历史典故,梵文原意为狮子城。新加坡范克里夫水族馆馆长布兰诺最早设计了鱼尾狮形象,给狮子换上鱼身鱼尾,象征狮子城由小渔村发展而来,小小渔港正在变身国际商港。鱼尾狮图案当年是新加坡旅游局的徽标,后来根据李光耀总理的决定,华裔雕塑家林浪新完成鱼尾狮像的设计,于1972年9月雕塑落成,李光耀亲自为之揭幕。雕像身高8米,矗立在风光绮丽的新加坡河河口,双目炯炯,眺望远方,口吐水柱,气势如龙。如李光耀所愿,鱼尾狮像很快成为新加坡的象征。

1990年代,新加坡华裔企业家周子汉签约在郑州高新区投资建厂。为让新加坡企业产生宾至如归的亲切感,并对新加坡潜在的投资者形成别样的吸引力,高新区有仿建鱼尾狮雕塑之议。1994 年 9 月,李光耀先生以新加坡资政的身份到访河南,拟定的行程中有参访高新区的安排。高新区紧锣密鼓建造了缩身版的鱼尾狮像,身高由 8 米降为 3 米,但全须全尾,保留各种细节,开关打开,一样可以吐出清澈的水柱。雕像周围还绕以喷泉,随风飘舞,增加了雕塑的观赏性。

新加坡鱼尾狮像原件落成 22 年之后,郑州版鱼尾狮举行揭幕仪式。还是李光耀先生亲手揭开狮头上的红绸。时任中共河南省委书记的李长春先生对李光耀说:"鱼尾狮的身后该新加坡投资了!"李光耀在众人的笑声中答曰:"希望如此!"

郑州高新区的雕塑《鱼尾狮》位于科学大道与金梭路交会处。雕塑原件和仿制品均由同一位国家领导人剪彩,这在世界公共艺术史上不知算不算奇闻逸事?

夏

一位仰泳女性的造型。雕塑《夏》由四川雕塑家曾岳设计,铸铜材料,长 3 米;设置于郑东新区昆丽河(东西运河)畔。

一个裸身的青年女子,自由自在地躺在水面上,无法掩饰成熟的美丽。她头部微微抬起,避免河水灌进耳朵。一只手在水面上慢慢划动,保持身体的浮力和平衡,另外一只手拈着一枝柳条,柳条也飘在水上——雕塑家用粗大的柳条向观者提供关于时令的信息,春花已谢,酷暑来临,正是青少年亲水戏水的季节。女子被粼粼碧波托举着、拥抱着,两腿轮替上下摆动,为缓速前进提供动力。即便动作轻缓,还是打扰了小鱼,两只小鱼凑过来嬉戏围观,对突然闯入水族世界的美丽胴体毫无敌意。

整个雕塑由人体、树枝、小鱼构成，简洁到没有一丝累赘，但给人提供了开放的想象空间。

穿越城市中心区的金水河、熊耳河和东风渠向郑东新区汇流，与郑东新区内部的人工河湖纵横勾连，形成北方城市难得一见的水网系统。在东区的河岸上邂逅这座雕塑，你看到的不仅是对青春、对生命的礼赞，更直接的感受是东区人对东区生态环境、人居环境掩饰不住的骄傲和自豪。

雕塑落成于2007年。之后不时听到一些让人尴尬的消息——雕塑人体屡屡遭人袭胸，个别部位被摸得发亮。最近我在河边散步，有心拍一张雕塑的照片，逡巡往复竟然没有见到她的踪影——难道游泳的女孩不堪其扰，登上河岸穿上衣服回家去了？

起　步

一个浑身一丝不挂的小朋友，笑嘻嘻撅着屁股模仿大人跑步比赛前的准备动作，俯身下蹲，两只小胖手支在地上，双眸紧盯前方，即将一跃而起。青铜雕塑连基座2米来高，设置于郑东新区国际会展中心外侧商务内环路路边。中国美术学院刘杰勇创作。

刘杰勇的这件作品似乎借鉴了中国印章艺术的造型——印章下部一般为长方形柱体，柱体顶端有限的尺寸内雕刻处理为龙虎麒麟等瑞兽或蹲坐或盘踞的生动形象。刘杰勇把瑞兽置换成幼儿造像——"人之初，性本善"的状态，稚嫩而苗壮，圆润饱满，憨态可掬，让人爱不释手。这件作品曾参加过上海的一个室内雕塑展，碰巧被出差在沪的郑

《起步》

东新区工作人员偶然看到,一见倾心;其时恰值郑东新区启动建设五周年之际,计划以某种艺术样式象征性地表达东区顺利起步的喜悦和对未来的憧憬与期许。见到这件作品,他立即双目放光,千方百计联系设计者,紧锣密鼓完成放大制作。由此可见,观赏者的解读与雕塑设计者最初的构思是完全可以不尽相同,甚至是可以没有交集的。

东区人第一次到杭州中国美术学院观看放大泥稿时挑不出毛病,上看下看左看右看,最后说:"小朋友屁股下面的小茶壶太小了……"

在场的人都笑了,刘杰勇答应修改。

第二次审查东区人还不满意,开起了玩笑:"还是太小! 这象征着东区发展的后劲。若后劲不足,追究原因,追究到这座雕塑那我们可是担待不起哟……"

再次笑场后,刘杰勇答应认真考虑,但又说:"不过真的不能太大,小朋友嘛,大了,就丑了。"

雕塑完成安装后,受到观者喜爱。光屁股下面被喜欢逗趣的郑州市民尤其是阿姨婆婆们摸得油光锃亮。笑容满面的小朋友成了东区的小天使和吉祥物了。

炎黄二帝

这是一座体量巨大的双人胸像,高106米,高度在海内外人像雕塑排名中名列前茅,落成于2007年。设计者吴树华。

黄帝故里位于郑州辖区的新郑市,黄帝文化是郑州市最重要的历史文化遗产。"炎黄子孙"乃海内外华裔共有的身份认同,"炎黄子孙,根在郑州",这句话曾经是郑州文旅界最响亮的宣传口号。在郑州大河之滨设立两位人文始祖的巨像,将母亲河文学意象与祖先崇拜的历史传统叠加并置,熔于一炉,形成了独特的中华民族发祥之地的文化场景。雕像雄峙黄河南岸,背依黄土高原的余绪山岭,面向滔滔黄河、茫茫华北平原,气势雄迈。坐南朝北,背光的朝向非但没有影响雕塑的表现力,朝夕之间侧逆光源反而让雕塑省略枝叶细节,更显霸悍,简洁洗练。两位先祖目光温和、须髯垂胸,面有壮暮之年的静穆沉雄之色——这是创作者反复推敲论证后的选择。较之英武俊朗、朝气蓬勃的形象,上年纪的面相,神态更加温和醇厚,更具尊者之仪、长者之风,更符合大众关于祖先容貌的认知倾向。雕像以气势取胜,省却了各种可能的装饰,人物既无冠冕,亦无衣饰,避免了历史考证方面的诘难与质疑,大朴不雕,极尽简洁,两个人物化作山峰,融入了周围环境。

设计方案曾经考虑雕像内部空间利用问题,设想参观者在内设的展厅中看完主题展览之后可拾级而上,走到炎黄二帝眼球的位置上,通过雕像的两双眸子,俯瞰远近景观,由此获得难以忘怀的旅游体验。这时候从外面远距离观察雕像,因为内部游人的活动,炎黄二帝的眸子会出现光影明灭闪烁的效果,雕像会产生栩栩如生的艺术幻象。可惜这个设想征求群众意见时遭到抵制,不少人对炎黄二帝的崇敬崇拜达到了高纯度、高浓度的境界,他们唯恐游人在先祖眼部的活动会损害两位老人家的神圣和庄严。此议只好作罢。

雕塑《炎黄二帝》完工后,前区广场相关内容也随即展开建设。现在来到这里,你可以看到铜钟、铜鼓,九座铜鼎,构造新奇的大型祭坛,以及上百尊中华民族发展史上标志性人物的花岗岩造像。广场上可以容纳上万人同时进入,举行祭祀、纪念、集会和节庆狂欢活动,这里成为郑州市最重要的礼仪空间。

雕塑《炎黄二帝》建设的主要推手是黄河游览区的创业者、有"黄河

《炎黄二帝》

之子"声誉的王仁民,他东奔西走争取政商各界支持,为雕塑成功完成建设发挥了决定性作用。雕塑总投资近 2 亿元,从创意策划、筹备实施到建成面世,整整用了 20 年的时间。这在中国公共艺术史上很难找到与之比肩的案例。雕塑在筹备过程中受到众多海外华人的关注与赞助,国内广州、深圳等城市慷慨解囊,本省本市的民众捐钱捐物倾力支持者不计其数,省市财政给予了最初的启动扶持和最终的冲刺助力。建设过程几次停顿,施工队伍数度易人,反复涉及经济纠纷、法律诉讼……整个过程山重水复,跌宕起伏,若经线索梳理和情节还原,足够编写一部内容丰富多彩的非虚构文学读物。

群英会

郑东新区 CBD 的中心是一湾碧水,名曰"如意湖",湖水近旁是郑州国际会展中心、河南艺术中心和被郑州人称作"大玉米"的千禧广场塔楼。环湖有木质的人行步道,供游人亲水观鱼,勾留漫步,欣赏周围的波光楼影和鸟语花香。

按照黑川纪章先生最初的方案,如意湖岸边等距离布置着 45 根盘龙雕塑柱,柱间距约 30 米。设置这些匀称排列的柱子,可以增加湖岸空间的尺度感、节奏感、序列感、纵深感,应该说黑川城市设计的手法细腻周到,是很值得称道的。但郑东新区管理机构认为"盘龙柱"意象上过于古旧,决定尊重黑川设置雕塑柱的既有整体构想,但具体柱形设计则通过招标投标方式另觅佳作。

湖北籍著名雕塑家傅中望的作品脱颖而出,2007 年得以实施,春暖花开之际完工面世。45 根抛光米色花岗岩柱柱体浑圆,内中弥漫张力,有一种男性的雄强。每一根石柱的上部都顶着一个帽子的造型,有鸭舌帽,有贝雷帽,有斗笠帽,有厨师帽,有荷叶软边帽,有大礼帽,有瓜皮帽,有船形帽……这些帽子的形制,来自不同的民族、不同的国家、不同的宗教、不同的地区、不同的时代、不同的流派、不同的职业、不同的性别,各有姿态,亦庄亦谐,情趣横生,它们代表着多元文化的汇聚交融,和谐共处,同时注释了邻近的郑州国际会展中心"博览天下,融汇八方"的场域精神。

雕塑落成后正式定名为《群英会》,取天下英雄会中州之义,曾荣获国家建设部颁授的全国城市雕塑最高奖。

如　意

如意,中国古代器物,两端圆形如灵芝如云朵,中为长柄,寓意吉祥。郑东新区被称为"如意之城"——CBD 和龙湖金融岛两个大型环形建筑群由 3.7 公里长的人工运河相连接,空中俯瞰,可以看到一个由建筑、河湖、桥梁、花木共同建构的如意形大地景观,令人震撼。商务中心区的中心湖定名如意湖,连接商务中心区和龙湖金融岛的运河定名如意河,如意河两侧的滨河道路定名如意东路、如意西路。郑东新区营造了一个"万事如意"的文化氛围与"平安和谐"的发展愿景。中国雕塑学会副会长、著名雕塑理论家孙振华在郑州主持过一次郑东新区雕塑创意座谈会,会议上有长期在郑生活经历的上海大学教授王鸿生提出崭新创意:为什么不把安卧在大地上的如意竖立起来呢? 创作一座雕塑《如意》作为郑东新区的图腾和标志,这个想法让在座的东区人兴奋不已。

《如意》

雕塑《如意》由中央美术学院孙伟、宿志鹏设计,坐落在商务中心区"郑州之林"公园内,紧邻中州大道;落成于2008年,总高40米,不锈钢材质,内部为钢架结构。不锈钢管材并联而成的线条先在大地上盘曲求稳,然后拔地而起,升腾到预定高度后在空中翻转而下再反转而上,形成祥云缭绕的轨迹——雕塑家既需要用不锈钢表现爽利洁净与云天一体的现代美感,又必须避免不锈钢板给人油光水滑、过于轻薄的观感,因而专门请制作工人用锤子在雕塑外皮上击打出数以万计的凹点——每一次击打,都不是简单的重复,每一次下锤,都会有不同的接触角度,都会有不同的力道,数万次的击打,创造了雕塑独一无二的金属肌理,实现了清澈与厚重的完美统一。若到现场,建议看官诸君注意这项细节。

雕塑落成后,以其高入云天的挺拔身姿、流线优美的形体特征、卓然独立的环境关系,以及对城市规划的艺术阐释,让郑州百姓高度认同,深深喜爱,也让外地访客折腰称羡。

某日,内蒙古某"不差钱"城市的领导光临郑州,见到雕塑《如意》两眼放光,决意立即仿制一尊,急令随行工作人员和中央美术学院创作团队联系。中央美术学院答曰:"如此大型城雕照原样仿制,世上罕见。再说,我们和郑东新区共有知识产权,你们和郑州联系一下看他们什么态度。"他们蹙眉三思,只好作罢。

结

抽象雕塑,一个绳结的造型。雕塑《结》由上海雕塑家余积勇设计,锻铜制作;设置在郑东新区CBD,距郑州商品交易所不远的大草坪上。

《结》

用线绳、皮绳或其他柔性材质的条状物打结,是生活中再平凡不过的现象。把这个体量细微的绳结放大几千倍,它竟然会显现出动物一样的形体特征:对称、均衡、饱满、雄浑,安然盘踞于城市园林之中,蕴含着母性的坚韧的力量。

"结"是人类生活中一个重要的文化母题,汉语词汇中一个重要的词根——由"结"生发和延展出许多的概念与意象:关涉个体心理活动的有心结、情结、纠结、郁结;涉及社会活动的有结交、结合、结缘、结盟、结亲、结义、结社、结集、团结、联结、扭结、缔结、凝结;人类智慧史上,有结绳记事一章。

有的雕塑造型复杂、情节生动、细节丰富,但意涵浅薄,有的雕塑形式单纯却寓意丰厚,有情趣、理趣、机趣之妙。这座雕塑属于后者。

龙　魂

郑东新区 CBD 红白花公园之中有一尊由中国雕塑学会会长曾成刚教授设计的大型铸铁雕塑《龙魂》。长约 12 米,高约 4 米。雕塑下部是符号性的龙舟造型,似龙非龙,似舟非舟,龙首高昂,如吟如啸,龙角开张,如剑如刀。龙身横平如巨大的屋梁,上面站立着 10 排 20 位看不清面目细节的壮汉,皆弓身低头,奋力划桨。与其说众人是在奋力向前,不如说大家是在奋力向上——当桨板划动水体产生反作用力之后同步离开水面那一刻,两侧的桨仿佛变成龙的两翼,巨龙有振羽飞升化为鲲鹏的动势。站在雕塑旁,虽寂静无声,却总会产生一种狂飙大作的幻觉,大风的呼啸声中还夹杂着巨浪声、击鼓声、号子声、加油的呐喊声。许多金属雕塑的表层都是光洁、平滑的,而这座雕塑是生铁铸就,

《龙魂》

置于野外迅速氧化，浑身是褐红色的斑斑锈迹，这种材料选择和铁锈的生成是曾成刚雕塑语言的表达方式，是雕塑设计的重要组成部分，唯其如此，雕塑才显得粗粝、雄强、阳刚和霸悍。这是其他材料难以产生的效果。

也许纯属巧合，这座取材于"龙舟竞渡"活动的雕塑落成后，郑东新区开始主办龙舟赛事。从 2008 年起，郑东新区以域内龙湖、龙子湖和东西运河的水体资源为依托，连续组织具有全国影响的龙舟竞赛活动，成为河南省乃至中国北方重要的水上运动中心。河南省内一些知名大学也在东区仿照牛津和剑桥大学划船比赛一争胜负的传统，在郑东新区的开阔水域，激情对决，展示风采。现场女生的尖叫声成了龙舟上运动员们拼命争先的最直接的动力。你到现场感受一下，会立即回到青春时光，有一种精神升华的愉悦，有一种至深的感动。

有这样的城市背景，雕塑《龙魂》得其所也。

1904 公园

1904 年是京汉铁路郑州站建成之年。火车站的建立，蒸汽机车汽笛的鸣叫，宣告郑州开始进入现代文明。郑州工商业开始迅速繁荣，城区规模不断扩张，随着交通枢纽地位的确立，郑州经济和军事地位跃然而升，民国时期即崛起为中原重镇。铁路对郑州城市命运和市民生活的影响，是全面而深刻的。

花园路以东的东风渠南岸一段废弃铁路有幸保留下来，铁路及两侧 300 多米长的一段绿地被改造成了一座袖珍型的铁路文化主题公园，人称 1904 公园，落成于 2009 年前后。中央美术学院王中教授设计。

这是一个弥漫人文精神的特殊场域，一个储存历史记忆的时空廊道，也是一个参与感很强的市民游憩之地。虚拟的20世纪初的郑州车站人来人往，抵达者、出发者、等待者、迎候者神态各异且服饰不同，头戴礼帽、携眷同行的外国绅士，夹着被褥、拎着行囊、挽着裤脚的平民乘客，手提竹编书箱、身着长衫的知识分子，身穿绣衣、与小儿端坐长椅的少妇，高举《红灯记》中李玉和使用过的那种号志灯、企脚接引火车的铁路工人，以及原始的传声装置、旧式的轧道车……这些人物形象和器物形制，散散碎碎地拼贴了当年情境，片片断断地传递了历史信息，同时丝丝缕缕地让人们感受到了飞逝而去的时光的温度。

1904公园的设计者并不止步于怀旧，他们在铁轨上用光滑发亮的不锈钢管制作了一个1∶1等大的透空火车头，供到此游玩的小朋友爬上爬下，钻进钻出，让高大威猛的火车头变成他们驯顺的玩具。

最受人欢迎的要数一对时尚恋人牵手缘轨而行的写实雕塑，他们走猫步一样各自走在一条窄窄的铁轨上，摇摇摆摆，极力保持平衡——如此在铁轨上行走，是许多人少年时的共有经历。雕塑为郑州情侣提供了行为范式，一对又一对的热恋情侣在雕塑前按照他们的样子在轨道上携手前行。他们脚下安放了与枕木一样等距布置的石板，镌刻了许多条爱情隽语：

夏雨雪，天地合，乃敢与君绝

我惯用接吻来代替语言……

两情若是久长时，又岂在朝朝暮暮

衣带渐宽终不悔，为伊消得人憔悴

窈窕淑女，君子好逑

1904 公园铁轨上的情侣

情侣们在这铁路文化主题公园度过的时光,也必将成为他们未来的珍贵记忆。

擂东风

花园路东风渠桥东西两侧各有一尊敲鼓的雕塑,两尊一组,同名《擂东风》。青铜铸造,总高 7 米,落成于 2009 年。北京雕塑家潘松设计。

东边这一尊,两个汉子背对背相互依靠,挥动鼓槌,擂响各自怀中战鼓。在中国传统军事斗争中,鼓声是助威,是激励,是造势,是震慑。两个汉子身材横宽粗壮,是典型的东方体格,袒胸露背,只有一条围裙裹住腰臀,四条腿皆屈曲下蹲,人体重心下移,稳如泰山,不可撼动。

西边这一尊,两个女子相视而笑,在轻盈的跳跃中甩动系着绸带的鼓槌,在腰鼓上敲击出欢快的鼓点。年纪大点的妇女脑后盘着发髻,年轻的姑娘扎着羊角小辫,言笑晏晏,他们的肢体动作,展示出典型的东方女性独有的风采。腰鼓是和平之韵,和谐之音,和悦之声。

东西两尊雕塑一阴一阳,一刚一柔,一沉雄一灵秀,对比强烈,意蕴丰厚。

雕塑因东风渠而得名。东风渠原本是一条郑州人靠全民义务劳动开凿的引黄灌溉的农田水利设施,后来转型为城市景观水体和生态廊道。东风渠修建于 1958 年,名字中有"东风压倒西风"的政治含义,东风劲吹象征春天的到来,更象征着东方的强盛,象征着中国的崛起。

《擂东风》

成功之路

　　科学大道原名叫重阳街。这个重阳不是九九重阳节的重阳，而是重阳木的重阳——郑州高新区道路命名原则是南北为路，东西为街，除了特殊情况之外，皆以绿化树种命名。重阳木为落叶乔木，树姿优美，秋叶红艳，作为行道树，很容易形成富于季相变化的绿色廊道。

　　郑州大学、解放军信息工程大学两座河南境内顶级名校先后入驻高新区，一东一西，校门都在这条街上。为了凸显这条街与众不同的地位，高新区管委会决定改换路名——科学大道好像比重阳街含义更加清晰，容易理解，读起来平平仄仄，也朗朗上口，显得高大上不少。

　　雕塑《成功之路》设立在信息工程大学大门西边，是一座爱因斯坦的胸像。爱因斯坦乃举世公认的20世纪最伟大的科学巨匠，现代物理学的开创者和奠基人。当你发现这位拥有世界最聪明大脑的科学家现身科学大道，你会承认雕塑作为一种"城市修辞"手法，与地名和周围环境无疑具有相互诠释、相互注解的作用。

　　雕塑高7米，宽10米，铸铜和花岗岩材质，落成于2009年。设计者是陈宗铭、吴树华、马亚非、张松正。据说这是国内体量最大的肖像类铸铜雕塑。爱因斯坦的形象极易辨识，雕塑突出了他的三大特征，一是乱蓬蓬的头发，二是鼻子下面的浓密胡子，三是一双忧郁而深情的大眼。胸像下部镌刻着他著名的公式：$A = X + Y + Z$，A代表成功，X代表艰苦的劳动，Y代表正确的方向，Z代表少说空话。

《成功之路》

漫长的接力

雕塑的造型是两个赤足男子在跑动中完成接力棒的传递。青铜材质，高约 3 米，长约 7 米。设计者景育民，天津雕塑家。设立地点在郑州五一公园。落成时间为 2009 年。

雕塑背后不远的地方，是郑州市民的健身运动场所，雕塑本身也似乎是在再现一个田径赛场上常见的场景。仔细观察，你会发现，这是一个跨越种族的接力赛，交棒者身上斜裹着披风，头发卷曲而紧贴头皮，有着希腊雕塑中常见的少年面容；接棒者一望便知是汉族青年，穿着短裤，自信而沉着。再仔细观察，略加思考，你就会明白这绝不可能是现实生活中的场景：希腊少年貌似历经跋山涉水，已经筋疲力尽，满面倦容，奔跑的动作也已踉踉跄跄，重心失衡几欲跌倒——现代竞技项目中接力比赛仅限于中短跑，从来没有过马拉松式的接力比赛。雕塑家想暗示的是国际政治经济文化生活中的重大转折：希腊少年是西方的象征，希腊少年的交棒，代表了以欧洲和西方文化为中心的发展时期宣告结束，全球发展的跑道上将充分显现中国精神、中国力量、中国速度、中国风采。

国际间的博弈中，顺利交棒的时刻并不多见，更多的是相互借鉴、相互借力、相互制约、相互抗衡。雕塑家不是政治家，他不用思考那么复杂，他的任务是通过公共艺术作品传递中国人面对这个时代满满的自信。

《漫长的接力》

金色的梦

抽象雕塑,设计者为深圳雕塑家张树国,落成于 2010 年。高 20 米,不锈钢结构,金箔贴面。九个浅 U 形的体块轮替转体 90 度向上层层交错堆叠,阳光下熠熠生辉,有人说远观似元宝山,象征财富累积节节上升;有人说不是元宝是麦穗,"中原熟,天下足",雕塑表现了河南作为农业大省的价值和地位。这些解释并非无所依凭,皆有其逻辑起点:该雕塑所处位置在郑东新区 CBD 内,这里是河南省金融聚集的中心区,国家粮食期货交易中心亦居其中,"郑州价格"对国际粮食交易价格有风向标的作用。《金色的梦》不论被解释成丰收梦,还是被解释成发财梦,都不算太过离谱。

这座雕塑还未落成就提前成名,备受舆论关注。施工过程中有市民观者看到雕塑正在贴敷金箔,了解到整个雕塑贴满金箔需用折合纯金 1 公斤左右,价值 20 万元,觉得匪夷所思,立即在网上发帖,表示不满,认为用公共财政资金建造这样的雕塑,劳民伤财,得不偿失。网上对"贴金"雕塑掀起舆论风暴,国内许多大牌媒体均有关注,市政府不得不紧急叫停该项工程。社会舆论的焦点主要集中在项目决策的合法性、财政投入的正当性方面,关于雕塑使用特种材料对保证艺术表现力的必要性问题几乎无人论及。风波过后雕塑重新启动施工时,旁观者发现,原先没有来得及覆盖金箔的那部分表层,已改为使用某种涂料处理了,两种材料的艺术效果差距明显。

这个事件,可以列为市民干预和参与公共艺术产品生产过程的典型案例。这件事,也促进了人们关于建立健康的艺术品批评机制的思考。

森林斜纹

三根橡木树桩的组合造型。每根树桩高度均不足 3 米,断面皆呈"L"形。树桩的阳面和阴面分别展现了树木原始的肌理和凿刻痕迹。三根树桩如三个站立的人体,貌似闲散,其实以三角形的站位,背靠着背,显示了个体之间的相互信赖,同时他们又始终保持对四周环境的警惕和戒备。雕塑设置在郑东新区商务中心区红白花公园,旅游咨询服务中心附近;落成时间:2010 年 7 月;雕塑家是埃米尔·布热津斯基。

曾经担任美国总统国家安全事务助理的布热津斯基对华友好,在中美建交过程中发挥了积极作用,受到邓小平等党和国家领导人的好评。1979 年中美建交后,邓公首访美国,抵达华盛顿的第一天晚上,就如约到布热津斯基家中拜访,出席私人家宴。女主人埃米尔亲自下厨烤制牛排,向贵宾展示厨艺。据有关资料显示,埃米尔烹饪技术并无过人之处,邓公抵达之前,她的厨房排烟设施还出了一点故障,工作人员手忙脚乱才帮助她清除掉家中倒灌的烟火气味。她的专长不是烹龙庖凤而是美术创作——她是一位雕塑家。

2007 年 10 月,应中国国际战略学会会长熊光楷上将之邀,年近八旬的布热津斯基偕夫人访华,在京活动之后由熊光楷陪同顺访河南,参观了郑东新区,他们为这座陌生的中国内陆城市的发展成就深感讶异,大加赞许。现场作陪的地主——郑州市的主要领导得知埃米尔的身份后,盛情邀请她为郑东新区创作一件雕塑作品,在如意湖畔留下她的痕迹。埃米尔毫不迟疑,欣然同意。2010 年 7 月,布热津斯基夫妇再次莅临郑东新区,出席埃米尔雕塑作品《森林斜纹》的捐赠和揭幕仪式。

《森林斜纹》

这是一件橡木材质的现代主义作品,根据作者的解释,她通过对树干的选材和加工,展现树木材质本身的美感和成长经历,体现了一种为生命而奋斗的精神,也是对人类生存的隐喻。埃米尔说:"这个作品是我与自然的一次对话。"

这件作品,也是郑州人与美国艺术家的一次对话。

礼仪之门

造型为双手抱拳,行作揖之礼。左手覆于右手之上,符合男人行礼仪轨。曹春生、曾成钢两任中国雕塑学会会长领衔创作,落成于 2011 年。高 10 余米,设立在西四环与连霍高速公路交点附近,外地客人从西安、洛阳方向沿连霍高速东行抵达郑州,这里是第一个入市口。驶入郑州第一眼就看到这个迎宾造型,想必会心头一热。

揖礼乃中国古礼,两人相见,既可温文尔雅拱手于胸前,又可加大动作幅度抱拳晃动于额头前方,显露恳切动情之态。揖礼适用于同辈、同僚、同道、同行之间,既表达尊重之意,更体现平等精神。东汉董卓擅权专断,汉室大臣皆望而生畏,对其卑躬屈膝,只有一位名叫盖勋的将军对他使用揖礼,以平等之礼与之抗争,令左右为之失色——人与人见面时的礼仪动作是个人日常生活行为,也是社会价值观的宣示。

揖礼乃中国独有礼节,是典雅的中国风度。早有智者分析揖礼因其平民化、平等化适宜于现代利用,较之现代握手礼更卫生、更安全、更端正大方,极力主张推而广之。经历 2020 年"新冠肺炎"疫情之后,人们对社交活动的卫生性、安全性更加重视,但迄今为止,尚未形成热度。揖礼之所以流传不绝,应当归因于古装影视剧中各个朝代历史人

《礼仪之门》

物的表演与示范。在郑州社会生活中,揖礼的认同度和存在感明显高于全国,这是因为郑州乃少林功夫发源地,揖礼附着于与武术相关的国家标准和行业规范,穿插于各种武术教学、表演和比赛的仪程之中,一次又一次出现在竞技场上,聚光灯下——以武会友,礼仪当先。雕塑《礼仪之门》定稿前的一次专家论证会上,曾任郑州市文化局局长的齐岸青先生建议雕塑造型可以再轻松一点、轻灵一点,总之要显得生活化,不必如此血脉偾张。雕塑家们坚持了他们的造型风格,他们解释说,这座雕塑的双手不是文弱书生的手,也不是洗衣做饭的手,而是习武者、练拳者的手,"功夫之城"是郑州的文化身份之一,雕塑应当凸显郑州的城市特色。这就是这座雕塑为何显得那么筋骨雄健、充满张力的缘由。

这座雕塑本来是为郑州航空港迎宾路门户之地设计的,本意是让从天而降光临郑州的客人们第一时间产生礼仪之邦、功夫之城的城市印象。但后来发现该选址与航空港后期的道路设施规划产生冲突,只好另选新址,最后落地在现有位置。

御风行

《御风行》是一尊列子雕像。列子,本名列御寇,是老子、庄子之外最著名的道家代表人物,郑州十大历史名人之一。列子故里和列子墓冢都在今天的郑东新区范围之内。沿金水路东行,过中州大道继续前行数百米,至金水路北侧与通泰路交会处,即可见到这座青铜雕塑。金水路是由中心城区进入郑东新区的中轴性通道,把列子雕像安排在东区入口的位置上,用意无非是借之叙述历史故事,展示人文资源,包装新区形象。

《御风行》

列子雕像造型奇特，三个倾斜的古装人体向上递次旋升，远远望去，三人的衣袖迎风展开，犹如鸟之羽翼，给人体带来飞升的动力。有观者莫名其妙，看得一头雾水，不知道列子雕像为什么会是复数结构。其实这正是雕塑家的巧思所在——与法国艺术家杜尚的油画《走下楼梯的裸女》有异曲同工之妙——杜尚的那幅名作在同一个画面上用前后连续的多个形体表现一个人从楼梯上走下来的过程，类似于利用多次曝光技术制作的一张摄影作品。同样地，这座雕塑的三个人体同为列子本人。古人敬重并神化列子，《庄子·逍遥游》一书和其他历史传说中说他修炼得道后可以轻灵曼妙地在空中飞翔，驾驭气流，自由来往。雕塑展示的正是他腾空而起的过程，既写实又虚幻，既浪漫又生动，通过这种表现手法，让三维空间增加上时间维度演变为四维空间，这在中国城市雕塑创作中，当属原创案例。

雕塑落成于 2011 年，设计者是陈云岗。陈云岗乃雕塑大家，曾为中国雕塑学会副会长，西安美术学院雕塑系主任。他的作品多有古人形象，特别善于衣纹塑造，以线入塑，形成独特的个人风格。观看《御风行》时，各位看官可留意相关细节。

2020 年 7 月 27 日

说　郑

老的"郑"在关中平原,新的"郑"在黄淮平原,均为"尧之都,舜之壤,禹之封"。郑州因郑国而得名,有"山河祖国"之禀赋——嵩山之麓,黄河之滨,人文始祖黄帝故里,夏商周三代古国所居。这是郑州人内心深处的骄傲。

抚看中国地图,可见各类古今地名相互交织散布广袤国土,密如蚁群。许多辽远地区的地名用字生冷偏僻、高深古奥,不查字典的话,你真的没有把握发出正确的读音。还有一些地名虽然切近你的日常生活,嘴上与笔下习用如仪,但你照样是灯下黑,知其然而不知其所以然,不知道它的来路出处,不知道它的内涵和价值。

忘记在哪里看到的资料,说是 1950 年代末的一天,毛泽东主席乘专列沿京广线在河南境内巡视,地方官员陪同考察。车到驻马店地区的上蔡县,毛主席透过车窗看到月台上的站名,问道:"既有上蔡,必有下蔡喽——哪位知道下蔡在什么地方?"

诸位官员面面相觑,无言以对,开始出汗。这个随机提问超出了他们提前所做功课的范围。

毛主席的发问,揭示了中国部分地名关联性与对称性的特点——

有上则必有下，有新则必有旧，原生性地名和衍生性、派生性地名在地理空间中相互呼应，在历史叙事中前后相随。

毛主席的专列曾多次经停郑州，多次路过郑州南侧紧邻的一个叫作"新郑"的小站。无从知晓他是否向随行人员询问过同类的问题："既有新郑，必有旧郑——哪位晓得旧郑何在？这个新郑与郑州又有什么历史渊源？"

对这个历史地理学兼地名学的问题我们不妨自我设问，自我作答。于是，文献阅读和田野调查同时提供了答案。一缸古窖陈酿破封开启，醇香四溢；一段 2800 多年前的历史云烟应声还原，扑面而来。

和新郑对应的旧郑果然存在。

乘高铁离开郑州东站出城区西行约两小时，可达陕西渭南北站。转乘公交车或出租车用时半小时，可达这个地级市的华州区。2015 年国务院批准撤县建区之前，华州区名叫华县。元朝之前，华县被称作郑县。郑县乃战国时期秦国设立，是中国历史上最资深的名实兼具的县级建制之一。再往前回溯，春秋时期，郑县是郑国都邑所在地，郑国开国之前，这里称作郑地。这就是我们要寻找的"旧郑"。

东汉典籍《释名》被视为古地名解读的权威著作。《释名》说："郑，町也，其地多平，町町然也。""町町然"就是平坦开阔的样貌。古郑地位于陕西关中平原，少华山下，渭水之南，平畴无垠、坦坦荡荡。今天的华州区街巷纵横方整如棋枰，一派平原都市的气象；宽阔通直的大街上，熟悉的法桐行道树等距排列，亭亭如盖，浓荫蔽日，大同小异的临街建筑鳞次栉比，街景与黄淮平原上的新郑相差无几。多亏路边餐馆那"赤水扯面""岐山臊子面""油泼面""豆腐泡"等高频出现的店招在生动地释放着不同地域的餐饮文化特色，不然的话你几乎无从分辨身在何乡。

公元前 806 年，周宣王封其弟姬友于郑地，受封建国，始有郑国。

姬友由此成为诸侯国郑国的开国之君，后人称其为郑桓公。桓公治国有方，深受民众爱戴。周宣王在位时曾任用贤能，有中兴之治，然而晚年独断专行，对外频繁用兵，屡遭败绩，国运衰颓。宣王去世，太子继位，是为幽王——就是那位著名的嬖宠王后褒姒、烽火戏诸侯的西周亡国之君。身为叔父，郑桓公受命担任幽王的司徒，掌管国土与民政。他倾心尽力辅佐幽王，又深感无能扶大厦之将倾，为避免郑国与朝廷玉石俱焚，便私下和亲信商议保全之策，定下"寄孥"之计——以暂时寄存亲属、部族及其财物的名义，向虢国(今郑州所辖荥阳市东北广武镇一带)、郐国(今新密市东南曲梁乡一带)借用土地城邑，暗中逐步实施郑国举国东迁的计划。虢国和郐国一带，地处洛水以东、黄河和济水以南，与现有生存环境相比，那里田地更加肥沃，山水更加优美，资源更加丰富，足以为郑国的二次创业和长治久安提供一块新的高天厚土。郑桓公是一个富有想象力的政治家，他的"寄孥"之计减少了郑国东迁的初始阻力(虢国、郐国未加深思就给远方来客献上了十座城池)，为随后迁国计划的全面实施奠定了基础。

整个迁国计划历经父子两代国君方告功成：郑桓公是谋划者、启动者，儿子郑武公是实施者、突进者。郑桓公一边低调而有序地启动了部族东进，使郑国百姓尽早避离祸乱，一边护卫周幽王抵抗内忧外患，最后尽忠报国，殉难于骊山脚下。周幽王被犬戎杀害后周平王继位，郑桓公身后郑武公接班，他子承父志与晋文侯、秦襄公一起护送周平王迁都洛邑(今河南洛阳)，完成了周朝政治中心的东移，建立了东周政权，开启了中国历史上一个新的时代。郑国的东迁之策也借势而为随之全面落实。郑武公不再因袭"寄孥"旧说，不再遮遮掩掩，果断出手以武力灭掉虢、郐两国，横扫所属都邑和附庸，将其国土收入版图，宣告新郑国依靠丛林法则开疆辟土，在东周时代新的政治秩序中崛然突起。郑国迁出后,旧郑之地归属秦国所有。

新郑都城距今天郑州城区 60 公里,位于溱(读若珍)水、洧(读若伟)水交汇处,田野开阔,水草丰茂,鸟语花香。陕西方言尚未改掉的郑国人很快就喜欢上了新的家园。《诗经·郑风·溱洧》有诗句云:

> 溱与洧,方涣涣兮。
> 士与女,方秉蕳兮。
> 女曰观乎?
> 士曰既且。
> 且往观乎?
> 洧之外,洵讦且乐。
> 维士与女,
> 伊其相谑,赠之以勺药(即芍药)。

翻译成今天的说法就是:

> 溱水洧水滚滚流淌,波光闪耀。
> 游春的情侣们都手持着香草。
> 女娃说:"咱们去那边瞧一瞧?"
> 男娃说:"那边的风景俺已看过了。"
> 女娃嗔怪:"不行,还要陪我走一遭!"
> 洧水外滩观光体验真美妙。
> 年轻的情侣们啊,
> 相互逗趣开玩笑,赠你一枝野芍药——
> 愿结百年好。

不管古人对这些诗句如何解读，我们从中看到的是当时郑国青年对他们脚下这片土地的认同与热爱，看到的是他们对美好生活的向往和憧憬。

郑武公去世后，儿子郑庄公继承君位，这位在娘胎里就不甘平凡、降生时逆势而出的国君是个有故事的厉害角色。他文武兼备、能屈能伸，在位时攘外安内，重农兴商，国力大增，纵横捭阖以小国搏天下，郑国因此被称为"春秋小霸"。公元前375年，郑国为韩国所灭，韩国迁都城于郑国都城，直到为秦国所灭。郑韩两国在此建都累计500多年，给我们留下了宝贵的"郑韩故城"遗址。

有郑国而后有郑姓。郑国后人以国为姓，生生不息，流播五洲四海。郑姓一直是华族大姓，据说今天海内外华人中每百人必有一人姓郑，总规模多达1400万人以上。21世纪初，郑州市梳理历史文化资源，评选十大历史人物，唐代文学家兼书画家郑虔榜上有名，与人文始祖黄帝、道家名师列御寇、郑国名相子产、法家代表人物韩非子、隐士之祖许由、农民起义领袖陈胜、诗圣杜甫、人民诗人白居易、建筑名家李诫等并列，共享同一名衔。平心而论，和郑虔同一重量级甚至影响力在他之上的候选人不在少数，但考虑到郑氏族裔与郑州市的特殊关系（郑氏得姓于此，郡望亦在郑州），权衡再三，还是力保郑虔当选。郑州人思虑缜密、用心良苦，郑氏宗亲如鱼饮水，冷暖自知。

有郑国而后有郑州。虽然从商汤在这里建造商朝第一座正式国都算起，郑州中心城区的历史已有3600年以上，西周时代称为管国（后称管城），受封建国也在郑之前，但是郑州得名是因为郑国的存在——隋朝时开始设置作为州级的地方行政建制"郑州"（以古国名为命名理据），州治几经调整，后来稳定下来，长期固定在今郑州市管城区内，之后代代沿袭直至清朝。东周郑国雄强豪横时代，郑州当时的中心城区只是它的"北鄙"——北部边城，当年的郑国雄伟国都如今早已演变成郑州市下辖县级市的城区。按照现在的态势，在我们可以看见的未来，郑州市区和新郑市区的空间距离将会越来越近，在发展中相向而行，新郑市区最终会成为郑州城区的一个板块、一个组团。

郑这个字也许是与现有 1000 多万郑州居民关联度最高的一个汉字吧——印在每个人的身份证上，出现在每个人每次出游和归来的火车票、飞机票上，镶嵌在每个人的就业单位、居住地址的前端……它是全体市民的第二姓氏，是这个城市的公共徽志。

2020 年 5 月 25 日

说　祭

祭为古国，寻迹可至。故国神游，多情应笑我，早生华发。

祭，这个汉字你一定认得，但你能读准发音吗？

祭，读若"记"，这连小学生都知道，祭奠的祭，祭祀的祭。但是，即使是大学生也未必知道，这个字还有一个读音 zhai，读若"寨"，是它作为郑州市的地名用字时才发出的读音——郑州古代有个方国叫"祭国"，祭国都城叫"祭伯城"，与此相关，郑州市就有了现代地名"祭城公社""祭城乡""祭城村""祭城路""祭城路街道办事处"。老郑州乡下人在说到地名的时候，习惯转音，例如把"陈庄"说成"柴庄"，把"杜庄"说成"剁庄"，把"李庄"说成"列庄"——这种声韵现象在郑州方言中屡见不鲜；同样祭城的"祭"也被转音为 zha，"寨城"的读音被念成"炸城"——这一章怕是研究生也莫名其妙、未审其详吧。

某年某日，中央电视台新闻联播节目播报一条郑州消息，漂亮的女主播把"祭城"念成"记城"，郑州人在下面吃吃地笑，笑她功课没有做到家，担心她当月的奖金能否领到全额。说起来这事儿真不能怪她，除郑州人以外，全世界说汉语的人有几人能吃透这个字的全部义项、所有发音和这个字背后的历史故事？

2002年前后,郑州市启动郑东新区建设,"三年出形象,五年成规模,十年造新城",郑州城区大举东进,气势如虹,营造了新的城市功能区和人居环境,取得了让郑州人感到自豪的发展成果。祭城乡被全面拆迁,祭城村在地球上消失,世世代代居住在这里的祭城人倍感失落。就连当年曾在这里下放过的老知青拆迁前也纷纷回来寻访怀旧,与他们的青春痕迹做最后的道别。郑东新区管理机构理解这种情感,并基于积极保护古地名这种非物质文化遗产的考虑,在编制新的地名规划时,选择了一条邻近的东西向城市主干道,命名为"祭城路"——这样,当地的原居民熟悉的村落景观虽然消失了,但他们依然能够找到地理方位坐标和大地"穴位",据此为城市留存历史信息,为原居民收藏家园意象。另外,这个汉字的一个稀有读音也被保留下来——不是像浸泡在福尔马林中的标本那样保存于典籍文献之中,而是存续于老百姓的日常生活之中,可以日日挂在嘴上,活跃于口舌之间。祭城老百姓知道了这个安排,无不欢欣鼓舞,喜上眉梢。

令人惊喜的是东区建设过程中竟然在祭城村原址的地下,挖出了3000多年前的祭伯城古城。数千年的口头传说和文献记载,终于见到实证。发掘现场传来消息,祭伯城面积可能接近2平方公里,已发现城墙墙基走向和城门位置……当时我也曾兴冲冲赶到现场,感受考古工作者在解开历史谜团过程中特有的快感和公布重大历史发现前的喜悦。几位考古队的技术人员正在古城门发掘现场用精巧的小手铲和柔软的毛刷清理细碎的土屑,我下到探方中细看,竟然看到了他们刚刚还原出的3000年前的道道车辙——我当场被震撼了,仿佛看到了当年祭国国君欢迎周王入城的仪式,仿佛听到了先秦时代高牙大纛车轮呼啸的声响……

2013年5月,国务院核定公布祭伯城遗址为全国重点文物保护单位。2015年,占地超过三公顷的祭伯城遗址公园开工建设,第二年投入使用。这是一个将古代遗址保护与市民休闲游栖功能有机结合的园子,刚建成立即受到市民群众、文物界和园林界的好评——设计师将常青树与落叶乔木混合,表现了大自然丰富的色彩季相,又在花木掩映的怡红快绿中以类似"枯山水"的手法用碎石铺出了一条纵向的河流,象征历史之河不舍昼夜,滚滚向前。碎石床上有几处玻璃天窗,俯身下望,可见祭伯城墙基千年不动静静安卧却让人感觉到似有轻微的呼吸,阳光投射在它的身上,颜色高古苍凉,观者为之动容。天地交流,古今融合,全在我们一念之间。不断有人专程前来探访,也有不少路过的行人无意怀古,在园中浓荫下或长亭中稍事歇息,然后匆匆离去,走向远方。

这个园子,把文化资源转化为城市景观,让历史故事进入市民生活。因为这个园子,世人看到了郑东新区对待历史的态度和保护历史文物的措施,展示了郑州人的文化素养和人文情怀,不少外来访客由此对东区的发展质量更是高看一眼。

遗址公园西端起首处(农业南路路边)横卧一块小山一样的灰色巨石,正面是园名园标,背面是《祭伯城记》,碑文抄录如下:

祭伯城乃西周祭国之都,建于公元前十一世纪,文化厚重,英才辈出,传承有序,历史灿烂,忝列全国重点文物保护单位。祭伯城为祭伯所建。传祭伯为周公姬旦五子,封于祭,因以为氏,立国为祭国。祭国地近殷商旧都,拥圃田大泽,水土丰沃,适宜人居,自祭伯建城,代代相守,历三千余岁,至今城在名存,仍为重镇,是郑州地区传承最古老地标之一。

祭伯城遗址公园

祭国在诸多封国中出类拔萃，数代祭国国君成为周王首辅大臣。祭公谋父为祭伯之子，子承父业，居于祭伯城。周穆王在郑州游玩期间，与祭国国君关系十分密切，谋父曾"饮天子酒""占天子梦"。但他没有受宠若惊，而是对穆王游玩过度深感担忧，以《祈招》之诗劝谏穆王体恤民意，不要太过放纵自己的欲望，历史上首次提出以德治国的政治主张。

今日祭伯之城，地处郑州中兴之地，一座新城矗然而立，展古老王都之新颜，擎未来中原之旗帜，楼宇入云，纵横天衢，山清水秀，花红树绿，一派万千气象。西周古城涅槃重生，灿烂文明再谱华章，民族传承根深叶茂，激励后辈再创辉煌。

碑文不知何人手笔，文风清新，大体讲述了祭伯城的历史背景，美中不足的是许多必要信息语焉不详，例如祭伯城的面积、城墙的形状、城内宫室和作坊的布局，以及在考古发掘过程中出土了什么器物等。关于祭伯城更多有趣故事，碑文容量有限，自然是无法全面铺展一一道来的。

祭伯城的第一代主人即祭国开国之君，是周公姬旦第五个儿子（也有说是第七子的）。周公将儿子封在此地，有着明确的政治目的。周公是周朝初期最重要的政治家，周文王的儿子、周武王的弟弟、周成王的叔叔。他的权威在君与臣之间——在周王面前他是臣子，在群臣面前他更像君主。他辅佐武王打败商纣王建立新的王朝后，武王病逝，又摄政代行王权，忍辱负重辅佐年幼的成王维持天下大局。曹操诗句云"周公吐哺，天下归心"，前半句形容他当年忙于政务，连一顿饭也吃不安稳，这是实情，后半句说他受到天下人的衷心敬重，这纯属后话，当时实际情况是流言蜚语满天飞，白居易诗句"周公恐惧流言日，王莽谦恭未篡时"，即形容周公当年受到贵族集团猜忌和质疑的情形，众人看不透真相，以为他有不臣之心。他对殷商遗族采取既安抚安置又严加监管的政策,以确保年轻的周王朝不受殷商复辟势力的威胁。武王当年封自己的弟弟也是周公的哥哥管叔建国于管(今天的郑州老城区,商代的第一个首都亳都),请他镇守这样一个重要的战略要地,行使对殷商遗民的监管看护职权,没想到管叔却心怀二志,认定周公有篡夺大位的非分之想,与另外一个兄弟蔡叔结盟并联合殷商部族起兵造反。周公由成周(今日洛阳)兴师东伐,诛杀管叔,历时三载才平息暴乱。他安邦定国的统治链条在管国位置上出现断环。正是在这种背景下,他安排自己的儿子在距离管国国都近在咫尺的祭地重新建立一个有力的政治支点,维稳与发展并重。祭伯城由此诞生,其历史地位略见一斑。

周公儿子祭伯事迹不见于经传,想必是因为他履职到位,政局平稳,没有出现大起大落,自然没有可供史家着墨的传奇故事。倒是周公的孙子即祭伯城的第二任主君谋父智慧出众、青史留名,他晓之以理,动之以情,劝谏周穆王实行德政、劝阻征讨犬戎的故事见于《国语》《史记》等多种历史典籍,是历史上关于以德治国的著名篇章。

春秋时代,郑国兼并了祭国,祭伯城被郑庄公赏赐给自己的权臣祭仲,算作他的采邑。祭伯城迎来它新的主人,城中发生过不少鲜为人知的历史故事。

祭仲亦称祭足,是春秋史和郑国史上无法绕过去的人物。他本是郑国低级官员,后来受到郑庄公赏识,成为郑国重臣、能臣、权臣、名臣,成为郑国五朝元老,经他手废立过郑国四位国君,把持权柄数十年,靠心眼多、胆子大、手段高化解一个又一个危机。郑厉公——古代谥法中"厉"为恶谥,用来定名曾有滥杀无辜劣迹的逝世君主——认为祭仲专权,相权妨碍君权,所以密谋将他除掉。祭仲的女婿雍纠甘当亡命之徒,愿意承接杀死自己岳父的任务。雍纠回到家中无意间将此事泄露给自己的宠妻。宠妻闻之如雷轰顶,但她不露声色,借故奔回娘家,见到自己的老娘,没事人一样问道:"对一个嫁出去了的女子来说,父亲和丈夫哪个更重要?"老娘回答:"这还用问,当然是父亲重要啦。女人嫁给谁都是嫁,没有出嫁以前不少人都可以是丈夫的人选。但是你的老爹只有一个,永远只有一个!"后来的结果不难想象:女儿将丈夫与国君的暗室密谋,以及谋杀计划的时间地点等各种细节告诉了父亲。结果在依计而行精心布置的谋杀现场,事先埋伏的军士遭到反包围,雍纠被老丈人一剑砍掉大半个脑袋,曝尸示众。郑厉公仰天长叹:连这种机密大事都泄露给女人,不死才怪! ——郑厉公为这次败露的谋杀付出惨重代价,最后逃出郑国,逃到异国他乡避难——这个颇似编造的狗血故事并非出自野史稗文,而是真实的历史事件,《史记·郑世家》中有专门的记载。

郑州市域范围内的街衢与田园中有许多类似祭伯城遗址这样的历史穴位,这些穴位相互联网,深处是华夏文明的历史经络。你稍微在穴位上抚摸探寻,无数的历史故事和与之关联的文献佐证就会腾空而起,扑面而来,比现代小说有着更加曲折的情节和更加魔幻的细节,可供慢慢品尝,细嚼慢咽。

在祭伯城遗址公园建成之前,那条规划中的祭城路早数年就建成投入使用了。这条路与祭伯城遗址距离不过 200 来米,长 5 公里左右,西起郑东新区 CBD 内环路,正对着黑川纪章设计的郑州国际会展中心;东接郑州市东三环,与龙子湖高校园区连通,道路两侧花木葳蕤,景色宜人。老祭城居民最喜欢在这条路上行走,有时候还会舍近求远经由这条路去往不相干的目的地 ——他们好像得了一种强迫症——对他们而言,这仿佛是一种生活仪式,通过这个仪式可以产生自豪感和归属感。

出人意料的是,这条路没几年就被改了名字,改称为"平安大道"。

祭城人蒙了：出了啥事，为了什么？

很多人不理解，对改名不以为然，说："祭城路全国独一份吧，平安路、平安街、平安大道好像到处都有，是不是有点俗套？"

有人说怪话："听着是很吉利，不过真能无条件保谁的平安吗？"

文化人说："祭字有啥不好？嫌祭字不吉利？这哪儿跟哪儿啊！这个祭不是祭祀的祭。即便这个祭是祭祀的祭，《左传》上说了：'国之大事，在祀与戎'，祭祀是国家正经大事。按照去除不吉字眼的逻辑，郑州的名字也得改掉，因为郑字左边就是个奠字，祭奠的奠——现在简化字郑字左面那个'关'字，其实还是个奠字，是奠字的草书楷化……"

老祭城村民不爽，在祭伯城遗址公园落成那年，兴起行政诉讼，他们想通过到法院升堂打官司，把路名再改回来。结果他们败诉了。心中郁闷，自不待言。

我相信法庭的调查和判决是依法进行的，是有法律依据的。他们维护的是程序正义，证明改名过程是合法有序的。这条路为何改名，是谁建议改名，又是谁启动的改名程序，无从知晓。时过境迁，这件事也早已淡出郑州人的焦点话题，无人再烫冷饭了。但我对这几位祭城原居民还是心存敬意的。他们通过司法程序表达诉求，而不是通过上访特别是缠访、闹访的方式去解决问题，说明法治观念已经深入人心。他们没有因为多争一点拆迁款而去争得脸红脖子粗，也不是为了多争几平米回迁房而大打出手。他们衣装整洁，满脸正气走上法庭，从容淡定侃侃而谈，谈论的是与自己和家庭的私利没有一毛钱关系的事情，他们争执的问题竟然全部事关历史，事关文化，事关乡情，事关心灵……

祭城和祭字，都是郑州抹不掉的记忆。

2020 年 6 月 17 日

一座桥与一座城

　　沟通，连接，跨越——桥在工程文化中是最完美的符号之一。古老的郑州因为一条铁路而意外在现代史上陡然崛起，而这条铁路却是因为一座桥在母亲河上的定位而与郑州结缘的。这座桥堪称郑州的福星。

　　这是关于一座老桥的故事。

　　世界上跨越大江大河的桥梁成千上万，不计其数。但我敢说，古往今来，没有任何一座桥有资格与郑州黄河铁路老桥相比——比出生艰难，比功能奇异，比命运多舛，比身份嬗变……与之相比，所有的大桥都会自叹弗如，退避三舍。这座桥是一架改变中原城市群发展格局的神器，是一段20世纪民族荣辱国家兴衰的缩影与证物。

　　19世纪末，内忧外患致使清朝统治日暮途穷，岌岌可危。修造铁路，改善交通，提振国运，日渐成为一大批名臣巨宦的共识，翁同龢、李鸿章、左宗棠、刘铭传、张之洞、曾纪泽、康有为等诸公皆有倡言。不同修路方案由各种利益集团先后抛出，议论纷纷莫衷一是。两广总督张之洞力排众议，三番五次向朝廷推荐修建卢汉铁路（京汉铁路的前身）的方案。他提出修建铁路应以畅通物流、惠及民生为首要原则，河南、湖北两省位于中国腹地，修一条起点在京城门户卢沟桥，穿过河南诸州府直达湖北汉口镇的铁路，可经营大局、全局，通过修筑支线的办法加强横向联系，到了汉口以后利用长江航运之便，"东引淮、吴，南通湘、蜀，万里声息，刻期可通"。这是一条枢纽型干线铁路，必能萃集天下之利亦必将造福于天下。他还具体地提出了卢汉铁路的线位方案：从保定、正定、磁州南下，经彰（今安阳）、卫（今新乡）、怀（今焦作）地界抵达黄河，选址造桥跨越天堑。桥位考虑设定在河北岸清化镇南与河南岸荥泽口之间，此乃黄河滩窄岸坚之处，工程地质条件适宜架桥。过了黄河，经郑（今郑州）、许（今许昌）、信阳各州驿路直抵汉口。

张之洞不仅勾画了卢汉铁路的线位线形，还初选了黄河铁路大桥的摆放位置；他不但精心筹划过修路的投资来源和各种技术经济问题，而且高度重视黄河大桥对这条铁路干线工程的制约作用。《清史稿》说他"以文儒致清要，遇事敢为大言"。"大言"一词词义可做两种解释：一是大话空话，夸张不实之词；二是指高屋建瓴的战略洞见。我相信大家会一致同意这里取用第二个义项。他倡导和督办的卢汉铁路在修建过程中延伸至北京市区后被称作京汉铁路或平汉铁路，经1950年代落成的武汉长江大桥，连接上他督办的另一条粤汉铁路，形成了正线长度2200多公里的京广铁路，全线贯通滔滔黄河、滚滚长江、粼粼珠江，连接了华北、华中、华南广袤国土，至今仍是我国铁路交通的主要动脉。这件事上不能不说张之洞擘画长远，立有大功——洋务运动的主要代表人物张之洞不仅敢为大言还善为大事，修铁路，开工厂，办学堂，无愧其晚清中兴名臣之誉。在战略眼光之外，他亦有严实缜密的过人之处。他在给皇上的奏折中能够点线结合把卢汉铁路黄河大桥的桥位考虑得如此之细，绝非一时急智——他的大言不但需要智商支撑，而且需要对相关事物的长期调查研究、观察思考。大言是需要以扎扎实实的功课作为基础和铺垫的。

实际情况的确如此，黄河大桥乃京汉全线建设之要。黄河泥沙含量超高，水情复杂，水势凶猛；主流在宽广河床中左右摇摆，滚动无常；工程地质资料阙如；跨黄河建造大型桥梁，无例可循，是一项极富挑战性的工程，桥位选址如何确定，尤为破题关键。清政府任用比利时桥梁工程师沙多(J. Jadot)主持工程勘察和选址论证工作，他组织人力先后在洛阳、孟津、郑州、开封四地勘测比选，光绪二十六年（1900 年）桥址才在现址上敲定下来，选址工作竟耗时 4 年之久。为慎重起见，主持铁路修建事务的邮传部大臣盛宣怀还聘请德、美、法、意等国专业技术机构进行现场勘验，他们提交了支持沙多选址方案的意见。这些意见，和张之洞当年的见解相差无几，基本一致。

今天的郑州人都知道，是京汉铁路的开通改变了郑州城的命运，郑州工商业得以迅速发展，郑州政治、经济、军事地位陡然提升，成为中部地区的战略重镇。汴洛铁路及时跟进，它和它东西延展形成的陇海铁路与京汉铁路交会，构成中华大地上第一个干线铁路十字图形，使郑州晋升全国最重要的交通枢纽城市，以致后来出现"中国铁路心脏"之说。如果因而说"一条路改变一座城市的命运"，不如更准确地说"一座桥决定一座城市的兴衰"——是黄河铁路大桥的桥位最终决定了京汉铁路线路走向，如果铁路大桥桥址选择在开封附近或者洛阳一带，京汉铁路线必然会毫不犹疑舍郑而去，郑州必将与重大的现代发展机遇擦肩而过，失之交臂；那样的话，洛阳或者开封的历史将会重新书写，一部传奇剧目郑州则无缘担纲，主角将另换他人。从这种意义上论，黄河铁路大桥桥址选定过程，其实就是中原城市群重新洗牌，重新排定位序的过程。

黄河铁路大桥 1900 年正式选定桥址，开工时间则延宕至 1903 年 9

月。其间河南巡抚(兼管河务)张人骏等人以在此建桥阻滞河水危及河工为由上奏慈禧太后和光绪皇帝反对修桥。太后和皇帝交袁世凯、张之洞、盛宣怀妥为商议。盛宣怀委托已经担任卢汉铁路总工程师的沙多"详核议复",又经过一番现场勘测、技术论证和上奏辩白,才最终拿到清廷的批准手续。

大桥终于开工,但建设过程并不顺利。清政府将工程发包给比利时银行工厂合股公司修建,各种建筑材料用马车、牛车和人力车从 500公里外的汉口转运至施工现场,可以想见关山迢递,跋涉艰难。大桥基础施工中,洪水汹涌而至,烈度远超预想,又因为工程地质复杂、桩基入土深度达不到设计要求,一夜之间八个桥墩被冲得东倒西歪。遵照预案现场抛石防护,片石眨眼间被洪水和流沙吞噬,全部不见踪影。经验丰富的黄河河防人员上前无偿支援,他们用柳枝编扎笼子,内填片石和大砖抛入激流,笼子相拥而踞互相支撑,对桥墩起到较好的防护效果,筑桥工程得以继续推进,不致中断。

1905 年 11 月 16 日,大桥举行落成典礼,郑州黄河之滨一时名流云集。清廷邮传部尚书盛宣怀、办理京汉铁路大臣唐绍仪兴高采烈参加典礼,他们为自己参与创作新鲜出炉的这件作品感到自豪——盛宣怀是晚清洋务运动的又一位代表人物,中国近代最著名的实业家,京汉铁路和陇海铁路建设的实际操盘者;唐绍仪则是盛宣怀铁路事业的追随者,担任过盛宣怀创办的北洋大学(今天津大学前身)的校长,后来亲手创办复旦大学,清朝覆灭,民国成立,唐绍仪出任首任内阁总理。黄河铁路大桥在众多历史名人的助力襄赞之下宣告竣工,竣工之时便自动获得两项桂冠:它既是万里黄河上第一座现代桥梁,也是泱泱华夏当年第一长桥。大桥使得京汉铁路全线贯通,冒着白烟、鸣着汽笛在铁轨上狂奔的火车,打破了中国历史上依赖水道和驿道的传统交通格局,黄河上只能靠摆渡过河的历史也随之终结。

中原乃兵家必争之地,黄河铁路大桥又是连接华北和中原地区的咽喉要道,在狼烟四起烽火不断的年代,每次战事这里都会不出意料地成为争夺与反争夺、破坏与反破坏的焦点,成为军事和政治热点。

1926 年 7 月,国民革命军开始北伐。郑州地区铁路系统为直系军阀吴佩孚所控制。郑州二七工运领导人汪胜友、司文德等为配合北伐军,经常组织铁路工友出没在京汉铁路线上,破坏吴佩孚的铁路运输。当年 9 月,吴佩孚败退郑州,恼羞成怒,疯狂镇压工人运动,捕杀汪胜友、司文德,割下两位烈士的头颅,悬挂在郑州西门外长春桥头电线杆上(今天二七纪念塔的位置)。汪胜友、司文德因为"二七"工运成名,没有牺牲于 1923 年的二七惨案,却在 1926 年 10 月 15 日惨死于当年二七惨案的罪魁吴佩孚屠刀之下,罪名是"破坏黄河铁路大桥"。

1927 年,奉军被北伐军追击,张学良率军退出郑州,炸毁黄河铁路大桥第 10 孔梁,阻断追兵。

1929 年,蒋冯战争中冯玉祥部失利,撤离黄河北岸回缩郑州,炸毁黄河铁路大桥第 16 孔。

七七事变后,土肥原贤二率日军主力部队第十四师团沿京汉铁路南下,1937 年冬,新乡失守,国军第一战区新编第八师接到命令:为防止日寇继续南下,保卫郑州,巩固洛阳和潼关战略地区,提高武汉和西安的安全系数,准备破坏黄河铁路大桥。工兵连在桥的柱脚上安装炸药包之后,1938 年 2 月 17 日凌晨,电钮按下,轰隆隆一串巨响,黄河铁路大桥横七竖八倒在了河水里。经战区司令长官部勘验,认为桥架倒塌在水中扭曲变形,但仍然相互连接,车马虽然难以利用,但日军士兵仍有利用其徒步攀缘前进的可能性,遂决定二次爆破,用了三天的时间,才把桥架炸得粉身碎骨,不见了踪影。因黄河铁路大桥炸毁加之花园口决堤,日军多年未能大规模渡河进攻黄河南岸。

之后日军曾多次尝试修复大桥,都被南岸国军部队炮轰制止,未能得逞。1944年,日军开始"打通大陆交通线"行动,日寇华北方面军司令冈村宁次亲自与日本大本营协调,动用日本唯一的一台国宝级架桥机参加恢复黄河铁路大桥的施工,对部分未受损坏的钢梁保留使用,其余均更换为日本制式军用钢梁。为了保证修桥顺利进行,日军调来重炮部队对黄河南岸国军炮兵实施火力压制,国军躲在山洞中,眼睁睁看着大桥一步步往前推进,1944年三四月间完全连接恢复通行,被日军用来运送兵力和物资。

1944年10月某日,美国援华空军飞虎队和中国飞行员组成的中美混合联队第一大队二中队四架B-25轰炸机奉命低空轰炸郑州黄河铁路大桥,破坏日军后勤保障。日军地面防守部队用高射炮疯狂射击,轰炸机冒着密集炮火俯冲到黄河上空炸断主桥,切断了敌人的运输线,自身毫发无损,顺利返航汉中机场。

1945年3月,美援华空军华西出袭队空袭华北日军,轰炸郑州黄河铁路大桥,再次炸毁大桥一段。

解放战争时期,黄河铁路大桥的战略意义被中原野战军首长刘伯承、邓小平、陈毅等高度关注。1948年10月,他们在指挥解放郑州战役期间与中央军委来往电文中反复提及黄河铁路大桥:"建议以十四纵队位新乡黄河铁桥间地区,截击可能南退之敌,并策应攻郑作战"(15日);"请令甘石纵队确实控制保护黄河铁桥,防止特务破坏""我已控制黄河铁桥南端""守黄河铁桥之敌一个团已北逃"(23日);"俘供敌图破坏黄河铁桥之北段,请速令甘石纵队保护"(24日)。

郑州解放当晚,邓小平和陈毅乘车由禹县抵达郑州,亲自部署下一步中原野战军奔赴淮海战役主战场的相关工作。在原国民党绥靖公署内,邓小平对有关方面提出要求:"大战即将开始,郑州地位非常重要,一定要保障黄河铁桥的安全,保障铁路公路交通运输,把各种物资及时运往前方。"按照邓小平的指示,豫西行署和军区采取了一系列措施,成立了陇海平汉铁路郑州联合管理委员会,专门负责铁路事务,另成立交通支队保卫黄河大桥。陇海平汉铁路郑州联合管理委员会还对伤痕累累的大桥进行修补,以确保运输安全。

中华人民共和国成立,黄河铁路大桥仍然处于"病重"状态,列车通过时需分段过桥,使用特制的小型机车牵引过河,且限速5公里,速度如同步行。铁道部桥梁视察团专程到现场查看,经对大桥历史和现有技术状态的分析评价,苏联专家金果连柯做出结论:"黄河大桥经过必要的加固,还可以担负繁重的运输任务。"1949年至1952年间,郑州铁路局分五次对大桥实施加固工程。这座设计先天不足,建后历经劫难,全身伤病累累的桥梁,进入新社会后,经多方救治终于满血复活、体力倍增,以全新的姿容舒展于大河之上。据专家计算,其运输通行能力超过设计能力10倍。

1952年10月31日,秋高气爽,毛泽东主席由时任铁道部部长滕代远和郑州铁路局局长刘建章陪同,视察郑州铁路黄河大桥。专列在大桥北端停下,毛主席走上大桥从容漫步,听取黄河桥工段工程师刘鸿钧汇报大桥基本情况和加固工程施工情况。毛主席步行数公里,走到黄河南岸,还饶有兴致地登上近处的小顶山居高远眺纵览黄河,大河流经的百里长卷尽收眼底,他转身坐到土坎上,与横跨黄河的铁路大桥留下那张大家都非常熟悉的合影——长期以来,这张照片分别悬挂在黄河水利部门和铁路运输部门的厅堂之中,黄河水利部门解说这张照片的画面是毛主席视察黄河,铁路主管部门解说是在视察铁路,其实当时由黄委会主任王化云陪同的黄河专题调研前一天已经结束,这半天毛主席的兴趣点是锁定在黄河铁路大桥身上的——毛主席对黄河铁路大桥并不陌生,解放战争时期,他作为中央军委主席运筹帷幄,决胜千里,解放郑州的战役他全程遥控,前方捷报传来,他欣慰之余意犹未尽,夜灯之下还为新华社撰写通电《我军解放郑州》,篇幅短至仅百余字,却两处提及黄河铁路大桥,足见这座桥梁在我军统帅心目中的战略地位。这次中原之行,毛主席对铁路部门负责人的要求是:用我们自己的力量修一座黄河铁路新桥。

由于黄河铁路大桥桥墩基桩过浅,每至汛期皆有险情。1958 年 7 月 17 日,百年不遇的特大洪水掀起惊涛骇浪冲倒 11 号桥墩,第 10 和第 11 孔钢梁落水,大桥断行。周恩来总理正在上海开会,听到险情报告后第二天即乘专机抵达郑州,晚上赶到断桥现场,打着手电察看断桥处的毁损情况。当晚大雨滂沱,两人相对都看不清对方面孔。周总理冒雨连夜召开会议,研究完善抢修方案。为抢修大桥,北京、天津、西安、广州、武汉等城市驰援郑州,运来急需物资,郑州 18 家工厂停止正常生产,为大桥赶制螺栓和配件。抢修人员在桥上狭窄的作业面上迎着滚滚激流,冒着暴风骤雨日夜奋战,终于在 8 月 1 日夜晚完成铺轨,次日上午恢复通行。8 月 5 日上午,总理专机像一只银燕飞临黄河铁路大桥上空,俯瞰大桥情况。总理又一次来到大桥工地,参加慰问大会,感谢和慰问参加修桥的工人与干部群众。

在周总理亲自指挥黄河铁路大桥抗洪抢险之前的两个月,一座由中国人自行设计、自行建设的黄河铁路大桥已经在老桥东侧 300—500 米处开工建设。1957 年,武汉长江大桥建成,京广线全线贯通,日益增长的铁路运输需求对黄河铁路大桥的安全性和运输效率提出更高要求;同时武汉长江大桥的建设也为黄河铁路新桥建设提供了可资借鉴的经验,黄河铁路老桥设计和运行的经历也为新桥提供了丰富的参照数据。1958 年 5 月,黄河铁路新桥开工。1960 年 4 月,郑州黄河铁路双线新桥举行通车典礼。此后列车北上南下,都改由新桥跨越黄河。新桥服役后,其通行和保障能力之强与老桥不可同日而语。老桥嗒然而退,被确定为备用桥。1966 年,铁路部门应河南省人民政府的要求,在大桥两头设立转运站,用轨道车牵引平板车装运汽车过桥,1969 年 10 月,又在桥面上加铺钢筋混凝土板,汽车开始在大桥上直接行使——事实上,这时候铁路桥开始转型为公路桥,全国南北向公路干线国道 107 线,就是靠它跨河连接的。汽车在大桥上单向交互通行,每天有大量的客货汽车在大桥两端排队等候放行,每天通过的流量大约只有 2000 辆。在长度 3000 余米、宽度只有 4 米多的铁路桥上行车和在常规公路桥上行车真的不是一个概念,许多老司机回忆起在滔滔浊浪上空驾车横向行进的经历时,至今仍是战战兢兢,心有余悸。由铁路部门管理的单向行驶的公路桥,这在中国交通史上也是相当罕见的。

1986 年 10 月,107 国道郑州黄河公路大桥建成,黄河铁路老桥又一次退出现役。1987 年 7 月,为保证黄河安全行洪,国务院批准下令拆除黄河铁路老桥。拆掉桥板,拆除轨道,拆解桁架,拆毁桥墩……铁路工务人员在惋惜叹息中拆了将近一年,1988 年 6 月,整个拆除工程才宣告完工。一座经历清朝、民国、中华人民共和国“三朝元老”级的铁路设施,一个清朝皇帝垂询过,外国资本盘剥过,新老军阀争夺过,日寇敌酋利用过、盟军和友人轰炸过、维修过,人民领袖抚摸过、再造过……的老桥,在经历了波诡云谲、血雨腥风、狂涛巨浪、月朗星明各种历史情境之后,就这样静悄悄地退出了历史舞台。

但是黄河铁路老桥并没有从地球上消失。桥南端的五孔桁梁和桥墩没有拆除,被当作历史信息的载体保留下来,这段残桥由交通设施变成了文物,由铁路行业转行到了旅游景区——它现在身处郑州黄河文

黄河铁路老桥

化公园，一拨又一拨的游客从它身边匆匆走过，知之者对它青眼相加，希望导游详述前朝旧事，不知者不愿多看一眼，以为是陈旧装置或施工设施，毫无价值。残桥无言，它只是静静地卧在黄河岸边，陪伴着黄河，守望着黄河。残桥也是桥，桥的功能是连接彼岸，残桥的功能则是连通过去，回望历史。

老桥的身边先后架起了好多桥梁——郑州地区通往黄河彼岸的大桥已有 10 座，老桥左右数公里范围内也有三四座了吧。这些桥有的是公路桥，有的是铁路桥，有的是公铁两用桥，差不多都是明星桥，或如长虹卧波，或如蛟龙过江，诞生之日就总能在长度、宽度、结构、材料、施工工艺等各种指标上摘得全国甚至全球桂冠。郑州的黄河上快成了桥梁博物馆了。

2020 年 7 月 10 日

碧沙岗记

碧血黄沙，翠柏红花。冯玉祥北伐军中多有少年士兵，出师未捷身先死，犹为春闺梦里人。殒命疆场，长眠于斯，英魂所居，百年不散。而旧坟磷火，早已化为都市霓虹。瘗葬之地，转型为市民公园，演变为生活空间。

郑州城区地势总体上西高东低，高程变化明显。1980 年代，家住城东纬二路省政府东面的乙院，工作单位在城西中原路市政府北院，每天骑自行车上下班。早上出门顺着金水路、建设路西行，脚下感觉吃力，犹如逆风而行。晚上下班回家，自行车像它的名字一样仿佛真有自行功能，骑在上面一路轻松畅快，两腋习习生风。城东城西一二十米的高差，足以让你感受地心引力的作用。

城东城西地形地貌上也有很大不同。上百年的城市化进程、数十年大规模城市建设已经抹平了郑州城区内外的原始风貌，隆起处削之凿之，凹陷处填之补之，平地开出运河，陂塘长出假山，矗立的楼群、延展的路网重组了地理结构，重建了大地景观。我们要了解"前影像时代"的景象，就只能求助于历史上各种文献资料的描述，靠拼接形成图像，借想象弥补盲区。

概略地说,历史上郑州城东地势平坦,散布着不少湿地湖塘,田园青枝绿叶,水面天光云影,算得上眉目清秀。郑州城西完全不同,岗岗坡坡,沟沟壑壑,是一种浅度的丘陵地貌。和城东的清秀相比,这里只能说是粗枝大叶,灰头土脸。

北宋大文豪苏东坡给我们提供了一些郑州城西的地貌信息。宋仁宗嘉祐六年(1061年)苏轼甫入仕途,被任命为凤翔府签判,虽为从八品的小官,但毕竟是远大前程的起点,弟弟苏辙专门送行,同胞情深,从首都汴京城出发一路西行,且行且神聊,走了140多华里的路程进入郑州,又沿东西大街穿过郑州城区,步出郑州西城门后才不得不依依惜别。苏东坡作诗一首,记录当时情景——诗题超长:《辛丑十一月十九日,既与子由别于郑州西门之外,马上赋诗一篇寄之》,其实这相当于一首无题诗,现有的题目不过是随手记录了作诗的时间、地点和缘由。诗中有句曰:

登高回首坡垅隔,但见乌帽出复没。

意思是说:告别后依依不舍回望苏辙身影,道路在沟壑中蜿蜒向前,路边起伏的土岗遮挡了弟弟的身子,只能看到他的帽子时隐时现——苏东坡身后无数的拥趸和粉丝们不会对他这两句诗有特别的留意,但郑州人则不同,这两句诗对郑州城市发展史具有重大的文献价值和艺术价值。它像一段短视频,真实地、立体地、动态地摄录了郑州城西古代道路、匆匆行人及土岗与沟壑相互交错的大地光影。

苏轼出郑州西门和苏辙辞别后,在昏暗的夜色中,沿着郑洛古道向西北方向义无反顾大步前行,再往前走八九华里,就走到了一个叫黄土岗的地方。这个地方就是今天的郑州碧沙岗公园园址,一个读解郑州的重要地理节点。

　　黄土岗见载于郑州旧志,曾被人误记为白沙岗,起起伏伏绵延数华里,与西北方向的五龙口村相连接。1927年,冯玉祥任国民革命军第二集团军总司令(兼河南省政府主席)进驻郑州,曾在五龙口驻扎。冯玉祥有命名和改名之癖,借用村名中的五字,将该村改名为"五权村"——宣传孙中山先生行政权、司法权、立法权、监察权、考试权五权分立相互制衡的治国理念。次年春天,蒋介石在郑州阅兵,冯玉祥还请他到该村视察——1928年春天,是冯玉祥个人同时也是郑州城集中发生故事的重要时间节点,根据蒋介石的意愿和倡议,冯玉祥与蒋介石在郑州行八拜之礼,成为换帖兄弟。冯玉祥事先准备的兰帖上写着斩钉截铁的四言短句,皆为政治语汇:"结盟真意,是为主义,碎尸万段,在所不计。"蒋介石兰帖上亦为四言短句,人情味更浓一些:"安危共仗,甘苦同尝,海枯石烂,生死不渝。"——冯玉祥的用词,至刚至烈,不能随便仿制;蒋介石的词儿则比较通用,男女青年可抄录备用,谈情说爱的关键时候抛出来是很能感动对方的——这一年,冯玉祥四十六岁,蒋介石四十一岁,都是春秋方盛之年。蒋介石一生,善用传统文化手段,统帅军队重视黄埔系,以师生情感加密与下属将领的关系;笼络军政大佬地方军阀,则选择义结金兰,缔结血盟,相互捆绑。不过,把兄弟的盟约,在普通百姓那里一般较为稳固,往往终身相随;到了政治人物手里则效用有限,一遇重大利益冲突则土崩瓦解,弃之如敝屣。一年半后,蒋冯即相互翻脸兵戈相向,两年以后,中原大战爆发,蒋(介石)阎(锡山)冯(玉祥)李(宗仁)军阀混战,蒋和冯李二人都是拜把兄弟,还不是照样厮杀得昏天黑地,血流漂杵。

　　又是在1928年春天,为了埋葬跟随他北伐、与北洋军阀作战阵亡的士兵,冯玉祥命令郑州警备司令兼交通司令许骧云负责在郑州选址买地，并监建一处烈士陵园。许骧云乃冯玉祥爱将，善于领会冯玉祥的意图，经过考察比选，提出黄土岗的选址意见。这里离五龙口距离不远，来去方便；长期荒芜，风沙弥漫白茫茫一片（有人称之为白沙岗，当属形容之语，并非地名），不长庄稼不占农田；邻接郑洛古道，与城区有交通之便，又与城区保持距离，相对安静。总之，这是建造墓园的合适选址。经冯玉祥批准后，许骧云立即操办，买地 400 亩，筑围墙、埋骨殖、树碑刻、建祭堂、植松柏……军士与工匠们马不停蹄，仅用四个月，便大功告成——1928 年 3 月开工，同年 8 月即告竣工。1000 多名烈士安息于苍松翠柏之间，墓穴如军阵等距排列，他们虽死犹生，仍然生活在军营的秩序之中。冯玉祥思忖有日，定名墓园为"碧沙岗"，并亲自书写榜书，镌刻于北面正门上方。冯玉祥曾拜陕西书画名家阎甘园为师研习书法，做楷书有隶书笔意，气象高古。碧沙岗的"碧"是碧血的"碧"，用周朝贤臣苌弘典故，意为烈士鲜血化为碧玉，永传万世。官方军方称之为"碧沙岗"，民间百姓却习惯称其为"老冯义地"，意思是冯将军修建的免费公墓。根据当年的媒体报道，墓园内部除了安葬北伐烈士外，还设有烈士遗属墓地，规划中另有"民生墓地"，应属市民公墓性质。据亲属回忆，郑州二七烈士司文德，在迁葬老家汤阴之前，曾在这里安眠。

1934 年，著名作家张恨水有郑州之旅，后来发表在《旅行杂志》上的游记，描写了他游览碧沙岗的过程：

　　到郑州的游客，有一个地方必去玩玩的，就是碧沙岗。离郑州约五里路（这个里程应该也是从苏轼经由的线路计算的，但九里路变为五里，说明城区正在向外扩张——婴父注），坐人力车去，来往给一元钱好了。这个地方，原来是冯玉祥部下的阵亡将士墓。在墓前,用了几十亩地,筑成了个园子,花木很多。在郑州这工商业繁盛的地方,只有感到喧嚣,有这样一个地方,那是很可一新耳目的了。园子是坐南朝北的,门很伟大,上书"碧沙岗"三个大字,你自然知道是谁人的手笔。进门一条很宽的人行路,穿过一架如船篷似的葡萄架,长约十丈,这很有点意思。南行,有一道池子,池上架有石桥。迎面一架东西,挡住了眼帘,便是纪念塔了。塔前三角式,建有三个亭子,用花木陪衬着。若是中国文人脑筋里,必定题上大招、千秋等等名字。冯先生脑筋里,如何会放进这一套。所以这三个亭子的名字,是民族、民权、民生……

张恨水上面所述格局,到现在一仍其旧,曾经在战争和动乱中毁损的东西,后来又被精心修复。纪念塔现在改称纪念碑,还在原来的位置,是 1990 年代以后重新设计建造的,碑身上的鎏金大字"北伐阵亡将士永垂不朽",系聂荣臻元帅(曾参加过北伐)手笔。碑座上有一组士兵冲锋陷阵的群雕,刚毅勇武,有悲壮之气。居中的民族亭正中,立汉白玉方碑一通,碑体正面是"碧血丹心"四个棱角分明的魏碑风格的大字,其他三面环绕着冯玉祥署名的烈士陵园落成纪念碑长篇碑文,文末铭文曰:

> 屼屼嵩岳,浩浩黄流,惟此义烈,与共千秋。
> 巨猾阻兵,分裂河山,陷阵先登,歼彼凶顽。
> 功莫与京,身则无孝,男儿死尔,泰山比重。
> 英灵来格,俎豆蒸尝,佑我同泽,发扬国光。

张恨水的碧沙岗之游,还详细察看了烈士墓地,墓前均有小碑,刻着名字、年龄和籍贯。张恨水发现,烈士年龄最小的只有 15 岁,大多数在十八九岁至二十四五岁之间。这些大多操着陕西口音,喜欢吃臊子面、油泼面的娃娃们刚刚跟着长官离开父母乡党,还没来得及品尝人生百味,生命就在战场的枪炮声中遽然而止,长眠于异乡大地。张恨水十分感慨,看到陵园中盛开的月季花和牡丹花,他说:"红艳艳地,这真象征着这里的军人魂了。"

军魂之花,年年娇艳。现在碧沙岗公园中辟有专门的牡丹园和月季园。牡丹花开,姿色不逊洛阳,市民闻风而至,观者如堵;月季花花期连绵,5 万株月季争奇斗艳,"只道花无百日红,此花无日不春风"。郑州人选定月季为市花,或许与碧沙岗的种植史有点渊源。

陵园变公园,成为城市绿地和公共游栖空间,古今中外渐成通例。这也是冯玉祥事先有所谋划的。他关于碧沙岗的完整构思,内容还包括建设伤残军人院和烈士遗族学校,以尽养育职责,惜乎后来战端又起,未能一一落实。冯玉祥对碧沙岗一往情深,他多次对属下将领和士兵表示,退休之后,他希望住在这里,读读书,练练字,看守坟墓。自己百年之后也要葬身于此,与他的士兵们不离不弃,永远相伴。

碧沙岗的选址冯玉祥相当满意,但部分军官则对许骧云有所质疑:孤悬城外,太过荒僻,为啥不能离城区再近些呢?据时任国民革命军第二集团军骑兵第一师副团长的宋聿修(解放后曾任开封市政协副主席,民革开封主委)回忆,许骧云当众向他们解释:"你们不要看现在碧沙岗这个地方远在西郊,再过几十年,郑州市的人口可能发展到一两百万,那时候碧沙岗可能就会变成市中心了!"

许骧云高瞻远瞩,后来预言果然成真,人们由衷佩服又不禁起疑:这个司号员出身、没有多少文化的军官,何以对郑州城市走势有如此信心满满的判断?其实,这个问题不言自明:他关于郑州城的信息,来自长官冯玉祥处,他关于郑州的发展预测,来自冯玉祥对郑州城的擘画。

还是在 1928 年春,几乎与下令筹建碧沙岗同时,作为河南省主席,冯玉祥下令筹建郑州市,成立郑州市政筹备处。碧沙岗尚未建成,冯玉祥又再次下令,正式成立郑州市政府,任命刘治洲(陕籍传奇人物,曾任孙中山元帅府秘书,山西省省长)为市长——需要说明的是,隋唐以降,郑州历代为州,直至清朝。1912 年,郑州改称郑县,隶属于开封道。1927 年,全国废除道一级行政建制,减少行政层级,统一实行省、县两级地方建制,郑州仍称郑县(同时期,杭州称杭县,苏州称吴县,长沙为长沙县,西安后来也改称长安县)。冯玉祥在郑州撤县建市,是河南历史上首次设置具有现代建制意义上的城市,足见冯玉祥对郑州城脱离农业文明走向工商业文明的期许。冯玉祥时而居住省府所在地开封,时而居住他更加喜爱的郑州,亲自指挥市政府推进郑州的市政建设。郑州市政府很快公布了郑州城市规划蓝图的最新版本——城市将由东向西,跨越京汉铁路大踏步前进,开辟新的建设区域,安排工商业的发展用地和居住用地,体育场和文化设施应有尽有,郑州人的新生活呼之欲出⋯⋯一条名为碧沙岗公路的连接城区的道路(在苏轼行走过的郑洛古道线位上改造而成)也在当年完工。张恨水乘黄包车来碧沙岗游玩,走的正是这条公路。

每座城市的发展,不同时期有不同时期的机缘。出现加速发展的现象,则必然有特殊的驱动力量和驱动机制。1928 年前后,身穿粗缯大布、体形高大孔武的冯玉祥,行政运作和军事部署双轮并进,强力改变了郑州面貌,开办工厂,引进银行,整顿市场,改造马路,兴修水利,发展教育,解放妇女⋯⋯郑州社会风气和城市风貌为之一新。冯玉祥驻郑州前后只有一年多的时间,蒋冯战争和中原大战之后,冯玉祥西北军的实力一路走低,不得不退出中原,离开郑州。1931 年,人走茶凉,郑州市的市级建制被迫取消,重归郑县时代。这不能不说是郑州现代发展史上的一次跌宕。

据史料记载,冯玉祥后来两次回到郑州,都到碧沙岗祭扫。一次是1936年春,"清明时节雨纷纷,路上行人欲断魂",冯玉祥在南京国民政府任职,偕同当年北伐旧部,专程前来,敬献花圈,扫墓致祭。另一次是七七事变爆发,全面抗战开始,身为军事委员会副委员长的冯玉祥,偕同阎锡山、宋哲元、张自忠前来祭奠,其时华北沦陷,日寇窥视中原,时局艰难。秋寒中,身穿黑色风衣的冯玉祥走向烈士墓地,未及行礼,他已是满含热泪。他从卫士手中接过铁锹,默默给坟丘培土。没人知道他心里翻滚着什么——为国运焦虑,为中原担忧,还是向长眠在碧沙岗的子弟兵们痛别?

他这一走,就再也没有回来。

这之后,碧沙岗内办过农校,建过军队医院,专门收治伤兵。伤兵死了,就地掩埋,北伐烈士墓边又添新坟。日本兵侵占郑州,把这里当作油料仓库。抗战胜利后,这里又迁入过基督教会举办的学堂。解放后从1953年开始,这一带建设大型纺织工业基地,迅速形成郑州西部的产业中心和生活中心。作为配套设施,1956年,郑州市将碧沙岗由陵园改造为城市园林,命名为碧沙岗公园。西边隔路相望的新建商业区,被命名为碧沙岗市场。再后来,"碧沙岗"不断衍化,生成了公交站点的名称、商铺名称、商圈名称、商品名称、企业名称、社区名称、地铁站名称……在郑州人心目中,碧沙岗既是一片可以进入的绿色,又是一截横陈于通衢大道的历史标本,还是一个辨识城市方位的标志,一个读解郑州城市文化的钥匙,一个郑州人的生活剧场……

有人感叹说:"可惜冯玉祥、许骧云当年只买了400亩地,那时候荒岗地不值钱,假若一咬牙买下4000亩,今天的碧沙岗不就可以媲美曼

碧沙岗公园内的北伐阵亡将士纪念碑

哈顿中央公园了吗?"这当然是一句玩笑话。我想说的是:"假若当初真买了4000亩地,谁敢保证我们不会挪作他用——建工厂,盖商厦,开饭店,搞房地产开发。也许连这400亩我们也难以保全!"

很高兴最近碧沙岗公园又有新的变化,临街的围墙不久前被全面拆除,市民进入公园的方式与过去全然不同。你依旧可以从北边、西边、南边三个大门中,很正式、很有仪式感地进入;你也可以在嵩山路、建设路(前身是碧沙岗公路)上行走时,随时起意顺着新修的花径侧身而入,在前往目的地的途中顺便享受片刻园子里的绿意,嗅嗅花香,养养眼睛,然后再随机闪出园子,复归大路。这是一种与碧沙岗相处的新方式。我昨天试了一试,感觉很不错。

2020 年 6 月 11 日

二七塔外传

位于一个特殊的地理方位,纪念一个特定的历史事件,诞生于一个特别的年代,创造了一个特种的建筑形制……它是公认的郑州城市文化符号。

年纪在 50 岁以下的人都无缘亲眼看到当年那座木质的二七塔。50 年前一个风雨交加的夜晚,木塔因为根基腐朽,难以支撑自重,终于颓卧在二七广场的圆形花坛之中,遽然退出郑州人的视界。年长的市民依稀记得木塔的模样,不多的官方和私人图片也记录了木塔的姿影——它高约 20 米,与周边以平房为主的建筑群落相比,高挑挺拔,主体为六棱形柱体,塔顶攒尖收拢,塔尖上面举着一颗熠熠发光的红五星。这个造型与中国塔式建筑传统形制毫无瓜葛,却酷似莫斯科克里姆林宫塔楼顶部,一望可知木塔设计者仿效的方向。在新中国成立之初那段特定历史时期,城市规划、建筑设计以及文学艺术各种门类全面向苏联老大哥学习,这种情况是完全可以理解的。木塔身处二七广场交通转盘圆形花坛之中,花木映衬,亭亭玉立,在广场周围街区低矮建筑的拱卫衬托下,显得卓然不群又尺度适宜,文雅洋气,具有国际化的革命情调,与环境相得益彰,受到郑州人的喜爱。

但是你若对历史影像详加察看、认真分析的话，你会发现其中的蹊跷：木塔并不处在花坛的正中位置，严重偏离了圆心（过于靠近二七路一侧），这显然有违一座正式的纪念性建筑空间布局的常规。塔的主体结构由木棍搭接而成，塔体周身用木条斜向排列，交叉形成装饰性的具有间隙的网状结构。这种结构形式和材质选择，更不像是一座永久性建筑应有的品质。

是的，这座后来被称为二七纪念塔的木塔设立之初并无纪念建筑的身份，它只是一个临时装置，只是一次城乡物资交流大会的导向标志。

解放前郑州人有办庙会赶大集的历史传统。从 1930 年代初开始，每年照例有春秋两次大型商业集会，春天风和日暖之时是城隍庙会，举办地点不在空间狭小的城隍庙而在场地开阔的东大街塔湾一带；秋天天高气爽之时则是以药材骡马交易为主，兼有百货、农具、土特产销售的大会，会期长达 20 天以上，举办地点在南大街至南关一带。每至此时，会场用布蓬和席棚搭成临时商铺商街，街肆交错，人头攒动，购销两旺，热闹非凡；主办者还搭起舞台，邀请戏曲名角登台献艺，梆子、越调、二夹弦轮番上阵，高亢响亮和低回婉转的唱腔引来阵阵叫好之声，为大会聚拢了超高人气。省内外商贾驮运货物如期而至，周边十几个县的不少百姓也闻风而动，纷纷前来购物听戏看热闹，汇入商业活动和民间仪式的人潮。抗战期间，郑州城遭到日寇飞机轰炸，加之前后两度沦陷，人心惶惶，庙会集会逐渐式微，终于偃旗息鼓销声匿迹。1948 年秋，郑州解放，其时淮海战役尚未决战决胜，国民党反动当局仍在垂死挣扎，世事纷乱民生艰难，城市生活尤为不易，郑州市工商业活力不足，人口规模有回落之势。1951 年，市政府为了活跃市场发展经济，决定重新点燃民间商业激情，组织新的城乡物资交流大会，大会的选址确定在新市场街(今天的二七路北段太康路至金水河之间)两侧,主场地在今天的人民公园东门一带。新市场街的命名即与此事有关。

郑州高等工业专科学校(当年郑州唯一的高等院校)在校学生们为新中国初期的城市建设做出了积极贡献。土木专业和水利专业的师生们承担了郑州城大量的测绘任务,许多新建道路工程引点放线的工作也是由他们协助完成的。物资交流大会的筹备工作也抽调了该校的学生参与,当年身为该校土木专业的学生数十年后曾担任河南省建设厅副厅长、河南省城市规划学会会长的刘征远先生因为擅长丹青,被抽去负责大会招贴画的设计绘制,而其他若干同学则参与了二七广场引导标志的设计和搭建——建造一个高耸的塔式形体,在很远的地方就能遥遥在望,醒目而有招徕作用,饰以"城乡物资交流大会由此向前"之类的文字,给纷至沓来的参会者提供无声的指引服务。整个建造过程紧锣密鼓却轻松写意,一切都是因陋就简低成本高效率完成的。遗憾的是,参与这些工作的学生姓名至今已无处查考,当年他们年纪都只有20岁上下,到现在若依然活在世上,也该是年逾九旬的耄耋老人了。

城乡物资交流大会的盛况以及经济效果因无从见到相关的文献和报道,难以精确描述。但它对相关区位城市基础设施建设的拉动作用是直观可见的——长春路和新市场街经过统一改造,合二为一,改称二七路,二七路南端的二七广场亦初步建成。《郑州市二七区志》记载,二七广场修建于1951年,施工期间尚未正式定名,曾先后被称之为"六路口广场""解放广场""二七交通广场"。被正式命名为"二七广场"的这块地方是郑州城一个特殊的地理节点和文史穴位——这里是六路交会的路口,是郑州城市总体规划规定的放射形路网的中心,是具有3000多年骨龄的郑州古城与民国初期因铁路而兴起的城外商业街市的交会点,是一处旧河床老桥涵的遗址。定名二七广场理据尤其充足——这里是当年两位积极参加"二七"工运后来又投身反抗北洋军阀斗争的郑州铁路工人惨遭杀戮之后被枭首示众的殉难之地,也是新中国成立后人民政府公审残害二七烈士之凶手的审判执法现场。郑州城市公共空间体系中有了"二七广场""二七路"的存在,本地市民和外地访客身临其境时,郑州现代史上的一个红色片段会得以提示或提醒,郑州"二七名城"的城市定位会因而再次在记忆中强化。

城乡物资交流大会以后,二七广场圆形花坛中的木塔没有移除,无意间被长期保留下来。塔身上"由此前行"的字符揭掉后不断换上新的宣传标语,木塔实际上成为政治口号的载体。1958年,木塔经过一次全面整修,局部用木板贴面,增加了装饰线角,新添了照明灯光,宣传标语也换成了赞美人民公社、赞颂"大跃进"的内容。油漆重新刷过,色彩鲜亮,面目焕然一新。久而久之,时光割断了木塔与城乡物资交流大会的功能性联系,很多人反而以为木塔是二七广场整体设计中正式的和主要的内容。圆形花坛中环绕依偎在木塔之下的灌木花草生机勃勃,植物与木塔相映生辉,提升了二七广场的景观质量,显现了北方园林的美感和意趣。郑州市民顺理成章、约定俗成地将木塔称之为"二七纪念塔"。部分中小学校每到二七纪念日,都会组织学生到这里献花致祭。

历史上的郑州市官方文图资料中一直没有对木塔使用过"二七纪念塔"的词语和字样。这个名字出自郑州市民对它的误读,纪念性建筑的功能则是郑州市民对它的赋权,至于城市标志的定位,更来源于郑州市民对城市历史和特定地理位置的认知。可以这样说,所谓的二七纪念塔概念是一种民间话语,或者说二七纪念塔本质上是一种民间产品。

这样说,一点也没有贬低它的地位,更没有低估当年郑州主政者对二七红色资源的敏感和珍重。恰恰相反,"二七"工运和二七精神作为郑州重要的政治资源在解放之初即受到地方党政机关高度重视,新成立不足半年的郑州市委1949年1月在全国尚未全部解放、新中国还没有成立之时就向全市印发了"以民主运动纪念二七的决定",首任市长宋致和1951年亲自创意,向市委提出在钱塘路二七工人运动发祥地普乐园旧址修建二七纪念堂的建议,并亲自组织筹建,实现了当年开工建设,一年之后完工落成投入使用。这是全国范围内纪念二七工人运动的第一个主题建筑——以"纪念堂"命名一个建筑,这在中国政治伦理中不能不说是一个顶级的规格。二七纪念堂开工建设同时命名了二七广场和二七路,二七广场得名本身就是一种纪念举措,而它作为城市交通广场,郑州的领导机关最初并没有在此再建主题纪念设施的打算,或者说还没有来得及做出相应的筹划安排。

一次城乡物资交流大会设立的引导标志"无心插柳",却演变成郑州人心目中最重要的人文景观。二七纪念堂的知名度和影响力始终弱于二七新老两塔,道理很简单:纪念堂藏身深巷,纪念塔挺立广场,后者具有更高的公共性、可读性,以及更高的曝光度、可辨识度。

木塔在风雨飘摇中倒伏,给正式建设二七纪念塔新塔提供了契机。1971年春夏之交那个风雨之夜过后,时任郑州市革委会主任的王辉来到二七广场,察看木塔倒伏的场景。一贯表情严肃的他,这时候眯着眼睛,噘着嘴唇,一派柔情。他命令有关部门清理现场,然后转身登上吉普车,返回西郊市委南院。上车时他说了一句郑州人常说的话:"旧的不去,新的不来!"——王辉此时主意已定,下决心迅速建设新塔。

王辉,曾用名王启德,江苏省涟水县人。1968年,他开始以军人身份主政郑州,此后十年,一直在河南省任职,十年后重新回归军队;1985年,卸任国务院国防工业办公室副主任职务。王辉是一位传奇式的人物,他曾经罗列过他穿过的中外各种制式军服,以表现自己丰富多彩的戎马生涯:他穿过新四军军装、解放军不同时期各种款型军装、朝鲜人民军军装（抗美援朝战争初期秘密入朝之需）、中国人民志愿军军装、苏联陆军军装（留学苏联军事院校时期）、越南人民军军装（抗美援越秘密跨越国境执行防空作战任务）。这种奇特经历，军中稀有，世上罕见。

王辉奉命主政郑州之时正值"文革"动乱，周恩来总理亲自给他打电话，交代他说郑州是全国铁路心脏，要确保社会稳定，大局不乱。王辉在郑履职期间不辱使命，在圆满完成维护稳定任务的同时，结合实际，大胆创新，从长计议，主持操办了不少功在当时惠及后人的实事：开辟水源引黄入郑，建设邙山提灌站和西郊西流湖，缓解郑州生产生活用水矛盾，让郑州全城第一次喝上母亲河的河水；改变郑州因袭全国知青上山下乡背井离乡异地安排的既定模式，在郑州郊区创设十多个知青农场，让郑州的孩子在迈步走向广阔天地的同时依旧可以就近享受家庭的温暖和关爱照料；疏浚金水河，让它逐步成为郑州城的绿色廊道；改造金水路，使其成为全国各大城市第一批管线入地，没有架空线路和空中飞线的城市干道；建设新的二七纪念塔，让郑州诞生了闻名全国的标志性建筑、公认的城市文化符号。王辉作风务实，习惯深入一线，从来不在办公室正襟危坐，每天都要到田间、工矿、施工现场察看，日均行车距离经常在数百公里，在郑工作期间，共计跑坏了四辆汽车。王辉在郑州民间是一个声名远播的传奇人物，许多人至今回忆旧事，仍以"王司令"称之（在郑州担任市革委会主任期间还身兼河南省军区副司令员和郑州警备区副司令员之职），王司令邀请京城名师设计二七纪念塔和发动百日会战建成二七纪念塔的故事，尤为郑州人所津津乐道。

修建二七新塔，自然先后有过不少设计方案，皆不入王辉法眼。这位 1950 年代曾在苏联古比雪夫工程学院（以苏联革命家古比雪夫的名字命名，1993 年改组为莫斯科国立建筑大学）留学 4 年接受过正规高等教育的军人具有一定的建筑学学养和视野，当他闻知国内一流的建筑师林乐义先生和部分同事被逐出京城流落在豫，此时正寄居荥阳下放劳动时，马上安排工作人员前往拜访，力邀林乐义到郑州主持二七纪念塔的设计工作。

林乐义，福建省南平市人。1937年，毕业于上海沪江大学建筑系。1948年，到美国佐治亚理工学院深造并担任特别讲师。1950年，毅然回归，满怀激情投身新中国的建设，先后担任中央设计院总建筑师、中国建筑科学研究院总建筑师、建设部建筑设计院总建筑师等职务，并被聘为清华大学建筑系教授。他的代表作品包括中南海怀仁堂和紫光阁改造工程、首都剧场、北京电报大楼、北京国际饭店等，前者至今仍是国事活动的庙堂之地，后面三项则作为演艺建筑、通信技术性设施和旅游设施的经典之作，被收录在世界建筑界最负盛名的英国建筑通史《弗莱彻建筑史》中。其中北京电报大楼曾名列"北京十大建筑"，落成后中国邮政为其发行邮票以志纪念；首都剧场2016年还入选"首批中国20世纪建筑遗产"名录。林乐义学贯中西，既熟悉西方现代建筑艺术，又善于借鉴利用中国传统建筑文化资源，他在中西风格两个不同方向的建筑设计实践中都获得了巨大成功，是新中国建筑师的代表人物之一，身前身后受到国内外同仁的敬重。

二七纪念塔也是林乐义先生的重要作品。"文革"期间，竟然在郑州意外遇到知音，他由衷感受到难得的敬意和温情。他别无选择，接受了王辉的深情邀请。受人之托，忠人之事，他迅即进入工作状态，入住碧沙岗西门外一座市政公司的办公楼中，组织郑州建筑设计院的部分设计人员，日夜兼程，很快完成了方案，向王辉提交了设计成果。林少清、胡诗仙、周培南、杨国权等青年建筑师都加入了创作团队，他们一边参与方案的讨论，一边承担了具体的图上作业任务，在林乐义的言传身教之下，他们的专业修养进步明显，后来这几位都陆续成长为郑州建筑设计领域的领军人物。

王辉对大他八岁的林乐义始终以礼相待,如敬宾客,他提出"两塔联体,塔高七层"以此对应"二七"之数、象征"二七工人运动"的设计意图也得到林乐义的充分尊重和积极响应。林乐义又不因此而自缚手脚,他充分展开想象的翅膀,创造性地以台(下部阅台)、塔(中部塔身)、亭(上部钟亭)整合成一个三段式结构的建筑形体;双塔联体的内部空间,一座塔用作竖向交通(步梯和电梯),另一座塔用作展厅,层层提升,形成二七专题展览的流线,上部钟亭用作登高远眺,俯瞰郑州全貌;建筑立面以白色为主色调,以绿色和红色为点缀色,素雅高洁又不失清新明丽;塔身层层飞檐挑角,使塔体通身既富有节奏感,又显得体态轻盈,俊逸不群。施工过程中,王辉和林乐义经过商议又改变了原有设计,放弃"七"的数字,将七层塔身增高至九层,使整个建筑显得更加巍峨挺拔,同时也达到了当时河南省最高建筑的高度——敢于担当,勇争第一,这表现了军人王辉的性情;善于创新,追求完美,则显示了建筑大师林乐义的品格。二七纪念塔的设计过程是王辉和林乐义互敬互补、相辅相成的过程,珠联璧合,他俩合作创造了全国独一无二的建筑形制。

设计图纸尚未出齐,王辉就像指挥部队投入战斗一样指挥了二七纪念塔的突击性施工。二七纪念塔正式开工之日已是1971年的7月1日(中国共产党建党五十周年纪念日),完工时间为国庆前夜。说是组织"百日会战",向国庆献礼,其实只用了80多天。王辉要求承担施工任务的郑州第一建筑公司打闪击战、歼灭战、攻坚战,他几乎每天都赶至工地,现场督战。郑州市各有关单位通力协作,确保建材调配、物资运输、道路保通、水电供应,最大限度满足工程之需。施工企业调集了精兵强将,将施工队伍分成多班组多批次,轮换交替昼夜不停,最后发展到以十分钟为一个时间单元进行施工组织设计,这种精细化、军事化的施工管理在郑州城建史上，堪称前无古人，后无来者。

二七纪念塔的新建本身就是全市普遍关注的事件，进展神速的施工过程更引发市民群众的好奇和惊叹，二七广场一带每天从早到晚都有成百上千的人像观看行为艺术表演一样驻足观看。塔身完成顶部巨大的红五星安装和外立面装饰后，完整形象楚楚动人，脚手架和围挡结构拆除后，每天专程前来参观的更是络绎不绝，不计其数。二七纪念塔如期落成，对外开放，大街上观者如堵，入内参观者亦人潮汹涌。人们走进二七广场外围人行道上的出入口，通过地下隧道进入塔内参观，最后登上塔顶，站立在全市制高点上，整个郑州城市风光一览无遗，尽收眼底。郑州人由此获得前所未有的空间体验和视觉经验，兴奋不已，为自己的城市感到骄傲。当年有句话："没登过二七塔等于没来过郑州。"这句话绝非妄言，因为外地访客若有意了解郑州全貌，知晓城市格局，真没有比这里更合适的高度和方位。

二七纪念塔的开张虽然给郑州带来国庆节的喜悦，但缺少了王辉心中事先设计好的盛大仪式。9月发生了林彪事件，王辉应召赴京参加会议，国庆节预设的各种安排只好省略。这不能不说是王辉的一大遗憾。

按照中国传统建筑的惯例，纪念性场所当有苍松翠柏装饰环境，烘托气氛。二七纪念塔完工后，王辉继续督导周围绿化美化工程，要求精选松柏，配于塔周，象征烈士精神万古长青。有关人员东奔西走，通过军队关系先后在平顶山市和南阳市寻觅到符合条件的两株姿态清奇的古柏，却因山深林密不通公路难以运输而放弃。后来有人在新郑县城北边的马垌村老坟地发现一株古柏，体貌奇崛，横向取势，主干低矮而枝杈密集均衡，树冠犹如碧涛翻涌，又似蓝焰升腾。王辉闻之大喜，亲自走进农家与干部群众对接商议，争取村民支持，谈妥后亲率挖掘机、压路机、推土机和运输车辆前往移树。完好地迁移一株古树绝非易事，从开挖土方到运至塔下，整整用了 20 个昼夜。挖出的柏树连同根部土球重达 30 来吨，不得不借调电力建设部门的大型专用车辆来完成超限运输任务。一路上公安、交通、电信、供电和绿化等各个部门数十人随车步进，全程护驾，遇到供电、通信等架空线路拦阻则立即放倒线杆使线路落地，以保障运载树木的卡车通行无碍。时值严冬，雪花闪烁纷飞之中，古柏进入市区，栽到双塔身旁。王辉细数了一下古柏的树枝，不多不少，恰好 27 个枝杈，王辉满意地说："真是，这棵树就是专门为二七先烈而生啊！"

半个世纪过去，那棵古柏不曾移位，风霜雨雪中守护双塔，颜色不改，愈发苍翠。

许多年之后，郑州人不忘王辉，王辉对郑州也深怀眷恋之情。他离休之后至去世之前，常有熟悉的和不熟悉的郑州人到北京家中拜访探望，问安或者忆旧。王辉在崇文门西大街家中接待郑州来客，每次都会兴奋地告知老伴说："老家来人了。"他称郑州为老家，足见他对郑州的感情，也足见他对自己那个时期为政一方特殊经历的珍惜。郑州人与他共忆往事，频频提及的仍然是二七纪念塔的话题。王辉老人有时也会主动问及二七纪念塔及其周边城市环境的变化，他侧耳倾听，细细品味对方回答的每一个言辞，犹如关心一位睽违多年的至亲。林乐义先生的儿子林铭述是一位旅美音乐人和摄影家，他近年多次来郑州拍摄二七纪念塔的"肖像"。每一次站在塔前，都仿佛是一次和父亲的深度对话。

由于"文革"期间全国城市建设都处于低潮阶段，二七纪念塔的落成给郑州人带来了惊喜与兴奋。1973 年，周恩来总理陪同加拿大总理特鲁多参观洛阳龙门石窟，取道郑州，车队穿越市区时，周总理听到二

二七纪念塔前的游客

七纪念塔顶部大钟报时的乐音,透过车窗看到了二七纪念塔,专门询问二七纪念塔的情况,赞赏之意溢于言表,指示中央媒体加以宣传。从此,二七纪念塔声名远播,成为饮誉全国的建筑新星。50年过去,花开花谢,涛走云飞,世事更迭,二七纪念塔却始终被公认公推为郑州城的标志和象征。地方性和民间性的各种荣誉不必详加罗列,最值得一夸的是前些年二七纪念塔被国务院公布为全国文物保护单位——如果它不是"国保"文物中最年轻的一个,至少算是最年轻者之一——"国保"者,国宝也。这个头衔怕是一座中国当代建筑所能享有的最优待遇和最高荣誉了吧。

从建筑面积看,它不足2000平米,从结构形式看,不过是当年常规的砖混结构,它何以具有如此的魅力,何以具有郑州城徽一样的地位和价值?外地人不知就里,郑州人也说不清楚。

有研究者说,中国人是最爱听故事的。二七纪念塔之所以有魅力,是因为它是一座会讲故事的建筑。它的建设过程,它的前世今生,本身就是一个故事。更重要的是,它向世人讲了郑州现代史上的一段故事。这段故事和火车有关——火车给郑州带来现代文明,也带来一支工人阶级的队伍和他们的血泪经历,还带来以铁路——交通文化为核心的城市精神和城市特色。如此而已。

2020年12月21日

黄岗寺

曾经的万众伤心之地。在郑州人的话语中,它代表了个体生命的退场机制和离席孔道。

黄岗寺不仅仅是一个地名,更是郑州市民心灵史上一个特殊的空间节点和情感痛点。

黄岗寺乃郑州西南的一个村庄,因古寺而得名。据说古寺即旧志上记载的显圣寺,又据说显圣寺很有故事,乾隆皇帝曾驻跸于此,深夜流贼袭扰,关公显灵护驾云云。稗文野史,无从查考,不提也罢。

黄岗寺在抗日战争期间经历过一场痛击敌寇的激战,却是信而有征、饮誉华夏的。1941年10月4日,日军攻陷郑州城。当月月底国军第一战区第三集团军第十二军第八十一师在黄岗寺一带与日军交战,对日寇发起反攻。据有关史料记载,10月31日当天国军将士在黄岗寺村寨内经过巷战肉搏,击毙日军联队长小林大佐,以牺牲数十人的代价,歼敌数百人,当晚克复郑州。经此一役,黄岗寺村寨弹痕累累,血肉模糊,却从兹罡风烈烈,浩气长存。

黄岗寺被更多的郑州市民记在心中,主要原因则是解放后郑州革命公墓(后改称烈士陵园)在这里完成营建。当时这里地处郊外,和市区不即不离，远近适中，邻近郑密公路，交通方便，土地贫瘠，不占用良田，是大型墓园的理想选址。1955年，为褒扬革命先烈，开展革命传统教育，郑州市人民政府在黄岗寺村西卜选土地近三百亩，建立郑州市革命公墓，将郑州解放战役中分散安葬的烈士坟墓集中迁葬于此，之后许多豫籍烈士和在豫不幸牺牲的烈士都陆陆续续归葬到这里。这里很快成为郑州的红色资源和精神圣地。

记得我上小学时就多次乘着敞篷卡车来这里扫墓——初次参加扫墓的同学们不懂得"扫墓"一词是一种祭奠仪式的专门代称，以为扫墓就是打扫卫生，整理环境，上车时老师发现大家不约而同都从家里带来了新新旧旧各种形制的笤帚，一时忍俊不禁。破旧的嘎斯车从东郊出发慢慢悠悠、晃晃荡荡穿过整个城市抵达烈士陵园需要一个多小时，大家都觉得好远好远。在墓园中纪念碑前鞠躬默哀，垂手肃立，平生第一次感受到所谓的神圣感和仪式感，一种崇高的情感贯通头脚，这是一个少年从未有过的生命体验。拜谒一座座烈士墓丘时，从第一排居中的几座墓碑上，我看到吉鸿昌、焦裕禄等熟悉的名字和照片，好不感动。吉鸿昌将军的诗作"恨不抗日死，留作今日羞。国破尚如此，我何惜此头。"刚刚学过，此时豪迈的诗句在耳畔自动播放；当年，焦裕禄的遗体被安葬在郑州烈士陵园，后来根据兰考人民的强烈意愿才迁了回去。他的事迹其时正在全国广泛宣传，一想到他，他那泡桐树前微笑着扶腰直立的姿态就立即浮现在眼前。站在他们的墓前，以凝眸的方式敬礼，以静默的方式对话，半个世纪过去了，烈士陵园当年的物理环境在记忆中已经漫漶不清，纯洁少年的心理活动至今却清晰不忘，常忆常新。

1960年代，黄岗寺又有新的基建项目，郑州市政府在黄岗寺村东的土地上选址建设了郑州殡仪馆——市民普遍称之为郑州火葬场。

这个时候开始,黄岗寺才真正成为全体郑州市民不得不知晓、不得不面对、不得不思考的一个刚性的和冷酷的存在。开始,每年有数百个家庭在这里痛不欲生送别亲人,后来每年有数千个家庭上万个家庭在这里涕泗横流,眼看自己亲人的遗体投身熊熊烈焰,化为齑粉。如果说,各家医院的妇产科算是这座城市新生命的登台步梯的话,黄岗寺则是这座城市退场机制的象征,火葬场则是这座城市法定的谢幕通道。

很多人都记得这样一句玩笑话:所有的郑州人都殊途同归,我们都前进在通往黄岗寺的路上! 一些人把人生最后一个运动项目称为"爬烟囱"——他们在路经黄岗寺时有意无意中会看到火葬场高大的红砖烟囱,上端富有节奏感地不时冒出一股青烟,消散在云天之外。驾鹤西游,升入天堂,这些说法都在黄岗寺的天光云影中得到诠解。又有人开玩笑了:"多来黄岗寺看看,看了以后你的烦恼不用人劝,都会自动消失!"

黄岗寺真是一个神奇的地方,在村西,面对长眠于陵园中的先烈们,你可以强脊骨,提精神,长正气;在村东,面对羽化于无形的故人们,你可以淡功利,消妄念,去燥气。

随着城区快速扩展,黄岗寺的相对位置日渐内化,火葬场的存在,让周邻区域骨鲠在喉,心神不定。殡仪馆人流量过大,车水马龙,火葬场面积太小不敷使用,服务能力供求失衡,这些原因都促成了殡仪馆的远迁。拆迁后空出来的地块位于郑州市南三环与嵩山路相交的一处大型立交附近,密植林木,形成了一处生态绿地。曾在这里告别过亲人的人,看到这种场景很是认同,觉得对伤心之地的最佳掩盖和修复就应该是一抹苍翠之色。或许空闲之时,可以来这里的密林之中走走看看,以鲜花之奠,遥寄对亲人的缅怀之情。

前几天驾车从附近路过,突然发现这块郑州市民昔日的伤心之地上,一大片高密度超高层住宅楼拔地而起,已进入外部装饰阶段,色彩缤纷的售楼广告布满项目临街围挡。广告告诉大家,这里是一片风水宝地,旺人旺业……

城市发展,总会有新的剧本,新的剧情。

寨与砦

郑州乡野的传统村落形态。围墙高筑，以利防守，这对老郑州人的性格和心态也产生了影响。

郑州地名中多"寨"和"砦"字。

郑州市政府所在地叫林山寨，省公安厅所在地叫梁家寨。被称为"大锅"的省体育馆所在地叫任寨。郑州1970年代出土大型青铜鼎的地点在张寨南街。南阳路因南阳寨得名。陈寨花卉市场由陈寨村主办。常寨、侯寨、姚寨、青寨、宋寨、保和寨、铁炉寨、高皇寨、八郎寨、王胡寨……随处可见，不胜枚举。

现在媒体和正式出版物对郑州相关地名一致趋同记作"寨"字，我只好从俗——记得早些年是"寨""砦"并用的，写作"砦"的更多一些。字典上的说法，砦是寨字的异体字，两个字同音同义，所指都是有围护结构的村庄。就一般意义而言，这也许是对的，但谈到郑州历史的具体情况，那就另当别论了。因为若保持历史地名原貌而不擅加改动的话，郑州史志上大多数情况都用的是"砦"字，我们理当一仍其旧。也许应该说，在郑州，"寨"是"砦"的异体字，砦据主位，寨列宾席。

乾隆《郑州志·建置志》专列"屯砦"一节，罗列了当时各砦名称：

> 人和砦，于家砦，邓通砦，尖岗砦，连环砦，水连砦，毕家砦，司家砦，常家砦，西郭家砦，时家砦，阴家砦，沙窝李家砦，陈五砦，石佛砦，葛家砦，弓家砦，故城砦，花园砦，京水砦，薛家砦，杨家砦，徐家砦，洪福寺砦，曹固寺砦，八里湾砦⋯⋯

以上各砦分为两类，一类"皆趁山阜斩削成，颇为险峻"，另外一类"俱在平地筑土为之，或趁水环绕，亦有可恃"。

按照清代旧志的描述，你想象一下，黄河之滨嵩岳山麓，郑州城四面八方数十座砦子星罗棋布，点线连接，相互守望，形成了一个网状的聚落体系——无论聚落规模大小，皆有围墙，形成抵御贼寇的防护功能——所谓的砦或者寨，其实就是原野和山地上的迷你型城池。与规范化建设的古代都邑城池相比，砦墙没有那么高大上、没有那么中规中矩，图形自然而然，材料因地制宜，形象粗糙简陋，但保护宗族乡亲、保护家产财帛的初衷与"筑城以卫君，造郭以守民"的理念一脉相承，完全一致。高筑的砦墙，在冷兵器时代，有个风吹草动，不能不说是有效的防护设施。朋友来了，砦门洞开有好酒，敌人来了，砦墙壁立有刀枪。墙内居民，会更加明确地成为安危共仗、同仇敌忾的利益共同体。即便风平浪静之时，砦墙环围，也能给睡梦中的老幼妇孺们增加更多的安全感吧。

郑州地区的砦墙起始于上古，兴盛于明清两季。兵连祸结，灾荒频仍，导致流寇四起、盗贼猖獗，同时大规模的农民起义运动风起云涌，是砦和寨迅速成型的主要推手。郑州民间流传着不少当地百姓筑墙抗敌的故事:乾隆《郑州志》中提到的弓家砦,今名弓砦,位于惠济区境内,明朝洪武年间有弓姓乡民由山西洪洞迁居于此,嘉靖年间,弓家率众筑砦御匪,因而得名。郑州高新区所属蓝寨,原名兰家村,明末为抵御流寇(实为李自成属下兵勇)袭扰而高筑砦墙,因其壁垒森严,于是改称兰家砦。郑州一带是明末李自成活动的重点区域,封建统治阶级正统思想使然,老百姓对其感情复杂,多以流寇视之。据民间传说,某日李自成在部下簇拥中骑马行至郑州西郊一村寨前,众人准备劫掠,而李自成坐骑踏步嘶鸣,死活不肯前进一步。经打听得知村中有关帝庙,心有忌惮不敢造次,立即到庙中烧香叩拜,临行非但不为难村中百姓,反而留下银两,供修葺关庙、修整砦墙之用。李自成指令一牛姓小校留守监工,所以该村得名牛砦。这个故事虽与军事斗争有关,但有点温情脉脉,算是筑砦御敌的另类故事。

郑州许多古村虽然村名未见"砦""寨"字样,但照样筑有完整的砦墙系统,照样在军事斗争中发挥过重要作用。抗战时期1944年郑州城二次沦陷,郑县政府迁入今二七区侯寨乡上李河村,坚持运转,坚决抗敌。日军来袭,村外双层砦墙成为抗日军民据守还击的工事和屏障,有效地阻止了日寇袭扰,令其止步于砦墙之外,最终溃退而去,铩羽而归。

有其实而无其名的村子,仍然应当算作"砦"的类型。

人与居住环境是相互影响、相互塑造的。有人评价,郑州人的性格有"守"的特点,乐于守而不善于攻。这是不是和郑州的"砦"与"寨"太多有关呢?砦和寨的空间类型,真的是一种文化隐喻,不能说它对郑州人性格的形成毫无暗示和熏染。不过,守也没有什么不好,假如这个"守"字不被解释成闭关自守、墨守成规,而指的是在重大原则问题上敢于固守、坚守,为公共利益不惮死守,那完全可以把这个评价当作表扬、点赞。在我们的生活中,攻和守都是重要的,有时候守甚至比攻更为重要,也更有难度。

"砦"和"寨"是郑州聚落的经典样式,可惜近几十年大部分都拆毁了。"不用则废",这是规律,和平安宁的发展环境真的对封闭的大墙没有什么需求。郑州西郊西流湖东边有个保吉寨,乃清朝古砦,椭圆形的砦墙保存完好,据说在郑州市是硕果仅存,独此一家了。有兴趣的朋友可以前往一观。

2020 年 7 月 3 日

栖身在地名的密林中

地名连缀成一袭华衣,显现出城市的品味,也影响着人们的性情趣味。

童年和青少年时代,我一直居住在郑州市的金水区。

金水区核心区域的街道命名,按照不同走向分别以经字和纬字打头。我的出生地河南省人民医院位于纬五路上,我的小学纬五路二小离我的出生地不足 300 米的距离,街道名嵌入校名,所处方位不言而喻。我家住在一个由经二路、经三路和纬四路、纬五路围合起来的大院之中,这个不足 10 公顷的矩形街坊地块,存储了我童年时代差不多全部的喜怒哀乐。我的中学是郑州八中,当年的学校大门不在现有经六路的位置,而是开设在纬三路上。步行上学,从家中到学校需要快速摆动手臂暴走 20 分钟,常走的线路是纬四路,有时与同学结伴而行,也会舍近求远取道纬二路。后来我家也曾在纬二路上住过几年——当年未婚,与妻子刚刚结识,她一袭白色衣裙来到这里,轻手轻脚走进家中拜见老人。当时情景,至今忆起恍如隔世。

上面由街道名称连缀起来的叙述啰啰唆唆、平淡无趣。我想说的意思是,我当年的生活正是由这些道路的经线和纬线编织出来的——

我想以私人叙事的维度通过自己在郑州的栖居史来介绍这座城市的地名文化特色，这样省力又讨巧，只需按照个人经历如实记录，轻松省力，而结构自成，不必绞尽脑汁对全市地名做百科全书式的宏大叙事。

经纬交织，状如棋枰，这是金水区路网和路名的一大特色。据说1950年代命名这些新建道路时郑州市主管城建的领导是山东人，熟悉山东省会济南市的街巷格局，所以就仿制套用了济南的命名办法。前些年到济南出差，果然在街头邂逅到与郑州一模一样的路名，经几路，纬几路，一样的纵横交错，一样的排列有序。看见这些经几路、纬几路的标牌，他乡遇故知一样的亲切感油然而生。济南市以经纬命名的街市始建于清末民初开辟商埠之时，商埠新区地形东西狭长，路网取名之时遵从的是织布机上的逻辑，长线为经线，短线为纬线，因而经字头道路均为东西走向，纬字头道路则尽为南北走向，这与地球仪上的逻辑恰好相反。郑州显然没有照搬济南，更加符合地理学和地图学的规范。走在这些道路上，你会觉得路名给了你方向感，也给了你秩序感。站在一个路口上，你大体可以推导出下一个路口十字相交的道路名称。也许这些路名的缺点是没有提供丰富的历史文化信息（这恰好正是每一座城市新建区域地名的共性），但优点也很明显，虽无古风遗韵的典故风情可供卖弄，但路网整体关联性更强，路名能够更好地发挥媒介作用，给行人提供更明晰的导引服务。

婚后独立成家，我就开始移居到城市西部的中原区。先是住在桐柏路（颍河路南）单位家属院中，后来又短暂地在嵩山路上（碧沙岗片区）一个蜗角小院住过一段时间，再后来又搬到了伊河路（伏牛路与华山路之间）一个临街的楼上。从上述的地名中，你可能已经开始察觉中原区街道命名的特点——是的，这里不少街道以山川河流命名——南北向的路横亘着雄山峻岭：嵩山路、桐柏路、伏牛路、华山路、秦岭路；东西向的路奔流着大河小川:长江路、沁河路、淮河路、汝河路、颍河路、伊河路、洛河路——我和这些山山水水既陌生又熟悉,既疏离又亲切:现实生活中我与它们少有交集,有些甚至至今不曾谋面,但我分明又卜居其间,日日行走在这些青山绿水的名称和镜像之中。郑州城中缺少山水形胜,如此命名街道,算是对居民的一种补偿吧。白天上班下班,我会日复一日反反复复穿越它们;晚上常常带着幼年的女儿沿街散步,月白风清,悠然徐行,我会在街巷的连续转进和路名的不断转换中,感受到山野的郁勃之气和水面的潋滟之光,偶然幻生入深山、临清流、远离市声尘嚣的快感。地名阅读也是一种文学阅读,诗歌和地名的欣赏机理相同之处,都是依靠精选的短句,引发你的丰富想象。

女儿长大了,在高新区一所高中读书,学校的地址在高新区枫杨路上。为了就近给孩子做好服务,做好后勤保障工作,我家又一次迁居,借住在学校紧邻的翠竹街旁。我曾经参与高新区的初期创业,当年办公地点在合欢街上——合欢街因合欢树得名,这是高新区最早的道路之一,以合欢树为行道树,有意借合欢二字祈愿在此投资的企业合作愉快,祝愿在此安家的居民合家欢乐。调离多年之后回到高新区居住,已属快事,又借居翠竹街上,日日与竹为友,近清风远俗气,体验着苏东坡式的享受,怎能不喜上眉梢,心旷神怡!高新区的路名中不止有竹的存在,还有梅、兰、菊的情影,维护了四君子团队的完整无缺——高新区大部分街道以树木花卉为名,东西为街,南北为路,街坊小巷称之为里:梧桐街、合欢街、樱花街、冬青街、玉兰街、国槐街、枫杨街、翠竹街、金菊街、莲花街、月季街;腊梅路、云杉路、碧桃路、石楠路、雪松路、垂柳路、牡丹路、银杏路;丁香里、龙柏里、桃花里……行道树和花坛绿地中的花卉尽可能做到了与路名匹配,看到路名,你就可以期待意料中的树形花影如约而至;辨察植物,你就可知自己身在何处,走向何方。如果说在中原区的路网中我感受到的是山清水秀，那么在高新区的地盘里我感受到的是鸟语花香。也许有人会说，花花草草的名字虽然不算俗气，但也绝算不上内涵丰厚。街巷命名，为什么一定要像我们给孩子起名一样，承载那么多纲常伦理，标榜那么多雄图大志，表达那么多概念理念？行进在花木葳蕤之中，感受一下生态多样性的环境，享受片刻莳花弄草的浪漫，消解焦虑，放松心情，不是一件非常快乐的事情吗？

城市空间中与各种人文实体相对应的地名密密麻麻无处不在，它们相互交织无缝对接，覆盖了城市居民全部的生活内容，形成城市浅表的文化肌理，或者说是城市的一袭彩衣，从上面的斑斓色彩中，可以看到这座城市的历史包浆，也可以看到这座城市不断转型变化的尊崇、愿景和风尚，看到当地人的品味和口味。对一些具体的地名也许我们并不一定特别喜爱它们，但它们与我们个人的关系至为密切，例如个别街区的名字印在我们的身份证上，成了我们合法身份和生存状态的组成部分。

因为个人癖好，有时候我会对身边的地名资源搞一些个性化的加工利用。家住伊河路时，为报刊写文章，篇尾处喜欢写上一行"某月某日于伊河居"；家住翠竹街时又改落款为"某月某日于有竹居"，报刊因风格和体例统一的原因常将这行小字删去，我心中很是不以为然。十几年前我家又迁到郑东新区，生活小区北邻东风路和东风渠，我喜欢东风这个词语，觉得这俩字既有春天的温度，又有浩荡的气势，还有地缘政治中的特有含义，就将自己的家命名为"东风草堂"，恭请篆刻家制成印章，在翰墨游戏时使用。最近一次迁居是在三年之前——父母的房子遭遇拆迁，转移至我的"东风草堂"，我只好搬到大西郊凯旋路西侧现在的住处，离西流湖不远。我喜欢凯旋路的名字，凯旋两字，既有归来之意，又有喜乐之趣，可以表达自己"归来依然少年心"的心境，我就又自颜其居曰"凯旋阁"。因为父母住在东风渠边,我住在西流湖畔,又请人刻印一枚曰:"东张西望斋。"并无深意,个人内心世界的写实而已。

如此利用地名,一分钱不花,得到不少精神享受,怡然自乐,不足为外人道也!

2021 年 5 月 15 日

北郊的园子

园中花木不解世间兴废，人情凉热，自顾恣意生长，纵情开放。这里的法桐树巨木交柯，伟岸雄奇，堪称极品。

新中国成立十周年前后，郑州大北郊柳林镇一个叫毛庄的地方围起了 1200 亩地，大兴土木，前后用三年时间建起了一个园子。里边有别墅，有大楼，有会堂，有游泳馆，还有林苑池塘。市民百姓进去过的不多，只知道这个高墙环围、始终带点神秘色彩的园子名叫"三所"——省委第三招待所的简称——现在叫黄河迎宾馆。

兴建三所的背景，是中共中央 1958 年、1959 年连续两次在郑州召开政治局扩大会议（史称"郑州会议"），会议主题简单说就是"降温"和"纠左"——第一次会议重点划清社会主义和共产主义的界限，批评把商品生产与资本主义混为一谈，企图消灭商品生产的错误观点；第二次会议重点解决人民公社刮共产风的问题。两次会议的会址都在二所——省委第二招待所，省委南院深处，靠近金水河的地方，面积只有 3000 来平方米，接待能力有限，环境也很局促，领导们想散散步透透气都没有回旋之地。好在参会人员规模有限，除中央领导外只召集了部分省区第一书记到会。假若中央再把规模稍大的全国性重要会议安排在郑州召开，依当时的条件，那就一筹莫展了。

三所初创时孤悬城外，现在已经被四环路裹到里面，与市区连成一体。当年落成时树小墙新，现在已是林木葱郁，绿荫蔽日。当年铁路系统由西向东引出一条专用线进入园子，消失在紧闭的大铁门背后，这道风景特别惹眼——能够出入专列的地方，你说这能是平凡之地吗？现在整条铁路专用线已隐迹于城市道路和带状绿地之间，地铁二号线从西围墙外的地下深处穿过，周边几所大学的学生和附近的市民在地铁站口上上下下，来去匆匆，三所只是他们生活的一个场景，只是左邻右舍中一个环境优美的商业设施而已，昔日的神秘感早已悄然淡去。

时至今日，这里仍然是郑州最大的现代园林。熟悉上海西郊宾馆的朋友，到这里可能会有点似曾相识的感觉。在占地面积上，三所仍甘拜下风，但内中的景观类型两者堪称酷肖，一样的舒朗，一样的雄浑。

园内有一块巨石，采自太行山麓，上面是《黄河迎宾赋》，款识为：永城孙广举撰文，大梁周俊杰书丹。文曰：

中州向为礼仪之邦，有朋自远方来，不亦乐乎？建嘉苑以迎嘉宾，选胜地更置盛景。黄河迎宾馆北依黄河，南眺嵩山，东西相望于洛阳开封，占中原之地利，得交通之方便，平畴沃野之上，千亩庭院，现代都市之畔，天然氧吧。法桐夹道，水杉成林，丹桂玉立，雪松漫布；牡丹菊梅，盛放于园圃，红荷菱蒲，摇曳于池塘；绿茵如画，鸟鸣如歌，花酣也诗，香飘也酒；五七座别墅横卧其里，三几栋楼宇错落于斯；无街巷之拥挤，有乡野之旷朗；避闹市之喧嚣，享田园之安宁；盛景尤富盛情，宾客至上，周到体贴，宜人美食不亦快哉！因此而为河南政务接待中心，会议服务、专家休闲度假理想之选。留存共和国领袖身影，记录四海宾客金兰佳话，浓缩当代历史沧桑。

而今盛世，必将新姿新貌以迎天下。

孙广举笔名孙荪，著名散文家；周俊杰，国内隶书大家。两人合作，珠联璧合，赋文妥帖周全，书法朴茂古雅，石碑本身就是一个景点，值得驻足一观。有此佳作在，我亦不必多余饶舌介绍园中格局。只想补充两段文中不曾提及且知之者越来越少的故事。

"文革"及其之后的一段时期，三所是闲置无用的。1984年初，河南省领导和美国华人教育家程君复议定由海外华人与河南省政府合作创办黄河大学，校址设定在三所。孙中山的孙女孙穗芳、袁世凯的孙子袁家骝都参加了黄河大学的筹备工作，东南亚和欧美超过300名华裔爱国人士纷纷捐助支持。黄河大学1985年开学，时任河南省委第一书记刘杰诚邀著名数学家、"两弹"功勋科学家秦元勋担任首任校长。秦元勋本科毕业于浙江大学，学业出类拔萃，校长竺可桢说他"其人体格亦佳，而性温厚，洵难得之人才也"。1947年，24岁的秦元勋获美国哈佛大学哲学博士学位，被称为娃娃博士。黄河大学办学之初只招收研究生，全面实行美式教育和全英文教学，学校管理实行董事会领导下的校长负责制，不设党委，意欲进行办学体制改革创新。由于办学理念难以见容于当时社会环境，学校发展举步维艰。刘杰也很快卸任离开河南，秦元勋意兴阑珊，任职一年后挂冠而去，黄河大学失去主要推力，现出颓势，1991年不得不并入郑州大学，以利善后。三所曾几何时学子云集，书声琅琅，海内外学术翘楚走马灯一样来来往往，可叹就这样人去楼空，风吹云散了。

1988年，郑州市按照省政府要求创办经济技术开发区（后改称高新技术产业开发区），选址方案先后有七处之多，最后比选论证集中在两个选址之间：一个是三所及其周边地区，一个是位于中原区的中原制

黄河迎宾馆中的林荫路

药厂北邻地区。前一个方案主要缺陷是占用良田和菜地,地耐力较低而地下水位过高,主要优点是三所现有设施可做起步之用,小型高新技术企业可迅疾入驻;后一个方案的最令人动心之处是建设中的中原制药厂在国家规划中有大量的后续项目,定然会为开发区初期建设提供充沛动力,充分化解项目来源不足的风险。正如大家所知,后一方案获得压倒性支持,开发区建设在郑州西部谨慎启动。开发区发展总体健康、顺利,但中原制药厂不但没有为开发区增加任何后续项目,本身也因生产工艺在设计环节就存在重大缺陷,无法正式投产,郑州的巨额投资变成大块不良资产。这些都是后话。三所这块宝地,没有成为开发区的发祥之地,是错失,还是幸运?

如果开发区选址确定在三所——黄河迎宾馆一带,郑州的中心城区一定早就大举北上了吧,也许黄河早已变成郑州内河或者郑州外滩了吧?

如果黄河大学能够坚持下来,郑州高校的格局会不会比现在理想一些?

这些都是不好回答的问题。

2020 年 7 月 13 日

福寿园记

　　死亡是生存的一种样态,墓地是现实社会的 B 面。这座墓园作为解读郑州的另一个读本,留存了大量的人文信息和城市记忆。每次入内,都感觉自己在宁静无尘的环境中和昨天对话。

　　是的,它是郑州的一个墓园。但我愿意称它为公园,郊野公园,生命主题公园。

　　福寿园在郑州城南 5 公里处,驾车顺着京沙快速路一路南行,离开南三环后十来分钟就可以到达。坐地铁去也很方便,在地铁 2 号线双湖大道站下车,步行耗时十分钟左右。如果天气合适,你还可以骑着自行车前往,慢悠悠地骑,东张西望地看,看看城外春华与秋实的变换,享受一下慢速行进的自在,让田野上吹过来的清凉的风从领口与袖口灌入你的怀中。

　　在这里选定外婆墓地,是因为这里干净、阳光、花木葱郁。不像我比选过的其他几处墓园那样给人阴冷晦暗、凄凄惨惨的感觉,没有突然炸响的声浪和让人惊悸的鞭炮声,没有燃烧之后悬浮在空中的纸钱残骸和飘散天外的黑色烟尘,也没有土豪级夸张炫富的墓碑制式,更没有规避审批违规占地让亲人入土也不能确保安稳的隐患。这里杨柳依依,绿草如茵,地形多变,流水潺潺,各色花卉随时节而变化,开了又谢,谢了又开。一些人祭拜亲人之后留恋四周风景,盘桓不去。许多墓中人依旧保持了他们生前的感召力和凝聚力——他们的亲朋故旧在不同的时间节点如期而至,这些平日各自忙碌疏于联络的亲友们祭扫如仪之后,相互致意,嘘寒问暖,如烟往事涌上心头,大家依依不舍不愿散去,或席地而坐,分享提前准备好的简餐饮品,或在数十公顷风光如画的园子里沿着花木掩映的小路徐徐漫步,说东道西,言笑晏晏,加强了沟通,增进了亲情,最后一刻才不得不互道珍重,相约再聚。他们乘兴而来,兴尽而返,福寿园之行,不啻一次亲族"趴体"。

外婆墓地在福寿园中偏西一点的"德馨苑"片区。外爷去世得早,归葬于老家南阳一条小河的岸边土丘上。他生前的衣冠饰品已经无从寻觅了。我去他的坟上磕了头,抓了两把土回来,用玻璃瓶子装了另放到一个骨灰盒中,与外婆的骨灰盒合葬一穴。外婆墓碑上的烤瓷照片是外婆和外爷中年时的合影,这样面对邻近墓穴,面对路人,都不会显得形单影只。这样的安排,想必她老人家是满意的。外婆后半生在郑州和我们一起度过,我是在外婆膝下长大的孩子,所以感情深厚。仁义忠孝,这些基本的道德观念,是外婆通过讲故事灌输给我的;人手刀口,我有生以来认识的前 100 个简单汉字,是识字不多的外婆在我上学以前比葫芦画瓢教会我的。她是我最贴心的启蒙老师和最称职的人生导师。外婆内心是惧怕死亡的,忌讳死亡的话题,但她不止一次对我说过,百年之后她不愿葬回老家,入土后也要和我们住得近点,这样的话我们去祭拜她时会方便一些。外婆去世 20 多年了,我对她老人家的思念,不曾稍减,对她音容笑貌的记忆,从未漫漶。外婆去世时享年 81岁,算是长寿了。我想,这只是阳寿之数吧。死亡是生存的另外一种方式。老子说过:"死而不亡者寿。"有一种生存叫作身死而精神不灭,躯体不在了，但他的思想、他的话语、他的音容笑貌及生前事迹都存留在别人心中了，这才是高级的寿，终极的寿。我相信我的外婆在我心中，是继续长寿绵绵、不会亡失、不会寂灭的。

外婆生前极爱洁净。我每次扫墓，墓碑和墓台上都干干净净，纤尘不染，这让我非常满意。开始我还以为也许是某位亲戚刚刚先我来过，提前擦拭了一遍。但环视周围墓地尽皆如此，明白更大的可能是墓园公司的工人像小区物业那样勤加照拂，日日保洁。

女儿的姥姥、姥爷先后离世，也安葬于福寿园中。活着的时候，他们与我的外婆是亲戚关系，过世之后又结为芳邻，这不能不说是双重的缘分。

福寿园中像德馨苑这样的片区还有好多个，由道路相互连属，又由绿篱和花墙围合映衬而自成体系，这和城市内部的生活小区更是近似。矮矮的墓碑，小小的墓地，在秩序感中排列，在无声世界里延展。不断有人告别市声喧嚣，也告别自己的病痛和衰老，来到这里安息，由此开启了自己在这个世界上生存的另外一种模式。我注意到一些医生、教师、文艺工作者的墓地是相对集中在某一个片区的——也许有些人生前就来过这里，相中了这个地方，决定身后依然择邻而处；也许有些是子孙后人根据他们生前的习性和偏好替代他们做出的选择。"社区认同""族群文化"在这里没有消解，仍然存在，线索清晰可辨。当我看到有关部门在这里为遗体捐献者树立的姓名墙和纪念碑，为见义勇为、舍生取义者设立的雕像和广场时，我更深切地从一个侧面感受到了墓园中呈现的现实世界社会主流文化的正大气象。社会学和人类文化学意义上的生和死，与生物学意义上的生和死真的有所不同——生与死没有严格的边界，墓园风景只是旁边那座城市的镜像。

某日去给外婆扫墓,准备离开时突然在路边发现一座柏杨先生的坐像。坐像高约2米,表情温厚,正襟危坐,身旁的石头上镌刻着他的两句话:"不为君王唱赞歌,只为苍生说人话。"他的骨灰刚刚入驻园中。我惊喜莫名,上前施礼鞠躬。

1980年代,我开始知道柏杨的名字,读了他的杂文集《丑陋的中国人》,深受震动。这位在台湾蹲过十年大狱,历经生死磨难的作家,像鲁迅先生那样,直面现实,针砭时弊,对主宰中国数千年的封建文化和丑陋生态进行无情批判,"书生报国无他物,唯有手中笔如刀"。1988年11月,柏杨先生曾来过郑州,时年69岁,距他离开大陆已整整40年。鬓毛已衰,乡音未改。据当年在场的《郑州晚报》记者刘书志(今《大河报》副主编,文化学者)回忆,柏杨兴致勃勃谈到自己浓重的河南乡音时说,乡音不改大致有两种原因:一是嘴笨,很长时间还是学不来外地腔调;二是以保留乡音的方式表达他对故乡的眷恋。回到辉县(今卫辉市)常村为父母扫墓,他对身边亲人说,自己死后也是应当埋在这儿的。他与乡亲们在火车车窗拱手作别时大声说:"我要回来的。家乡待我这么好,我当然还要回来!"

我想知道柏杨为何入驻福寿园中。后来通过与柏杨后人有过接触的河南文艺出版社编辑党华女士得知,柏杨先生2008年4月在台湾去世,一部分骨灰撒在了绿岛周围的海面上,一部分由女儿带回大陆,没有葬在老家辉县,也没有葬在他生活过的开封,经友人促成葬在了郑州的福寿园。中国人讲究落叶归根。郑州是河南省会,是家乡的枢纽与门户之地,也是黄帝故里,葬在这里魂归祖根,堪称圆满,足以了却亲友们的心愿。

过些时候我在福寿园中又看到了军旅作家魏巍的立式铜像。他笔直挺立,戴着眼镜,鬓毛稀疏而精神矍铄,身穿军大衣,大衣后摆迎风掠起,寓飘逸于静谧之中。身边青黑色的石头上镌刻着给他带来崇高荣誉的作品——《谁是最可爱的人》片段,给陌生人提供了一个了解魏巍的路径和标签。

魏巍是地道的郑州人。祖居郑州,魏氏家族是管城东大街的高门大户,魏家大院是郑州著名的明清古宅。魏巍在郑州出生,在郑州长大,在郑州关帝庙读的小学,在关帝庙不远的地方读的师范学校。少年时代,他就才华横溢崭露头角,据他少年时的好友周启祥回忆,1932 年郑州市基督教青年会曾经举办全市青少年作文、常识和书法三项大赛,12 岁的魏巍三项竞赛均名列第一,轰动一时。令人惊奇的还有,这时候的魏巍每天给多家报纸写稿,《华北日报》连载着他的长篇小说《神三鬼四集》,俨然一位少年作家的样子了。魏巍束发之年瞒着家人偷偷离开郑州,踏上追寻八路军的路程。1939 年,魏巍抗大毕业,正式开始戎马生涯。烽火年代,他担任过团政委,带领过千人之众出入枪林弹雨;解放后被调往军中文化部门,主管笔政而勤于笔耕,深入抗美援朝一线战场,奋笔创作了著名的报告文学作品《谁是最可爱的人》,被誉为时代经典。改革开放后,他的长篇新作《东方》又获首届茅盾文学奖和首届人民文学奖。乡情如酒,愈久愈浓,魏巍一直惦记着郑州的发展变化,曾襄赞支持过黄河岸边大型炎黄像雕塑工程。2003 年前后,我曾由友人陪同到北京西山部队大院中拜见过这位郑籍耆宿,有机会向这位富有理想主义和浪漫主义色彩的前辈致敬。闲谈之中,他不断询问郑州的情况,特别关心魏家大院建筑群在东大街拆迁改造中的命运,语气轻淡却情真意切。魏巍老人也是在 2008 年去世的,身后归葬郑州,我以为是非常好的选择。

在报纸上看到王广亚去世的消息,不久后就在福寿园寻到了他的墓地与雕像。王广亚当然也是值得郑州人致敬和追怀的乡贤。他出生于郑州巩县(今巩义市)大峪沟海上桥村,长期居留台湾,是台湾私立教育事业的领军人物。1990年代,他回到郑州,先后创办升达大学(今称郑州升达经贸管理学院)、河南财经学院成功学院(今称郑州商学院)等,培养人才,造福乡梓。当年他与郑州市商洽投资创办升达美术馆时我与他有过一面之缘。时光飞逝,城东路上规模不大但造型优美、运行良好的升达艺术馆早已是郑州人不可或缺的艺术客厅和美术教室,而它最初的创办者转眼间亦成故人。

王广亚的雕像一如他本人的神态,端庄、温和、恳切,上身穿着翻领夹克衫,里面却规规矩矩扎着领带,朴素中透出谐趣,情态如同邻家老伯。雕像一旁的砚形石上镌刻着王广亚的座右铭:失败反省自己,成功感谢他人。雕像身后是灰色花岗石制成的巨大简册,上面刻录了王广亚自撰自书的"升达大学治家格言":

清早起	扫庭院	惜晨光	勤读书
饮和食	要有节	穿衣服	求整洁
孝父母	爱弟妹	待客人	重礼节
多反省	少争辩	常幽默	自和气
家庭事	大家作	多劳动	强筋骨
练拳艺	习音乐	玩赌博	最堕落
勤且俭	立家业	有余蓄	不求人
对亲友	乐帮助	重情义	抛是非
对朋友	要尽心	交以直	待以诚
尽我力	做公益	社会隆	乐大同

《三字经》的格式,内容广泛,言辞平实拙朴,不求韵脚,酷似家长叮

咛。书法乃颜体风格,结体宽博,笔力雄健,非积数十年之功不能为之。来这里祭奠和看望王广亚的亲炙学子们,看到这些校训文字,一定会时空倒转,重回校园时光,再闻老先生謦欬又睹老先生笑容吧。

福寿园中安息着更多没有雕像的人物,他们也曾是"郑州故事"的主角。

一位郑州小哥留学英伦,人地两生,举目无亲,语言又尚未过关,生活上遇到很大的困难,偶然机缘遇到曾供职于伦敦皇家歌剧院的独居老人汉斯,成了忘年之交,住到汉斯的廉租房中,受到汉斯的多方照顾。郑州小哥遭遇车祸,满脸鲜血,牙齿脱落,惊慌失措中只好打电话向汉斯求助,汉斯不顾年老体衰患有腿疾,四处奔走,帮助郑州小哥住院医治,之后又帮助打官司求补偿,终获成功。两人从此相濡以沫,互相支撑,情同父子。郑州小哥学成回国,找到接力者继续照料汉斯,但汉斯难以割舍与郑州小哥的感情,病情加重,瘫痪在床。郑州小哥把汉斯接至郑州,承诺为他养老。汉斯老人放弃了英国居留权,在郑州度过了他的幸福晚年。汉斯在郑州小哥的陪同下,在北京登上了天安门城楼,在郑州游览了少林古刹。在郑州的寻医求药,也大大缓解了汉斯的腿疾之痛。在郑州小哥家中生活多年之后,汉斯老人走完人生之路,含笑而去,终于实现了他永远留在郑州的梦想。这位生于瑞士,孤独地工作和生活于英国,终生未娶的来自西半球的老人,在享受到超越血缘的中国亲情之后,安息在郑州,长眠于福寿园光影斑驳、花红柳绿之中。

一位外地青年李哥,携妻将雏来郑创业,开了家面馆,味美价廉,食客渐多,生意一路上行,眼看将有薄利之时,李哥偶感身体不适到医院意外查出绝症。治病耗尽家财,面馆也难以支撑下去。面馆食客中有古道热肠者,闻之慷慨解囊捐钱救助,李哥及家人生性刚强,坚拒不受,不愿被包围在怜悯之中，宁可起早贪黑，维持面馆营业，以辛勤劳作的盈利所得积攒治病费用。媒体报道以后，郑州市民力挺李家面馆，许多人舍近求远，来这里就餐，有些人带着亲友从十里八乡之外赶来，为的是增加面馆的销量。排队等待就餐的长龙每天都在街道上蜿蜒无尽，有的人为了吃到一碗面等待数小时之久，没有半句怨言。更有人自愿担任义工到面馆帮厨，加入面馆扩大再生产的队伍。一碗面中盛满了人间大爱，一碗面温暖了一个家庭，也温暖了一座城市。病魔无情，最终还是夺去了李哥年轻的生命。李哥对他来郑州打拼创业无怨无悔，对这座城市的开放、包容和友善充满感激之情。他决定身后献出自己的眼角膜，帮助盲者在这个世界上看到光明。李哥用自己的方式保持了生命的尊严，郑州城也以郑州人的方式展现了自己的谦卑和高贵。李哥安葬在福寿园中，可以继续并永远做一个郑州人了。

城市的居民们迁居到这里，城市里发生的故事留存在这里，这里记录了这座城市大量的集体记忆和私人记忆，福寿园慢慢地演化为解读郑州的一个读本。

孔夫子在教训弟子季路时说："未知生，焉知死！"若把这句话理解为要求世人活在当下，远离虚无、远离鬼神的话，当然是正确的。但反过来说："未知死，焉知生！"这何尝不是正确的呢？平头百姓也好，大人物也好，最终都会面临死亡。对个体生命而言，生是偶然，死是必然。向死而生，我们才能安排好生的过程，提高生的质量。如此，才能安排好死的空间和环境。墓园中不需要哀伤，不需要悲恸，需要的是宁静。在宁静中逝者可以安然歇息，生者可以沉思和追怀。理想的墓园应当是百花盛开，阳光明媚的。它真的应当是一个慎终追远的公共场所，一个关于城市历史、家族历史、个人历史的展示空间，一个安顿灵魂、寄托情感的精神家园，一个关于生命的主题公园。

郑州城市中心区还在延伸,新郑龙湖镇一带也在不断扩展,过不了几年福寿园会被住宅区和商业设施双向包围,数十年之后一定会嵌入在郑州大都市区密集的楼丛中吧。西方城市很多墓园都在城市中心地带,不足为奇。我们也会如此。生死相依,不离不弃。

2020 年 9 月 21 日

法　桐

郑州市的市树，郑州城的仪仗华盖，郑州人的绿颜知己。

一直以为法国梧桐来源于法国，一直以为法国梧桐是梧桐的一种。后来我知道自己错了。有专家告诉我说，因为它那男人手掌一般大小的叶子很像梧桐，所以就有人想当然耳；因为旧上海法租界率先引用并总是选用它作为行道树，所以又有人以讹传讹。上海人开始这么说，南京人随之也这么说，郑州人不假思索理所当然也都这么说——传来传去，约定俗成，全国人民差不多都这么说，法国梧桐固化为正牌称谓。

郑州人喜爱法桐，市区和郊野种植的法桐有数百万株之多，知道它学名叫"悬铃木"的人又有多少呢？有的人虽闻"悬铃木"之名，但私下以为这是法桐的别名、诨号，因为有时仰望法桐树冠，总能在枝枝叶叶间看到三三两两铃铛一样的球球，以为"悬铃"乃形容之词。本末倒置，徒唤奈何。

法桐之名是一种误会，史隆甫将法桐引入郑州也曾遭人曲解。1950 年代初，有留学法国经历和工学背景的民主人士史隆甫被任命为郑州市副市长，这位在旧中国曾先后担任过山东省建设厅总工程师、河南省黄河修防处主任、河南省农业银行总经理等跨界职务的知识分子，受命主管郑州城建工作。适逢省会迁郑和大型国企陆续上马,郑州市在城东和城西两个战场同时展开大规模新区建设,史隆甫在悉心尽力推进基础设施建设的同时,精选法桐为郑州绿化主干树种,行道树种植与道路建设同步进行,不几年就营造起城市绿化基本骨架,郑州"绿城"声名鹊起——今天像样一点的法桐大街,差不多都是那个年代留存下来的。

市直机关有人看不惯知识分子、民主人士从政,借史隆甫种植法桐之事暗中贬其为"法奴",史隆甫闻之情绪一落千丈。当年的市政府一把手宋致和宽慰他说:"留学法国就是法奴,那留学苏联就是苏奴吗?!你不是奴,你是共产党的官!种法桐是革命工作,别在意那些胡扯八道,我支持你,我给你撑腰!"

史隆甫放下思想包袱,轻装上阵,东奔西走,继续植树造绿。"文革"期间,史隆甫再次被诬崇洋媚外、里通外国——天下乔木,可用者多矣,为何弃中国乡土树种不用而偏偏就看中法国的梧桐呢? 这不是公然向西方资本主义示好吗? 他在法国工程大学求学的履历又被用来坐实了他与西方的精神和情感联系,这让史隆甫瞠目结舌,百口莫辩。1970 年夏天,史隆甫在某五七干校日光炫目的麦田里中暑倒下,不治身亡。前人栽树,后人乘凉,今天的乘凉者为此不胜唏嘘,慕先贤之风范,叹无知者之可畏。

虽然去过上海好多次,但不敢妄称熟悉,对旧上海法租界的地域范围更是了无所知。以在锦江饭店附近几条街道散步的观感论,上海法桐是清癯型的,与郑州浑朴型的法桐相比,枝干不算十分粗壮,树姿富于变化,树枝上的拐点和节点较多,让人想到嶙峋这个古词。上海法桐与郑州法桐的区别,正如同吃米的南方人与吃面的北方人的区别:前者行止文雅,细节较多;后者质朴无华,粗枝大叶。南京也是种植法桐历史悠久兼法桐存量较多的大都会,中山陵前那条陵园路的法桐高大雄壮,颇有北人之相,但市区街道两侧的那些法桐,更与上海法桐近似,雅致、清奇、宁静、温和,如同东南名士。

"橘生淮南则为橘,生于淮北则为枳。"郑州的法桐与别人家的真是不一样。郑州脚下黄淮平原的土地似乎特别适宜法桐,法桐树苗随便栽到哪里,它就会一刻也不耽误,立即疯狂生长,长到肩宽背阔,长到膀大腰圆,肆无忌惮,随心所欲。栽在通衢大道,两排行道树的树冠会横向交汇,交柯错叶,给你搭一座绿荫长廊,夏日骄阳寻孔觅缝硬是找不到空隙将光斑投到人行道上;遇到小街小巷,两排行道树会不约而同高举双臂,树枝蒸腾翻卷而上,把街道的竖向空间匀密布满,路边的楼夹着中间的树,形成"法桐汉堡"。微风吹过,阔大的叶子左右翻转,迎光的、逆光的叶子不断幻化相互置换,透明的绿色、浅浅的绿色、深暗的绿色在空中明灭闪烁,仿佛街道的上空有一条波光粼粼的绿色河流。漫步在这样的路上,我有一次突然想起林肯汽车有一款名曰"林荫大道",恍然明白拟名者的巧思:人车路三者的高度和谐才是城乡交通的完美境界,用林荫大道这种美丽风景做汽车品牌,消费者闻之而立即进入设定情境,很难不怦然心动。驾车行进在夏日郑州的法桐林荫大道上,的确是一种愉悦体验。我想常常路过人民路、经五路、经六路、纬一路、嵩山路、伊河路、互助路、大学路的市民朋友会同意我的说法。外地朋友若有兴趣了解郑州的林荫大道,也可到此一游。

郑州法桐的树干也是一道风景。因为更容易与你行进中的平视视线邂逅,树干的表现更显亲切。法桐的树干外皮与其他树种树皮的肌理匀质、平淡无奇截然不同,年年有变,季季有变。每年法桐的树干都要蜕皮,一片一片地蜕,一段一段地蜕,它在用这种形式不断告诉你,即便成年了,即便衰老了,它也永远不会停止生长。你帮它揭掉一片翘起的皮壳,它就会显露出一片细嫩的体肤,抚之如婴儿,如少女。残留在树干上尚未剥落的树皮,树干上已蜕皮多时但因为被空气氧化、被光线烧灼而呈现不同色度的皮肤,像迷彩服一样五彩斑斓,蛋青色、石绿色、葱心绿色、棕绿色、灰色、浅褐色……各种不饱和色彩斑块随机组合,缀连成衣,每一棵树都有一袭独一无二的迷彩服,永不撞衫,绝不重样。对树干上的色彩变化你可以忽视,匆匆走过,亦无所失。但你若稍加留意,就会发现法桐别样的美感,更多参悟大自然的神奇语言。

法桐之美更表现在它富于季相之变,春夏秋冬一年四季,每个季节总能完美转型,呈现不同的审美境界。春天嫩叶复萌,一树青春朝气;夏天绿荫广布,满城人文关怀;秋风秋雨,黄叶飘零,旧铁皮一样锈迹斑斑的老叶子和浅黄深褐各种色度的落叶给城市带来萧疏之美和凄清之美;严冬降临,梧桐树铜干铁枝,简静,刚烈,让整座城市充满雄性的力量。有那么一个时期,很多城市的绿化工作中流行一种"四季常青,四季如春"的理念。郑州也曾大力主推雪松、大叶女贞等绿化树种。这些树木满足常青常绿的视觉效果应该没有问题,但作为行道树,尚不足以在盛夏时节给行路者提供绿荫庇护的功能。更值得讨论的关涉美学的问题是:四季常青、四季如春真的是北方城市应当追求的吗? 人工营造的四季如春,能赶得上大自然四季变换的美丽吗? 赶得上顺应自然、富于季相变化的法桐之美吗?

郑州人非常珍惜和自己朝夕相处的法桐,将高大威猛的法桐当作自己的骄傲。看到有些法桐因为建筑拆迁改造和市政管线敷设受到伤害而心急如焚,齐心协力严格防范对法桐的戕害行为。20世纪末,金水路、嵩山路等干道上许多法桐树的树枝被齐齐锯掉,只剩下秃秃的树干和树杈——这一次并非惨遭破坏者的黑手,而是有关部门集中实施嫁接改良工程,意欲一举解决法桐树上毛毛球开裂后飞絮扰人的问题。

经六路

但老百姓并不知情,一时群情激昂,舆论沸腾。冯玉祥曾有一首打油诗,作于徐州,是保护绿化树木的,诗云:"老冯住徐州,遍地绿油油。谁砍我的树,我砍谁的头!"郑州人熟悉冯玉祥的事迹,便把他的诗拿来借用,只是改动了首句两个字:把冯改成子,把徐改成郑——

老子住郑州,
遍地绿油油。
谁砍我的树,
我砍谁的头!

改得天衣无缝,一时流传开来,朗朗上口,表达了郑州人爱树护树的心情,听上去很是解气过瘾。

当年锯掉树枝的大树,后来发出新枝,现在又长得高耸入云了。

2020 年 7 月 18 日

市花花事

牡丹花和洛阳，菊花和开封，皆有千年恩爱情缘。月季花与郑州缔盟，却并无历史渊源。

郑汴洛三座城市各有各的市花，洛阳牡丹、开封菊花、郑州月季。花花草草的事儿，貌似无关紧要，仔细想想，这三种花卉个个都不是简单角色，她们皆为花中名媛，颜值出众，但又是那么的个性迥异，风标独具，她们三位无一例外完美履职，非常传神地表达了各自主家绝不雷同的城市性格、城市精神。

"洛阳地脉花最宜，牡丹尤为天下奇。"（欧阳修）牡丹花别名洛阳花，天生的洛阳市花。牡丹雍容、华贵、艳丽、丰腴、舒展，在文化谱牒中，她具有皇家血统高贵出身，从来都是仰面开花，以花王花魁的气度傲视群芳。武则天喜欢的就是这种范儿。有古籍记载说唐代女皇武则天某日在长安城巡视皇家花园，百花俱放以媚女皇，唯独牡丹花未存趋炎附势之心，花容迟迟不展。武则天一怒之下将牡丹逐出皇城，贬到洛阳云云。不曾见后人分析则天女皇为何将其贬至洛阳，而不是贬至郑州、贬至开封，或贬至其他随便一个更远的地方呢？我的解释是，武则天贬放是假，偏爱是真——她后来带领王公大臣由长安移居洛阳，完成了国家政治和文化中心的东移,她之所以责令牡丹花下放洛阳,不过是让牡丹花做了一回先遣使而已。这和她早先捐出脂粉钱,助力营造龙门石窟奉先寺,以自己的相貌塑造卢舍那大佛是一样的道理,都是一种超前谋划。这样说来,武则天真是把牡丹花认作自己的东都闺蜜,红粉知己了——不用说武则天的审美取向影响了洛阳人,牡丹花也成了洛阳人的宠物,"帝城春欲暮,喧喧车马度,共道牡丹时,相随买花去",根据白居易《买花》中的描写,买牡丹、种牡丹一时成为洛阳城中的普遍行为,"家家习为俗,人人迷不悟"。"唯有牡丹真国色,花开时节动京城"(刘禹锡),倾城赏花,人人谈花,花事成为全城全民的大事。现在的洛阳人在外地访客面前是很愿意讲这一段故事的。他们喜欢用"洛普"腔调描绘他们的牡丹花事,还喜欢讲周朝、讲汉魏、讲隋唐的皇城故事,讲"天子驾六"——古代的皇家礼制,讲"天子坐明堂"——古代的皇家建筑,讲帝都的形势与格局,讲他们这座城市历史上的影响力、辐射力……洛阳人特别看重自己城市的历史,心中有一种来源于历史深处的骄傲和自尊,有一种不甘人后的精神,以高贵的牡丹花作为洛阳的形象使者和文化标签,相互诠释,高度契合,真乃不二之选,相信这也是深得洛阳民心民意的。近几十年来洛阳人一年一度倾全城之力举办牡丹花会,广邀五洲宾朋,共享鲜花美色,不仅如此,还长期推介牡丹,致力于将"市花"推上"国花"宝座。他们不仅自美其美,还坚持美美与共,年复一年乐此不疲,由此可以看出洛阳人对一件美好事物可以执着到何等程度。

如果说牡丹是花中女王的话,那么菊花就是花中名士。如果说牡丹的艳丽色彩是暮春时节一路走高的温度暖出来、烘出来的,那么菊花的清丽色彩就是仲秋季节渐行渐烈的西风吹出来、激出来的。开封人像洛阳人喜爱牡丹那样喜爱菊花,艺菊、赏菊的历史也是源远流长,至少可以追溯到赵宋王朝。《东京梦华录》中有关于北宋东京城中重阳赏菊盛况的描述：每到重阳节，开封城里就是菊花的世界，"无处无之"，就是说菊花对城市千家万户和公共空间实现了全面覆盖。各个酒家饭馆更是流行菊花景观的立体构建——在店门之外再用菊花搭出一个五彩缤纷花瓣纷披的门洞，进进出出都要从菊花花丛中穿越而过。

宋代开封城曾经是世界上规模最大的繁华绚烂的都会，但后来经历过一次又一次的天灾人祸，经受过一次又一次的锥心之痛：黄河冲毁过、淹没过它，异族屠戮过、凌辱过它，瘟疫摧残过它，帝国王朝抛弃过它……从首都降而为省会，从省会又卸任为一般省辖市……世界上再也找不出第二个身世如此悲壮、道路如此坎坷的名城。但开封人一次又一次收拾残局，一次又一次重新来过，千百年来，开封人形成了宠辱不惊、处变不惊的性格，能够在任何艰难困苦的环境中乐观前行。"篱菊开花艳，经霜色更红，不畏西风恶，巍然独自雄"（郑板桥），开封人就是这种气度。菊花开放在秋寒之中，不邀宠，不争先，耐得寂寞，坚忍而又坚韧，"莫言冷落西风晚，也有飞飞小蝶来"（陆游），又不缺这种苦中求乐的淡然、泰然、安然、怡然的心胸襟怀。用菊花作为开封人的精神造像和城市名片，难道不是极为合适的吗？开封人高度认同菊花，上千年以菊为伴，以菊为友，格调何其高雅，真真让人佩服啊！

与洛阳和开封的情况不同，郑州市与月季花的姻缘史没有多长时间，在古代典籍中找不到月季花的一瞥倩影。若拘泥于历史的话，有资格入选郑州市花的不是月季，而是荷花。郑州旧志中"凤台荷香"一直名列郑州八景之中，是明清和民国郑州的标志性景观。"野塘菡萏正新秋，红藕香中过郑州。"（王士祯）郑州莲藕名列郑州十大历史名产之首，亦足证荷花满塘曾经是郑州随处可见的郊野风景。河南博物院镇院之宝莲鹤方壶乃东周礼器，上面双层并列的青铜莲花花瓣镂空制成，硕大而精致。莲鹤方壶出土于郑州新郑，莲花的造型元素体现了当时郑人的花卉偏好和审美倾向。

后来有人探讨郑州市花选定的缘由和依凭，疾声发问："何不荷？何不荷！"为错失荷花扼腕叹息。

还有人开玩笑说，如果当年重视历史传承选定荷花为郑州市花的话，那么宋代周敦颐的《爱莲说》就是千年以前为郑汴洛三市市花预先准备的广告文案了："水陆草木之花，可爱者甚蕃。晋陶渊明独爱菊；自李唐来，世人甚爱牡丹。予独爱莲之出淤泥而不染，濯清涟而不妖……"真是好玩极了。

但荷花还是被错过了，历史不好更改，郑州确定月季为市花已经是四十年前的事了，没人愿意为这件事"翻烧饼"。郑州人虽然也重视传统，但遇事并不以是否合乎传统作为决断的依据。这是郑州人的性格。郑州人不喜欢问你父亲是干啥的，你爷爷是干啥的，关心的是你本人，关心你本人品性如何，表现如何，英雄不问出处。著名的郑州老乡陈胜（生于登封嵩山脚下）说过："王侯将相宁有种乎！"——这话适用于选人，也适用于选花。

不说外国了，国内城市大概 600 多座，以月季为市花的城市据说就多达 70 多家。选择月季作为自己的市花，郑州久有"毫无个性"之讥。又有人开玩笑说："没有个性，是不是也算一种个性？"从文献记载中可知，郑州 1983 年确定月季市花时，主要考虑的因素有六：一是月季花品种多，色彩艳丽丰富多彩；二是月季花期长，美化环境效果好；三是月季适应性强，繁殖容易，管理简单，市区各地均可栽培；四是月季花有一定的经济价值；五是郑州园林工作者对养殖月季花做过大量研究探索，积累了一定经验；六是郑州曾以月季品种与国外交流，有些国际影响。道理好像蛮充分的，但没有一条涉及历史传统。另外，一直没有看到过备选方案和比选过程方面的资料,从科学决策层面看,不能说没有遗憾。

话又说回来,四十来年过去,月季花作为市花,早已获得郑州市民的广泛认同。万紫千红的月季花登得厅堂,进得广场,丹青染绘,诗词传扬,很快成为这个城市视觉、嗅觉的重要辨识元素。城市公共空间还增设了"月季公园",作为集中橱窗,展示月季花的风采。月季花与牡丹花的雍容和典雅比,显得更平民化、时尚化,与菊花的隽朗比,则显得更青春洋溢。月季更生动也更泼辣,她毫不矜持,绝不做作,在一个四季轮回中一次又一次绽放自己,展现自己,"只道花无十日红,此花无日不春风"(杨万里),争取一切机会用自己的美占领城市的四面八方,三维空间。这种积极进取、敢于绽放、不惮表现、活力四射的花韵,真的和郑州的城市性格具有极高的相似度。

北宋韩琦有诗一首,融郑汴洛市花于一炉:"牡丹殊绝委春风,露菊萧疏怨晚丛。何似此花荣艳足,四时长放浅深红。"对于这首诗,相信郑州人较之汴洛市民会更偏爱一些。郑州人会开玩笑说:"这首诗用借喻的手法,显示了郑州在河南的首位度。"

在现代都市中,花是一种人文精神的存在。谁非过客,花是主人。大家都会陆续凋谢,但市花和其代言的城市性格、城市精神会流传下去,与世长存。

2020 年 7 月 16 日

过年仪程

新春佳节四大主题,聚亲、拜亲、省亲、怀亲,既合老规矩,又是新民俗。

郑州人过年和全国人民一样,只有三天法定假期,前后再通过调休借来两个周末,正好凑够一周时间,这就是所谓的春节黄金周——这是过年时间的官方安排,循规蹈矩执行无误的主要是党政机关公职人员和国企员工,社会上人数更多的私企员工、自由职业者并不严格受限,而鹤发童颜的老人、早已放寒假回归家中如同放虎归山的大中小学生和幼儿园小朋友,早就急不可耐,提前进入了过年模式。有一首流传甚广的北方童谣专讲过年仪程:

小孩小孩你别馋,

过了腊八就是年;

腊八粥,喝几天,

沥沥拉拉二十三;

二十三,糖瓜粘;

二十四,扫房子;

二十五，磨豆腐；

二十六，去买肉；

二十七，宰公鸡；

二十八，把面发；

二十九，蒸馒头；

三十晚上熬一宿，

初一初二满街走。

　　这是北方通行版本——说是过年仪程，其实略等于春节活动的共同纲领。郑州版有两处不尽相同，一处是"二十三儿，祭灶官儿"——祭拜和贿赂灶王爷，请他老人家"上天言好事，回宫降吉祥"；另一处是"二十八，贴花花"——郑州人家家户户没有不重视贴门神、贴春联的，王安石《元日》云："爆竹声中一岁除，春风送暖入屠苏。千门万户曈曈日，总把新桃换旧符。"诗中所述乃中原民间过年风习，爆竹一端已限禁多时，而换贴新春联、新门神的传统却千年未变，流传至今。大家贴罢自家的，然后暗中观察欣赏别人家新贴对联的书法和词语，若有谁家子弟自撰自书不怯于舞文弄墨，不论工拙，都会门楣生辉，招来邻家羡慕的眼光。

　　春节模式启动于腊月二十三，结束的时间不早于正月十六。正月十五看花灯，也是千百年的传统。公园里办灯展，街道上挂灯笼，年年如此，不曾中断——庚子年新冠肺炎疫期例外。童年时这一天的晚上，和小伙伴们成群结队手提灯笼四处巡游，光影隐现，笑声流动，一边前行，一边口诵谐趣童谣："灯笼会，灯笼会，灯笼灭了回家睡……"这是我记忆中春节闭幕仪式中最感人的景象。节日食俗，郑州人有"十五扁，十六圆"的说法——正月十五吃水饺，正月十六吃元宵（亦名汤圆）。元宵节吃元宵本属正解无可争议,但老人们笑着解释说吃圆滚滚的元宵是撵那些在外地工作的儿女们快点滚蛋——将亲人们的恋恋不舍之情用如此戏谑式的表达,更深一层地表现了对别离的无可奈何和被动接受。郑州人讲究语言艺术,时常正话反说,别有趣味。

过去郑州人每年吃元宵的机会很有限,除了元宵节算是规定动作,其他时间很少做自选动作。在郑州居住的南方人除外。谁都没有想到今天的郑州会变成全中国的元宵供应中心——一位川籍郑州人用一盘小石磨开始创业,创建了天下最大的元宵生产企业和冷链销售系统,把元宵卖到全国每一个省市自治区,包括青藏高原,包括海峡对岸。这是"节"外生枝的闲话。

过年期间有的人时间宽裕,日程安排内容丰富;有的人时间紧缺,只能天天预排项目,事事加快节奏。不管做什么,不同的人总有不同的想法,不同的家庭也有不同的玩法。但过年期间最核心四天的仪程郑州人是大同小异基本一致的,每天主题鲜明,表现了这座城市市民共同的价值观和行为模式。

大年三十活动主题是聚亲——亲人聚拢,实现团圆。以父母长辈为中心,外地和本市的儿女们至迟在晚饭前完成向心回归,热热闹闹欢聚一堂。晚餐餐桌上的主角一定是饺子——这种以包容为结构特征,以和合为吉祥寓意的北方食品,已经全面覆盖了大江南北,成为难得的"三无"美食——无地域限界,无季节限定,无族群限制,是郑州除夕聚餐的不二之选;再节外生枝插上一句,与元宵的情况一样,郑州市一不小心也成了全国速冻水饺供应中心——除夕夜的饺子没人到超市采购,必须家中现场手工制作。在这种劳动密集型产品的炮制过程中,全家老少一起上阵,分工协作,相互交流,其乐融融;包饺子手若兰花,下饺子若群鹅赴水,饺子入碗若元宝堆积……看着悦目,吃着可口,这顿团圆饭一定是全年全家聚餐上座率最高的一次。餐后全家聊天，话题也必定最为丰富多元，天南地北，古今中外，亲情友情，怪力乱神……说话说到意兴阑珊，熬年熬到三更半夜，电视上的新年晚会好坏由他，早已退出视觉焦点。

大年初一活动主题是拜亲——满街游走四处给邻家拜年已成旧事。小区内部邻居生疏，缺乏交集，难有深交。给老领导、老乡亲、老同学、老朋友的拜年之礼全部由短信和微信完成。今日干脆关起门来自成天下，儿女孙辈纷纷给老父老母拜年道喜，没有成婚的晚辈们一个又一个轮流跪在软垫上向坐在高处的老人行叩拜大礼，嘴里念念有词，献上成套的四言吉语，然后笑嘻嘻地把红包收入囊中。老人们一边发放红包，一边笑逐颜开，他们知道现在的拜年大礼已经有不少娱乐化、戏剧化的成分，但他们依然愿意在这种敬老的仪式中获取天伦之乐。有位朋友的幼年稚子如此这般领到爷爷打赏的多个红包，突然提出："爷爷，让我当一会儿爷爷吧，你当一会儿孙子，我给你发红包！"爷爷纳头便拜，奶奶笑骂尊卑失序礼崩乐坏！爷爷回答："天下家国败亡，哪一例是因为拜年？"

大年初二主题是省亲——嫁出去的女儿，这一天必须回娘家给父母拜年，生育儿女者，带着孩子到姥姥家蹭吃蹭喝。如果说三十、初一在夫家操持是维护男权社会的规则，那么今天回娘家就是立即对母系氏族和女权社会的示好。某女婿每于今日必手提各种美酒美味看望岳父岳母，暗中"行贿"和内弟结盟，与老丈人划拳斗酒，老丈人有意相让频露破绽，痛饮醇醪，杯杯畅怀，一醉方休，大家各有所得，其乐何如。夫妻谐否，与娘家极有关系。与岳父母家保持融洽关系，则夫妻相得，亲戚相安。

大年初三主题是怀亲——到墓园祭奠去世的老人，俗称上坟，慎终追远,不忘初心。感念恩情,洗涤心灵。

　　过了这四天,你自行安排其他活动,哪怕远走高飞,也很容易得到亲友的谅解了。去海南避寒,去国外游乐,或蹲在家里躲清静,读书,练字,健身,都随你便。过年期间核心仪程之聚亲、拜亲、省亲、怀亲的说法是我临时梳理而成,不知道郑州乡亲是否认同。四大主题,排列有序,古俗如此,今亦如是。应该没有大错。

2020 年 6 月 25 日

霸王葱

血沃中原肥劲草。古战场生长的大葱能强身壮体,并无科学依据,却属无害联想。

广武山在郑州西北 30 多公里处,北濒滔滔黄河,南接虎牢关,是著名的古战场遗址。当年刘邦项羽在这里对垒争雄,深沟大壑之中回荡着楚汉两军相互厮杀的叫喊声,各自修筑的土城城垣上,留下了对方军士的斑斑血迹和枚枚箭镞——汉军和楚军在广武山涧(鸿沟)两侧分别筑城驻军,两城相距不过二三百米,后人分别称其为汉王城和霸王城。持续对抗难决胜负,双方只好谈判约定以广武山涧为界,东为楚,西归汉,中分天下。貌似打了个平局,其实,刘邦以弱搏强,取得了战略上的均势,从此一步步走向强盛,走向胜利。中国象棋棋盘中间用双线画出的"楚河汉界",原型就是这个地方。

400 多年后,魏晋名士阮籍登临广武山,俯瞰了刘项陈迹,用河南尉氏家乡口音大发感慨:"时无英雄,使竖子成名!"而后狂啸而去——败亡者不足论,改朝换代君临天下的胜利者在阮籍眼里也不过是小人一个。阮籍名气太大,所以这句骂骂咧咧的话也有人悄悄记下,后来载入史册,虽然只寥寥九字,却被视作历史评论的猖狂范本。

阮籍喜欢驾车出游，漫无目的，信马由缰，每每行至途穷路断之处，便放声大哭，原路返回。有人说，阮籍实乃中国早期行为艺术的大师；还有人说，阮籍貌似目无礼法，实则感时伤怀，忧国忧民，脸是冷的，心是热的。

阮籍对刘项二人出言不逊，我推测这并不代表阮的整体史观，之所以如此，我相信他一定是来到历史故事现场后，陡然想起刘项双雄的广武山鸿沟对话才顿生鄙夷的——当年两军对阵久战不胜，项羽满身燥气，不知听了哪个孙子的建言，某日将刘邦老父捆到阵前，支起大锅烧开滚水，远远对刘邦喊话要挟："再不投降，就将你老爹煮成肉汤，让我军将士分而食之！"贵族出身的项羽竟有如此流氓行径，画风突变，让人大跌眼镜。那边出身微贱、曾广交三教九流的刘邦眼都没眨一下，立即高声回复："咱俩拜过兄弟，俺爹就是你爹。你要愿意把咱爹煮了，那你就分我一碗肉汤尝尝！"——汉语成语"分一杯羹"源出此处。

刘邦的当众回复充满狠劲和痞气，还抢占了封建道德的制高点。项羽听了进退失据，自叹不如，只好吩咐把刘老太公扶下去好生伺候。这段非虚构故事《史记》《汉书》都有记载，情节之生动，对话之有趣，以及浓重的戏剧色彩，都让虚构类文学作品相形见绌。不过这种血腥故事中主角人物的英雄加流氓的气质，以阮籍的品味，那是绝对要给予差评的。

宋朝时有人提起阮籍登广武山的"九字史评"与苏轼讨论，问："阮籍是骂刘邦为竖子吗？"东坡先生答曰："非也！"阮籍认为刘项皆为英雄，他所谓"时无英雄"之"时"字，指的是他的当下，他感叹他生活的时代没有英雄罢了。"竖子"指的是魏晋时期的人物——这段话出自《东坡志林》。好吧，东坡先生的解释自然是别具一格，耐人寻味。不同的文本解释是可以让文本本身平添一些丰厚感和神秘感的。

阮籍登临之后又过了500多年,唐朝诗仙李白也来到广武山,俯瞰刘项陈迹,盘桓良久,吟诗一首,题曰《登广武古战场怀古》:

秦鹿奔野草,逐之若飞蓬。

项王气盖世,紫电明双瞳。

呼吸八千人,横行起江东。

赤精斩白帝,叱咤入关中。

两龙不并跃,五纬与天同。

楚灭无英图,汉兴有成功。

按剑清八极,归酣歌大风。

伊昔师广武,连兵决雌雄。

分我一杯羹,太皇乃汝翁。

战争有古迹,壁垒颓层穹。

猛虎吟洞壑,饥鹰鸣秋空。

朔云列晓阵,杀气赫长虹。

拨乱属豪圣,俗儒安可通。

沉湎呼竖子,狂言非至公。

抚掌黄河曲,嗤嗤阮嗣宗。

太白先生的诗一如既往豪情万丈。不必逐句解读,窥其大意则可——诗句粗线条地描述了历史情势,认定楚霸王项羽和汉高祖刘邦趁势而起,逐鹿中原,皆为英雄豪杰;但两雄相斗,无"英图",即没有远大理想和战略智慧的一方必然失败。诗中画龙点睛提到刘项两人"分一杯羹"的对话,以细节描写让读者感受历史情境,唤起大家的文学想象。在浓墨重彩描写古战场大风景之后,落脚到当年阮籍的"九字史评"上，以抚掌大笑的姿态，全面推翻阮籍对刘项的不公之论。

东坡先生自然是读过太白先生这首诗作的。他认为李白误解了阮籍的原意。

今天的郑州人并不在意李白诗中描述了什么，表现了什么，更不在意苏东坡和李太白两人对阮籍的理解孰是孰非，郑州人在意的是中国最伟大的诗人曾光临过郑州的地盘，并且留下了字字珠玑的宝贵诗篇，另一个中国最伟大的词人竟然也因此加入郑州故事的讨论之中，这让郑州人感到十分荣耀和欣慰，特别是可以让郑州的导游姑娘们借题发挥，口舌生香，日复一日地以这个故事包装和推介广武山以及邻近的黄河旅游资源。

广武山下有两个村子分别以"霸王城"和"汉王城"命名。不用说你也猜得出来一个在东，一个在西。两个村子都习惯在古战场山坡上种植大葱，大葱通体粗壮，葱脖超长，立地长过人腿，令人诧异。

血沃中原肥劲草，寒凝大地发春华。

想起鲁迅先生这句诗，再看看广武山下的大葱，你就明白什么是真正的警句了。东边霸王城村的村民有些经济头脑，不甘把优质大葱卖得滥贱，便邀请智者筹划，为大葱注册了"霸王葱"的商标品牌，对外亮明霸王葱的产地，宣传霸王葱生津开胃、温补壮阳的品性，塑造霸王葱霸王硬上弓的强势形象，树立霸王葱葱中霸王的至尊地位。霸王葱因而大热大卖，供不应求。据说西边汉王城村种的大葱开始悄悄地、后来公开地也以霸王葱的名义对外销售。霸王葱不可避免地成为当地共享的农产品知名品牌。

多年不登广武山了，最近得知广武山景区正在大规模开发建设，霸王城村、汉王城村都被拆迁掉了,两村村民也合并迁入山下一个名叫"桃花源"的现代化小区里了。我一是祝愿汉王城和霸王城和睦相处;二是企盼古战场景区保留原初地形地貌,切莫过度建设,善用减法、慎用加法,多搞生态化建设;三是希望霸王葱继续生长、继续大热。因为这是历史和现实的一种宝贵的交会方式,这是一段可以走心也可以入胃的历史。

2020 年 7 月 5 日

"好想你"

> 枣的故事:物产转化为品牌,绝非易事;以品牌之名示爱,实属韵事。

新郑遍地枣树,是著名的枣乡,种植枣树的历史可以上溯到几千年前。考古工作者在新郑地界发现过古代的枣核,用碳-14测定,这是8000年前的东西,属于裴李岗文化。

太久远的事情让人难以把握,不好形成清晰概念。说得近一点,距今2500年左右的事情。一代名相子产执政郑国,宽猛相济治国有方。后来生活在同一城池的韩非子夸赞说,子产治下出现了国无盗贼、路不拾遗的局面,"桃枣荫于街者,莫有援也"。这是历史文献中首次描绘枣树种植于城市公共空间的文字。至少在这个时候枣树已成为郑人的生活元素,新郑都城的居民在他们家的窗棂中不经意间就看得到枣树成列的街景。

这仍然是文字中的风景。说得再近些,新郑田野上现存不少明清的古枣树,有些年龄在600年以上。它们相互守望,饱经沧桑历尽劫难,却依然枝繁叶茂、生生不息。你若走近它们,看到铸铁一般黢黑的老树干上新抽的枝条、新生的嫩叶、新结出的小小的果子,你会明白什么叫活着的文物,什么叫会开花结果的古迹,什么叫舌尖上的历史。

有一位女性文旅专家在收获的季节来到这里,看到当地枣农手执竹竿击打树冠,枣如雨下,落满地上的苇席,她兴奋起来,嚷嚷着说:"600年老树上的果啊,每一颗都是宝贝呀,你们扛着麻袋去卖那是不行的耶,论斤卖论两卖也不行! 要像卖补药药丸那样一颗一颗数着卖……"

是的,这些枣树沐浴过几万个太阳,仰望过几万轮月亮,日精月华在它们身上聚集凝结,春暖冬寒周而复始,中原厚土的地气在它们身上升腾循环,每一株古树都练就了金刚不坏之身,谁敢肯定它们身上繁育的每一颗小小红枣不是一丸养颜排毒、滋阴补阳、疏肝解郁、固本培元的妙药呢? 600年树龄的红枣炮制以后谁说不可以一个一个卖? 至少可以像卖小罐茶那样卖吧,用装印章那样的小盒子作为包装,每个盒子上都有文物专家和营养学家的双签名,每一位食用者都可以免费到古枣林来参观考察,根据包装盒上的编号,寻找到那颗枣的生身母体……这样做,当然不仅仅是为了向历史致敬,增加收益也该是题中应有之义。

时间已过去很多年了,可惜暂时还没有见到那位女专家说的与古枣树、古枣园有关的产品。

好像几十年前今天的新郑大枣并不叫新郑大枣,而是叫新郑小枣。唯恐记错,赶紧翻了翻有关书籍,证明记忆确凿无误。何时更名,为何更名,无处查考。是因为种植了几千年的品种在近几十年间基因突变,枣的个头陡然变大? 还是主事者觉得它身居中州名产之列,以"小"冠名,是不是显得寒碜?

也许改名与枣的生物学性状没有瓜葛,而是人的审美取向方面的原因。国人以大为美,小尺寸的物体也可以自尊为大,自高自大:三五层高的小楼照样称大厦,几间商铺聚集就敢叫广场,案例不胜枚举。不过,小字也不尽然都落下风。以梁山好汉为例,宋江被公称为大哥,燕青被李师师唤作小哥,大哥与小哥的称呼哪个更甜蜜、更有情趣？为食品命名,也许"小"这个字更能去除一些浮夸,增添一些亲切感、精致感。正确的原则还是要名实相副,否则有害无益——你若执意把"风味小吃"改名叫"风味大吃",会把不少男女食客立即吓跑。

这一回我是想多了、想错了。有知情者告诉我新郑小枣作为一种地理标志产品,出产于新郑,名字没有取消也不会取消。但新郑大枣品牌异军突起,名气更是如日中天——这是一种现代产业概念,以新郑为核心的枣业产业链扩展到郑州以外、河南以外,市场在全国,原材料也在全国,天下红枣为我所用,新郑人还通过合作把他们的枣树苗种植到新疆的南疆地区,那里昼夜温差大、四季光照足,最适宜果树生长,在这样的温柔乡中,新郑的 DNA 也能结出体型饱满、果肉丰厚、甜如蜜糖的果实。新郑枣业的技术人员和经营人员每天穿梭于全国各地,数以百计名为"好想你"的新郑大枣专营连锁店覆盖了各个省区,"好想你"大名鼎鼎,已经是当仁不让的全国枣业第一品牌。循名责实,新郑大枣这个"大"字既是果实个头大小的"大",也是大产业、大市场、大发展的"大",名副其实,一点毛病没有。

顺带还听说了一个涉及"好想你"品牌保护的趣事。另外一家企业看着"好想你"走红,很是眼红,动了心眼儿,注册了一个新的大枣商标"真的好想你"。任谁都能看得出来,它既傍了大款蹭了热点借对方的名气生财,还一语双关,在调笑戏弄间暗示对方身份的真实性、合法性存在问题。全国第一大枣品牌"好想你"利益受损,心里窝火,斥其为"大枣第一假冒品牌",交涉不成,只好兴起诉讼,官司打得旷日持久、昏天黑地,最后当然是"好想你"官司打赢了,侵权行为终止,驰名商标合法权益受到有效保护。

故事没有结束,后来听说,亲身经历过这个真假品牌斗法故事的青年人谈情说爱时竟然发明了一种用于互相示爱的暗语——

男生发短信:大枣第一品牌

女生回短信:大枣第一假冒品牌

他们是在说:好想你!

真的好想你!

2020 年 6 月 8 日

烩面小史

　　舌游郑州，先尝烩面，这是郑州风味名吃的首席角色，因餐饮界和广大市民共谋合力而成了气候。口广腹深的大海碗，薄而滑、柔而韧像荷叶边一样自由曲张卷舒的宽面，烟云氤氲、气氛热烈的汤汁，让食客过目不忘，入口称爽，同时获得视觉和口感的满足。

　　郑州烩面有迹可循的历史只能追溯至合记饭店及其前身老乡亲饭馆。

　　1946 年，老乡亲饭馆在郑州大同路西段开业，一年后迁至顺河街东口。饭馆商铺最忌搬家，熟识顾客极易流失。但这家规模不大的陕西风味餐馆鬼使神差稀里糊涂地搬进了郑州后来知名度最高的核心区位——1951 年，郑州市在这里修建二七广场，老乡亲饭馆新址门前变成了万众瞩目的城市中心，这里不仅是一个放射形路网的交合发散之地，还被确定为河南全省公路网的零公里起点。这个地方接地气、汇人气、聚财气，是商家求之不得的风水宝地。

　　为了谋求进一步的发展，1953 年 3 月，老乡亲饭馆老板李少卿主导，与怡兰轩、顺和楼两家老板商定三元归一，合为一体，甘苦与共。三人交情深厚，一拍即合。合并后饭馆经营场所确定在二七广场老乡亲饭馆原址。他们为新饭馆起了一个响亮的新字号——"陕西合记牛羊肉炒菜馆",即合记饭店。

合记的"合"是一拍即合的"合",也是合作共赢的"合",和合如意的"合",既应景,又吉利,契合传统文化和大众心理。合记两字读音一平一仄,顿挫有力。合字拆开是"人一口"三字——往小处说,寓意投资者人人都会有口饭吃,不至血本无归;往大处解释,是经营者祈愿郑州市民乃至天下食客都来赏光品尝,一人一口,就能带来无限人气和海量盈利。字号释出的信息,可见其格局和气魄。弃用的"老乡亲"字号与之相比器量狭小太多,虽然乡情浓厚,但是着眼点只在特定人群,从营销的角度看,算是圈定了目标市场,其实是自我设限,缺少那么点大家风范。半个多世纪过去了,今天郑州的文史爱好者、街巷故事的搜集者们还在对合记之名啧啧称奇,赞不绝口:一切名称都是隐喻和暗示。好的店名无须逞强夸张之词,贵在巧妙含蓄之语。

1955 年,国家对工商业进行社会主义改造,合记饭店开始公私合营。1967 年,合记饭店改名为"陕西合记羊肉烩面馆"。这是一个郑州餐饮业发展史和郑州烩面史上划时代的重要事件——这是郑州第一家在店名中嵌入烩面之名的餐馆,"烩面"两个汉字由此开始以榜书的尺度进入招牌匾额,开始成为郑州街景的构成元素。合记饭店这时候早已变身国有企业,因应"文革"动乱的社会局势,由原先的各种豫菜、陕味菜肴和北方面食的综合经营实行战略调整,收缩战线,全面卸载其他功能,单品挑大梁,转型为羊肉烩面专营餐馆。在市民百姓阮囊羞涩消费萎缩的环境中,他们因此获得了商业上的成功。合记顾客盈门络绎不绝,日复一日,知名度不断上升,影响力稳步增长,合记烩面和蔡记蒸饺、葛记焖饼后来因此被市民百姓公认为郑州名吃"老三记"——如果说游客是用脚投票,表达他们对各种不同旅游景点的取向和选择的话,食客则是用舌尖投票，表现他们对不同食物的宠溺和偏爱。

　　烩面说到底是一种大众化的面食，平民性始终是烩面的灵魂所在。厨师出身、曾多年担任郑州市饮食有限责任公司总经理的马世伟先生年轻时就是制作烩面的高手。据他回忆，当年二七广场合记烩面馆门前经常可以看到成串的架子车、三轮车，搬运工这样的下力人族群常来光顾，至少说明烩面价格低廉，耐饿顶饥。当年烩面馆允许免费添汤，一些饭量大的食客因此从家中带来锅盔、干馍，泡在烩面之中，反复添汤回碗，吃得肚圆，尽兴而去。烩面的食材也是平民风格的，并无稀奇之处，烹饪工艺亦不复杂，纯以特色取胜。以鲜羊肉、鲜羊骨大火久炖，熬出琼浆玉液，旁置备用；以盐水和面，提前饧面，制成面剂备用。烹制时舀取适量羊汤以小锅煮沸，将面剂现场拉扯成宽约半寸、长若飘飘裙带的面条投入锅中，添加羊肉、粉条、海带、金针、木耳、千张丝——这些食材有的鲜，有的柔，有的脆，有的弹，有的韧，相互配合，负责制造丰富多样的口感，出锅时再添加一撮翠绿的香菜、几滴新榨的小磨香油，猛火烩制，顷刻可成。盛入尺寸夸张的敞口厚壁圈足大海碗中，端到面前，云蒸霞蔚、波光潋滟、香气弥漫，你会在这种戏剧场景的暗示中垂涎欲滴，不由自主进入一种饕餮状态。烹制烩面正宗的做法是一锅只做一碗，现在许多饭馆因响应食客的急切而贪求速度，批量化生产，一次制作几碗十几碗，得工业生产之效率，失烹饪艺术之本真，终为遗憾。

　　烩面在郑州兴起和风行绝非偶然。面条古称汤饼，发明于汉魏时期，制作之法就是以水和面，揉成面剂，而后用手抻拽拉扯，形成条带之状，投入沸水煮而食之。抻拽拉扯出的汤饼每一根宽窄厚薄均有细微差别，所以烹制入口，能够给人带来极尽变化的口感经验；唐宋之间制作方法才有了"擀制薄饼，利刃细切"的工艺，但抻拽拉扯的古法仍然在民间流传下来——今天的兰州拉面、郑州烩面都是这种古法的延续和发展。而羊肉汤本来就是郑州市民的传统美食,北宋时郑汴洛一带就是羊肉的集中消费区。郑州市老城区回民集居,更有食用羊汤的悠久传统。今天走在郑州餐馆聚集的街道上,你在不断看到烩面馆招牌的同时,还会不时邂逅羊肉汤馆的店铺。许多郑州人匆匆忙忙的一天,是从喝一碗羊肉鲜汤开始的——这种食俗,由来久矣。手工制面的古法和惯食羊汤的民间风习两者媾和,就形成了烩面的雏形。

合记饭店当年有位赵荣光师傅,原籍河南烹饪之乡长垣县,是店中当家主厨,也是豫菜名师,出身汉族,却长期醉心于清真菜的研究制作,尤其擅长精制素席宴席,他使用豆制品、面筋和蔬菜制作的清蒸燕菜、扒鱼翅、烧海参、炒虾仁、清蒸鸡、红烧丸子等菜肴,素菜荤名,素菜荤味,形象逼真,味道鲜美,堪称绝技。他在合记饭店馆示范制作烩面,并对徒弟言传身教,对烩面工艺的定型和推广起到了重要作用。但有郑州文史研究者将烩面的发明权记在赵师傅的名下,显然是对我国的面食历史缺乏必要的了解。与其说烩面是一种食品创新,不如说是一种汲古扬新。合记的功劳,是把一种中国古代民间普通人家皆能烹制的食物变成了商家经营的商品,把一种普通的食品变成了知名品牌,并使这种商品的制作方法、食材配料都实现了初步的标准化、规范化。

合记饭店改名为"陕西合记羊肉烩面馆",前面冠以"陕西"字样,也并非确当之举。因为合记既非陕中品牌,羊肉烩面也不是陕西地方食品种类——后来郑州有研究者专程到西安、宝鸡、渭南等地(一为陕西省省会,一为周秦王朝发祥之地,一为与古代郑国有血缘和文脉联系的地域)探访考究,于名于实都不曾遇到过与烩面相同的产品,可证烩面并非由陕西引进和流入。唯一的关联是"合记"及其前身"老乡亲"的掌勺厨师中曾有几位陕籍人士。以餐饮业的经验,取个外省外地名字,可以让人产生异乡风物和食俗的丰富联想,容易让本地食客产生探究之心、品尝之欲吧——当时的事情已经没人能说得清楚。不过，烩面在郑州名声大噪之后，就很快径称"郑州烩面"了，开始正本清源，全面树立原产地形象。"合记羊肉烩面馆"前面的"陕西"二字是什么时候悄悄删除的，大家也都记不起来了。这是后话。

应当说，有文献可考和有影像资料支持的烩面史是从合记饭店开始的；1950年代和1960年代算是郑州烩面的创制时代。直到改革开放之前，郑州烩面都处在"合记"独家经营的状态，个别街道集体所有制的小型饭馆时有效仿，但零零星星羞羞怯怯，多年未成气候。

郑州花园口公社下乡知青赵国强的梦想是能够每个月回趟郑州城中，吃上一碗合记烩面，看上一场随便什么片子的电影——烩面和电影是那个物质和精神文化产品供应紧缺时代的绝色诱惑。赵国强一次又一次驾驶着知青农场的东方红手扶拖拉机进入市区，穿大街走小巷东绕西转，躲过一个个交警岗楼来到二七塔附近，将拖拉机停好灭火，直奔合记饭店大快朵颐。吃饱肚子不等汗落，再跑到一华里开外的老坟岗民主路八一八电影院门前企脚张望，期待走运能碰巧遇到别人退票。

1970年代末，笔者也曾在二七广场的合记用餐。坐在合记门前人行道上的小桌旁，抱着大海碗吃得大汗淋漓内衣湿透——吃烩面是冬夏皆宜的，冬天暖身，增加能量；夏天发汗，驱逐内热。你平心静气安坐进食，体内的浮躁之气会随着汗水汩汩流出，浑身上下清凉自生，从内到外舒服极了。吃饭的时候面对着二七纪念塔，一边咀嚼一边端详着双塔云影，精骛八极心游万仞，但当时无论如何也不会想到，距二七纪念塔近在咫尺的这家饭馆推出的烩面有一天会成为郑州另一个最负盛名的文化符号——今天烩面的影响力、凝聚力与二七纪念塔相比，毫不逊色，甚至风头更劲。

1980年代初,郑州旧城改造拉开大幕,摧枯拉朽势不可当。人民路与二七广场直线打通,二七广场一带逼仄低矮的老房子被拆除一空,合记烩面馆也被夷为平地,人民路路口的寸土寸金之地被陆续开工的大型商厦悉数占尽,合记烩面无家可归,关闭歇业了事。郑州市民吃不到合记烩面,满腹不快迅速转化为一腔愤懑,纷纷发声,投书上访,质问:"合记烩面哪里去了?"舆情所迫,郑州市饮食公司不得已在解放路和铭功路交口处的一品香饭店挂出合记烩面的招牌,使合记老店的香火不致断绝。这个时候,郑州城的烩面馆已随处可见,合记烩面非但已经失去了垄断地位,甚至在郑州烩面群雄并起的大舞台上,连保留一个名角的位置都勉为其难了。

　　1980年代初,郑州烩面进入竞争时代。在餐饮业全面改制,国有资产果断退出,街道经济异军突起的背景中,全市一夜之间雨后春笋一般冒出了数百家烩面馆,品尝烩面成为一时风尚,大有"开口不谈吃烩面,纵是英雄也枉然"的气象。时任郑州市委书记的李宝光开始关注这个现象。她的秘书、市委办公室的负责人赵广廷随即安排工作人员进行调研,要求限时拿出专题报告。调研人员来到当时声名鹊起的老坟岗八一八烩面馆时,看到的是十分简陋的店舍,用红砖和石棉瓦临时搭建在民主路的人行道上,路边的行道树被包围在餐馆之中,树干如同室内的柱子,形成屋中有树树下建房的奇特景观。烩面馆的厨师和服务员都是清一色的"待岗青年",他们普遍把在这里的工作当作一种人生历练和正式就业前的过渡。今日郑州三一面粉企业的董事长楚敏和当时不到二十岁,就在这家烩面馆的灶上学习厨艺,他在这里学会了和面、揉面、饧面,学会了大臂、小臂和手腕、手指的配合,手执绵软的面剂,拉之、扯之、抻之、拽之、分之、合之、收敛之、放纵之,让它变成半透明状的白色丝带,在自己胸前左右萦回、上下跳荡,让自己在烹制烩面的过程中变成一个优雅的舞者——烩面制作的过程像是一种行为艺术,具有表演性和可观赏性。楚敏和追忆当时情景,流露出对青春岁月的怀念。那时候他不仅学会了烩面及其他种种烹饪之术,还对各种面粉的物理性状开始有了初步的了解和感悟,这对他后来在面粉行业的创业和经营,都是宝贵的启蒙。

奉命调研的工作人员遍访市内街巷,几天后交出了一份调研报告。报告突出分析了烩面馆的大量诞生与街道经济、集体经济迅速崛起的关系,高度评价了这些投资少开张快的小吃店在安置待业人员、维护社会稳定中的作用。只是,这分篇幅不长的报告用词谨慎,就事论事,缺少对烩面馆发展前景的预测。报告人当时哪里会想到数十年后郑州市行政区域内的烩面馆的数量竟会达到一万多家,郑州烩面竟然会占据郑州第一风味美食的宝座。30年后,赵广廷回到郑州——他面临退休,从香港中联办秘书长的位置上卸任回京述职,利用间隙时间重游故地,接待他的居然是当年由他指定撰写烩面调研报告的同事。这些人都可以称作郑州烩面的知味者了,他们坐在郑东新区的一家普普通通的饭馆里,啜食着大海碗中烩面的面与汤汁,品咂出了一座城市随着时光流逝而变得愈来愈醇厚、愈来愈绵长的滋味。

1990年代,郑州烩面进入了繁盛时代。标志是山头林立,品牌迭出,知名店家开始连锁、加盟,形成品牌化经营和规模化经营;各种个性化产品也开始横空出世。"合记烩面"退出国营后改善管理恢复活力,在人民路上与"丹尼斯"商场相邻的原"滋补餐厅"的位置重建了自己的旗舰店;"肖记烩面"全城布局,力争领军地位,借鉴"伊府面"海参鱿鱼鲜虾的食材配料首创三鲜烩面,成为和羊肉烩面并驾齐驱的全新流派;"裕丰园烩面"以西洋参和当归黄芪入汤,形成药香白汤风格;"四厂烩面"创咖喱味一路,拓宽了戏路;"玺园烩面"鲫鱼汤与羊骨汤两掺熬制,以求"鲜"字本义……牛肉烩面、大肉烩面、卤味烩面、鸡汤烩面、素菜烩面时有所见,主流的、非主流的,保守的、前卫的烩面产品百花齐放,百家争鸣,让人眼花缭乱,食欲大振,眼看烩面市场真成了一场演不完的大戏,作不尽的文章。

说起 1990 年代的烩面故事不能不提到"红高粱现象"。一位志在创立中国快餐品牌,欲与"麦当劳"一争高下的郑州汉子创立了"红高粱"烩面馆招牌(不知道他是否受到莫言文学意象的影响),异军突起,气势如虹,在郑州市和郑州以外广袤的国土上一口气开张了数十家烩面快餐馆,甚至在寸土寸金的北京王府井"麦当劳"店的对面,针锋相对搭起擂台开张了京城首家"红高粱",他放出豪言壮语:终有一天他要把红高粱饭馆开遍全球,凡是有麦当劳的地方,都会有红高粱的存在——不知道这家王府井红高粱烩面快餐馆的营业收入是否足够支付奇高的房租费用,只知道没过多久,在急剧扩展之后,他的这几十家快餐店一夜坍塌。眼看他起高楼,眼看他楼塌了。后来这位汉子东山再起,又一次举起红高粱的大旗发起冲锋,结果仍是铩羽而归。屡败屡战,屡战屡败。不晓得哪家银行的贷款和投资商的银子打了水漂。舆情汹汹,说什么的都有。

许多事情说不明白,但有一件事道理非常浅显:烩面是不适合做快餐的。结合国内外成功的快餐食品案例想一想你就会很快明白,快餐食品一定是这样一些东西:既可以热食,又可以放凉之后从容进食;既可以堂食,又可以外卖;既可以坐而食之,又可以在街巷中边走边吃。烩面的魅力全在于它在较高温度时的优良表现,它的美味全在于它的热汤热水,所以它不宜凉食,稍微多耽搁一会儿,烩面就会吸尽汤汁,变成白白胖胖的坨坨,毫无口感可言了,所以它也不宜外卖,更不能端着大海碗在马路上和地铁站里流动享用。对自己所做的事情缺少基础性的知识,战略定位一定会出现大的问题,豪言壮语于事无补,只能落下笑柄。如果说传统文化中知其不可为而为之是一种悲壮,那么现实生活中,不知其是否可为而为之甚至反复为之,若非另有企图,那只能是归因于智商不足了。与郑州烩面相比,武汉的热干面仿佛更具有快餐化的潜质,也许这就是近年来热干面不断扩展版图的原因所在。热干面价格便宜,食用方便,似乎也很受郑州青年人的青睐,走在郑州街道上,你很容易就能嗅到热干面那种芝麻酱料的香味。

进入 21 世纪以后,郑州烩面进入了公共营销时代。烩面被公认为郑州城市的文化符号,是城市个性的组成部分。于是,烩面馆从业者以外的人士纷纷加入经营烩面的队伍,他们关心外界对烩面的评价,把烩面不断推送到城市导游图、市情讲解词中,推送到报刊的栏目和影视的镜头里,为访客游人"舌游"郑州提供咨询服务。郑州市政府邀请当年《少林寺》电影创作团队中的关键人物故地重游,感谢他们为促进郑州旅游业发展做出的特殊贡献。迎接张鑫炎导演的"接风宴",就是在一家普通的街头烩面馆举行的,小方桌上除了热气腾腾的烩面之外,只有两碟小菜,几头糖蒜,一钵辣椒油。穿着背心、趿拉着拖鞋的周边居民进进出出,享受着闲适自在的时光。张鑫炎餐后感言,说他从一碗烩面中,找到了郑州人真挚、朴素、热爱生活的感觉。

盛大的上海世博会隆重开幕,郑州人把烩面馆开在了黄浦江畔。烩面成了河南展馆展览内容的一个热辣辣的补充展品。上合组织国家首脑会议在郑东新区举办,郑州人又把烩面摆到了这些国家领导人的餐桌之上,他们第一次体验到这种中国中原的特有滋味,他们关于郑州的美好印象,来源于观察,来源于聆听,也来源于品尝。

我认识的几个郑州孩子分别在北京不同的大学读书,他们坦率地承认在家乡时对烩面并无特别感觉。但到了北京之后,每周都要设法

电影《少林寺》导演张鑫炎（左）在郑州一家小饭馆品尝烩面，伊河路，2001年9月。（摄影者　张罡）

聚会，在北京街头找到烩面馆或者到河南宾馆、商都酒店这种有郑州人投资背景的地方聚餐一顿。他们似乎在用这种方法，表明他们有一种共同的归属感，有一种共同的文化认同。

烩面竟有这样的功能，真有意思。

2020 年 9 月 11 日

面条之都

古人称作汤饼，今天名为面条。郑州人对面条一往情深，有面则安，无面不欢。

很多人都听说过这句旧社会的老话吧——"面条不算饭，妇女不算人。"

荒唐至极。前半句贬低北方饮食，后半句污蔑中国妇女。这句话遭到口诛笔伐，是理所当然的事情。

不过，这句话出处不明，用意何在，令人疑窦丛生。想过来想过去，终于明白，真的没有必要信以为真上纲上线，这句话也许不过是旧社会名不见经传的闲散文人或民间艺人关于地方文化的俏皮话而已。"饭"这个字不同地方有不同的理解和说辞。有些地方把一日三餐所进食物皆称之为饭——周公鞠躬尽瘁礼贤下士故事之"一饭三吐哺"，吐出的也许是肉，也许是菜蔬，也许是黍子糕。而有些地方，却只把大米饭称为饭，蒸米焖米称为干饭，用米熬粥称为稀饭。没有吃米就不算吃饭，其他食物则另有其名，食之疗饥可也，却不以饭称之——无关优劣高下，专名专用罢了。从这个意义上说，"面条不算饭"这半句是完全成立的。"妇女不算人"这后半句也是一个调侃：旧时民风保守，家庭妇女对外交往很少，困守宅院之中，从不轻易抛头露面。有陌生人造访叩门："家里有人吗？"里面女主人答曰："没人，出去了！"——这个"人"字，指的是当家之人、主事之人。还原情景，大抵如是。"面条不算饭，妇女不算人"这句话若放到相声里面算是一个逗笑的包袱。一旦脱离了语言环境，缺少了必要解释，包袱无法抖响，就成了一个天大的误会。

若有人真的以"面条不算饭"否定面条价值的话，郑州人首先就不会答应。对郑州人而言，面条不但是饭，而且是他们最爱吃的饭，离不开的饭。唐代的汤饼宋代的面，郑州人吃面条的习惯已经沿袭千年。面条加馒头，是他们日常食谱的基本构成。有人编了顺口溜形容郑州人嗜面成瘾："一天不吃面，口水往下咽；三天不吃面，浑身出虚汗；五天不吃面，眼珠不会转；十天不吃面，躺倒送医院。"送医院未免太过夸张，但咽干口苦、肝火上升、肠胃失调、浑身不适的自诉症状倒不一定全是虚妄之言。20世纪80年代初，我曾陪同一位长者出差到江西南昌开会，会议宾馆餐厅一日三餐顿顿米饭，从头到尾整整一周没有看见面条的影子，这位先生备受煎熬，抓耳挠腮坐卧不宁，脸颊塌陷体重明显下降，回到郑州才恢复如初。这件事让我第一次明确感受到什么叫人对食物的爱恋与忠诚。

面条之爱，乃中国小麦产区亿万斯民的同好。山西、陕西、河北等省份面条爱好者的忠诚度毫不逊色于河南。山西的刀削面流布天下，陕西的臊子面、油泼面名满九州，甘肃牛肉拉面全国复制、遍地开花，这些都是中国面条的名品，是太原、西安、兰州重要的文化符号。但郑州烩面的存在似乎更加气势磅礴，傲视群雄。烩面被公认为郑州第一风味，烩面馆在郑州随处可见，统计资料显示，好多年前郑州市市域范围内烩面馆的数量就超过了1.2万家，按每天每家卖出50碗保守估计，全年销售量即达2.19亿碗，也就是说，每年烩面食客竟高达2亿多人次。这个数字还不包括郑州市域以外遍及全国的烩面市场。以这种规模和气势,郑州烩面当稳坐"天下第一面"的宝座——如果郑州烩面谦称全国第二的话,不知道会有谁敢妄称全国第一。

然而郑州烩面并不一家独大。郑州乃枢纽之城——铁路枢纽、公路枢纽、航空枢纽,本市人口已达千万之多,每天进进出出的乌泱乌泱的流动人口亦有百万之众。为了满足不同的口腹之需,各种各样的面条与烩面长期共生共荣,百花齐放,各美其美。除了刚才我们说过的山西刀削面、陕西臊子面、兰州牛肉拉面以外,沿着郑州的大街小巷边走边看,你会不时遇到各种档次大大小小的面馆:北京炸酱面、武汉热干面、成都担担面、重庆小面、延吉冷面、上海阳春面、镇江锅盖面,本省的洛阳浆水面、开封卤面、新野板面、襄县焖面、郏县饸饹面,说不清来历的三丁面、三鲜面、茄汁面、炝锅面、牛肉糊汤面,到美国加州也找不到的加州牛肉面,电脑上打不出那个笔画超级多的 biangbiang 面……你若愿意在郑州住下来,每天品尝一种面条,那我敢保证你百日之内绝不重样,你不仅可以获得一种百科全书式口感经验,还会窥视到幻化无穷的厨艺大观。如果说郑州面条产业是一个风起云涌、红尘万丈、此起彼伏、变化多端的江湖,那这个江湖也是一个竞争有序、博采众长、兼容并蓄、有情有义的开放空间。

仅止餐饮业的丰富业态还不足以支撑"面条之都"的城市地位,民俗的力量才是最为坚牢的根基和最为充沛的动能。郑州人居家度日,有面则安,无面不欢;手工技艺,代代薪传;滋味风尚,亲邻相染。三九天大家以吃汤面条为主,阻冬寒于窗外,遣春温于桌上,云水氤氲,面软汤鲜,驱寒疗饥,身心舒展,一碗下肚,浑身通透,两碗下肚,大汗淋漓,寒虚褪尽,岂不快哉! 伏天以吃捞面为主,沸水煮之使之柔韧,冷水淘之使之清凉,蒜汁淋之使之辛辣,麻酱拌之使之醇厚,黄瓜丝绿豆芽佐之使之口爽,肉卤汁或素臊子浇之裹之使之五味皆备。一碗下肚焦躁全无,两碗下肚,清风徐来,神定气爽,岂不快哉!面条的形态和滋味总是随着时令、随着烹调者和进食者的喜爱而不断求新求变,而不变的,是郑州人对面条的一往情深。

郑州有句俗语:"出门饺子回家面。"意思是:游子远行,母亲要包饺子相送。游子归来,要换成面条迎接。这是很有仪式感的两件事。饺子是北方的讲究食品,包饺子工艺复杂,吃饺子以示隆重成行。而游子归来第一时间要让他满足口腹之欲,要让他品尝到家乡的滋味,实现这个效果,那是非面条不足以胜任的。要想拴住他的心,就要拴住他的胃。郑州的母亲是用面条作为绳子,拴住自家孩子的。

2020 年 8 月 31 日

伊府面

史上著名书法家的厨间原创，郑州食客尚未忘却的唇齿记忆，流传不绝，惜乎未能大热。

记不清准确时间了，三十多年前，大概是 1983 年前后吧，应该是在冬季，我曾和同事一道慕名到二七路上的长春饭店吃了一碗伊府面。名不虚传，果然是面韧汤鲜，别有滋味。宽面条盘曲成线团形状，经过油炸，再与鱿鱼须、海参段和海米、木耳、玉兰片、黄花菜烩成一锅，色彩赏心悦目，口感也很丰富。一块两毛钱一碗，价格几乎是当时一碗羊肉烩面的三倍。长春饭店的位置在今天的"金博大"商场正东，往北离太康路口不远，往南是当年著名的纺织品商店、艳芳照相馆等，再往南就是二七广场的环岛了。散步到二七广场，不过五六分钟的路程。

从饭店出来，同事突然问我伊府面名称的由来："面条倒是很好吃，不过……伊府是啥意思，难道是姨夫的谐音？"文学青年总有一种市井传说的嗅觉和嗜好。

我只知道长春饭店得名于门前的二七路——二七路更名前叫作长春路，南端二七广场的位置曾经是长春桥之所在。至于伊府面的"伊府"做何种解释，我毫无根据想当然地认为，不外乎有两种可能：一是

"伊"字或为伊斯兰的"伊"，表明这是一种清真食品；郑州回族居民不少，亮出清真招牌，有利于稳定基本市场，回汉顾客都可以放心食用。二是"伊"字或为伊尹的"伊"，伊尹乃商代重臣，和郑州这座商代都城有那么点特殊关系。再说了，伊尹又是厨子出身，被公认为中国烹饪界的祖师爷。杜撰食品与历史人物的关系，历来是业内惯用扬名之法嘛。

许多年后我才知道我错了，我关于"伊"字两个方向的解释均不靠谱。很晚我才无意中从有关资料得知，伊府面的"伊"原来是伊秉绶的"伊"。没想到生平事迹与中原并无交集的这位清代书法大家，曾经的惠州知府、扬州知府与郑州的一碗面条竟然暗藏瓜葛。

伊秉绶的事迹不为郑州一般市民熟知，但郑州为数众多的书法爱好者则都对他独树一帜的隶书略有了解，过目不忘：结体颀长，宽袍广袖，峨冠博带，气象高古，个性化辨识度极高。虽然一生为官，但他的书名文名远远超越和遮蔽了自己的官声。他在扬州任职期间，交际广泛，府上客人络绎不绝。府中河南开封籍厨师发明了伊府面这种面食及其烹制工艺：将面条屈身成团，置于文火低温油锅之中慢炸，使面条中的水分全部释出，出锅后因而能够长久存放，以备随时取用。主人客人有不时之需，厨师便从容不迫，在收纳器物中取出炸制过的面条扔到沸水锅中，加上配料调料，一锅美味顷刻而成。伊秉绶和他的文人朋友品尝之后喜出望外，大加赞赏，认为别出机杼，凭空创制了一个美食新品。其实，熟悉豫菜的朋友都知道，油炸食材以逼出水分，让食材存储期在没有冷藏技术和真空技术的年代大大延长，需要时或蒸，或烩，进行二次加工，这是豫菜的一种常规做法——豫菜中的"八大碗"做法无不如此。伊府厨师制作的伊府面流传至伊府之外，回流至厨师的河南家乡，直至今日，传承不绝，这恐怕是伊秉绶当年不曾预料的事情吧。

伊府面被国内烹饪界认为是现代方便面的始祖，早于日本人1950

年代发明方便面 150 年左右。据说日本人发明方便面，就是在河南见到伊府面后才动的念头。不知道这个说法是否确凿。相同的原理、相同的工艺、相同的产品形态，不同的是我们一直在烟火升腾的灶间厨房中师徒相传，而日本人则直接实现了产业化、全球化，让这种美味超越国界、超越种族推广为千家万户的简易操作成果，唾手可得，立等可食。可叹我们早些年既没有知识产权意识和相关的保护机制，到后来也缺乏产业化、规模化的想象能力和扩张能力。自我确认一种美食的原创身份始祖地位，对我们这个文化古国来说除了再增加一个可资炫耀的故事，并没有太大的现实意义。

　　1980 年代之前，伊府面在郑州曾经有着与烩面旗鼓相当的地位。二者都是郑州的传统名吃，主打伊府面的长春饭店和主打烩面的合记饭店都在郑州市商业经营的最佳区位，前者在繁华的二七路上，后者在二七广场一带。论设施条件，伊府面还略胜一筹，长春饭店店内更加宽敞明亮，文雅整洁，客人全部堂食，无风吹雨淋之忧。合记烩面店内逼仄只好延展室外经营，状态形同地摊排档，天气陡然有变，或风起尘扬，或雷雨交加，店家与食客便少不得一阵子手忙脚乱。论烹饪工艺，伊府面和烩面都离不开一个"烩"字——"烩"这个字的本义就是用半成品的多种食材在汤汁中重新加工融合一体，从这个意义上讲，伊府面以正统烩面自称，也绝不突兀荒谬。只是伊府面与烩面相比走了一条高端路线，价格居高不下，难以形成市场规模，始终没有赢得城市平民食客的普遍青睐。而烩面在 1980 年代之后突然遍地开花，在普及化、平民化的道路上一路狂奔，一二十年之间发展成为郑州人众口一词的第一风味。这个过程，值得认真思考。平民化和规模化互为表里，相互支撑，相互促进。只有平民化，才能形成像样的产业规模，也只有平民化，某种食品才有资格成为一座城市的文化符号。

在二七路的拆迁中，长春饭店变成一片瓦砾。郑州专门经营伊府面的饭馆销声匿迹，难以寻觅。你现在偶然在一些餐饮业的历史名店中（如人民路的郑州烤鸭店、伏牛路的葛记焖饼店）可以见到食单上赫然列有伊府面的芳名，偶有食客圈点索食，也多少有点怀旧的意味和探险的心态了。伊府面已淡出郑州美食名角的花名册久矣。

当年二七路上长春饭店做伊府面的一位姓肖的师傅离群单干，他研究郑州餐饮大势之后抛弃伊府面，投入烩面的洪流，创建了"肖记烩面"品牌。他参照伊府面的配料，独创了"三鲜烩面"，受到食客欢迎，迅速被其他烩面馆跟风效仿，至今发展成为郑州烩面的一大流派，与传统的"羊肉烩面"并称双雄，让爱吃烩面又忌讳羊肉的食客终于找到理想归宿。

2020 年 9 月 3 日

馍

民谣曰:"心眼活,吃白馍。"馍是郑州人心中的"白富美"。

　　用普通话说话,提到它的时候一般都称之为"馒头",这似乎已成规范。但我还是习惯用郑州老话称其为"馍"。听上去有点土气,其实所指更为精确——河南人所说的馍,一定是指用小麦面粉发酵蒸制的实心食物。而南方一些地方会把有馅儿的面点小吃也归到馒头的名下,例如上海的生煎馒头。上海著名的"小杨生煎"我是品尝过的,在郑州人看来那不过是迷你型精致版的肉包子而已,与馍殊非同类。

　　借网络流行的"白、富、美"三字形容郑州人的馍,可谓妙评。白皮白瓤,白皙无瑕,堪称白(需要专门解释一下,小麦面粉之外其他不同种类、不同色相的面粉以同样工艺制成时也可归入馍族,还有一些添加其他物料的蒸制面食亦忝列馍类,不过它们的名字必须前置定语,例如黄面馍、红薯面馍、高粱面馍、杂面馍,例如枣馍、菜馍、花卷馍。如同先秦时期的"河"字专指黄河,单说"馍"字也应当专指白馍);饱满圆润,丰腴富态,堪称富;柔和绵软,入口甜美,堪称美。

　　记得好多年前听一位大学教授在饭桌上聊天时说,馍的样子很像女性乳房,爱吃馍的北方人内心深处隐藏着恋母情结和女性崇拜。弄不清这是一句玩笑话呢，还是他本人研究成果的一部分。后来我就发现自己取馍吃馍的时候果然心里会慌慌的，这也许是饿的感觉，也许是美的感受。总之，我想说，他的话不见得全是胡说八道。

我是一个喜欢吃馍的人，吃馍的年月可谓长久，吃馍的方式可谓丰富。炸馍片，烤馍干，炒馍丁；馍夹菜，馍泡汤，馍蘸酱……花样变化，皆成体式。蒸馍出锅，云开雾散，趁着馍的胴体体温未降，撕下一团，蘸各种调味料进食，无不滋味生动，妙不可言：蘸蒜汁、蘸辣椒油、蘸蜂蜜、蘸白砂糖、蘸臭豆腐、蘸韭花泥、蘸芝麻盐、蘸豆瓣酱……每一种都能让你大爽唇齿，大快朵颐。世界上似乎没有其他任何一种主食能像馍一样回味甘美却又风格质朴，能让你如此毫不违和地试验各种百搭的可能，即便西方的面包与馍相类，细想起来也是难当此任的。当年经济条件有限，尝试馍的各种吃法，让简单的日常食物给自己带来丰富的口感体验，享受了不少乐趣。旧物旧事皆可仿制再现，无法还原的，唯有少年心境。本人现在因为需要控制血糖指标，吃馍的食量和频次大幅下降了，失去了过去的口福。

郑州人喜欢吃馍，或者可以说，郑州是一座爱吃馍的城市。无论春夏秋冬，无论风霜雨雪，郑州的街市上，每天总可以卖出数百万只蒸馍。每天中午和傍晚你站在路旁，总能看到一些下班归家的人，手里拎着一只无色透明的塑料食品袋，里面馍的肥白形体影影绰绰依稀可辨。馍、菜、汤三元结构，被称作郑州居家饮食的"铁三角"经典模式（下馆子吃饭另当别论）。咬一口馍，叨一口菜，喝一口汤，这就是郑州人惬意而滋润的餐桌生活。馍负责顶饥，是主要的热量来源；菜负责调味，兼补充蛋白质、脂肪和各种维生素及微量元素；汤负责感动和愉悦整个消化系统，让它们处在温暖和舒适之中难以自拔。馍立起一顿饭的骨架，菜决定一顿饭的品质，汤达致一顿饭的高潮。馍、菜、汤铁三角中，后两者是随机的：菜可荤可素，可丰可俭；汤有时是肉汤，有时是蛋汤，有时是面絮汤、小米汤、青菜汤，更常见的是丝丝缕缕的汤面条。但馍是不会轻易变化的，年复一年，日复一日，馍都岿然不动，稳稳地蹲踞郑州人家的餐桌之上，始终保持首席地位。

馍不但是民众常态下广泛的居家主食，遇到重大事件还是应急物资。史上有不少这种案例可供举证。

北宋皇陵位于今日郑州行政区域范围内的巩义市，北宋七位皇帝及宋太祖之父归葬这里，分别建有陵寝，所以有七帝八陵之说。当年设永安县专司守卫、供奉皇陵之职。帝后驾崩择期出殡，从首都开封出发，经由郑州及其属县抵达永安，行程约三百华里。据《宋史》记载，每次殡礼，规模庞大的仪仗和送葬队伍人数常常高达万人以上，在途跋涉的时间常常超过十天。按照万人十天计算，一日三餐，共计 30 万人次的餐饮需求，如何解决就餐问题，史书不见记载——即便是餐饮业高度产业化、规模化、集群化的今天，集中解决 30 万人次的吃喝都是一个天大的难题。据文史专家和餐饮行家分析，当时的解决方案，最大的可能是动员沿途军民赶制蒸馍，接力供应。这是一种可以标准化生产，应急情况下既无须餐具又无须配菜的柔性干粮，几口清水，便可送食腹中。条件许可的地方再献上一些佐餐的咸菜、小菜和可以生啖的葱蒜之类也未可知。但保障方案中如果没有尊蒸馍为主角，方案的可行性是难以想象的。

再说一件民国旧事。1936 年秋，蒋介石曾在洛阳逗留，恰值其 50 寿诞即将到来，生日前一天他心血来潮临时决定私访登封，带领亲随游览中岳嵩山，意在拜神礼佛，寻仙问道，祈求平安长寿。汤恩伯属下数百名士兵紧急出动，五步一岗十步一哨，负责全程沿线警卫。虽事出突然，但登封县（今登封市，由郑州市代管）县长心中透亮，自然知道如何汇报工作,怎样当好导游。唯招待几百名士兵吃喝一端事先毫无准备,如何解决让他一时发懵。县中耆宿出主意献计献策,当即动员安排县城百姓赶制了几千只热气腾腾的大白馍,再配上当地百姓平素惯食的可与四川榨菜媲美的芥丝腌菜,保证了当兵的准时开饭,口腹满足。一时之难,冰消瓦解。关键时刻不掉链子,馍发挥了救场的作用。

民间救灾济困行动中,总是少不了馍的身影。1942 年,河南大灾,郑汴洛一带的老百姓纷纷西行逃难;1944 年,日军大举侵入河南,河南逃难的人潮再次入陕——近现代历史上,河南人逃难总是习惯选择向西的方向。位于郑州一带的先秦郑国是从西边关中平原迁过来的,位于洛阳城中的东周政权和唐朝皇家也是从西安那边转移而来,西边有河南人熟悉的口音声韵和食品气味。当河南人逃至西安城中饥寒交迫惊魂未定之际,西安人用蒸馍迎接了他们。在辛亥革命元老张钫等人的动员组织下,西安百姓家家户户漏夜蒸馍(有记载说西安户均蒸馍 6斤),黎明时分争先恐后纷纷送往难民救济站中。逃难在外身处异乡仍旧能吃到家乡味道,河南人未及下咽,早已是泪洒衣襟。同袍之情,重于嵩华,一馍之恩,没齿难忘。

我曾经请教过一位陕籍女士:"郑州人所说的馍,在文学作品和影视作品中,好像陕西都称之为'馍馍',是这样吗?"

她笑了:"陕北是这么叫的,馍馍,很呆萌稚拙的样子。关中和西安的叫法与郑州的叫法一致,惜墨如金的语言风格,一个字:馍!"

说到语言问题,郑州人的话语体系中有一名句:"从小卖蒸馍,啥事没经过?"

这句老话可以用来夸人,更常常用以自诩。若有人突然嘴中冒出这句话来,那他的潜台词肯定是在说:在下阅人无数,经验丰富,不容糊弄。设问句的句式，强化了不容置疑的效果。卖蒸馍者游走街巷，身处社会底层，何以拿他们作此引喻？

这句话虽属戏谑之词，却自有其逻辑与理据：馍是一种超越富贵贫贱和城市时空界限的公共食品，无论高居朱门豪宅还是厕身偏街陋巷，都有食用蒸馍的需求和习惯。卖馍的摊贩东奔西走，与社会各个阶层打交道的机会超过其他业者，所以敢自称见多识广，自夸阅历有过人之处。

北宋以来，馍的食俗几乎覆盖了全国，至少广大北方地区至今长盛不衰。馍在许多地方依旧是当家主食。发生变化的是馍的生产方式——过去是以家家自制为主，店铺摊贩行销为辅，现在在自己家中用笼屉蒸馍的人已不多见，绝大多数的人家都是现吃现买，依靠商家供应。

吃馍的事情涉及千家万户，食品质量和食品安全问题不能算作小事。有那么一个时期，由于缺少监管机制，郑州市场上一些商家为了美化馍的卖相，违规在面粉中增加添加剂，或者在馍出笼后用特殊材料熏制以提高美白效果，给食品安全带来严重隐忧。因此，郑州市的市、区两级成立了"馒头办"，统一部署，对乱象进行专项治理。不料这件事引起媒体来自另外一个视角的关注，经过发酵，形成全国性的舆论风暴。媒体的火力交集点是：在机构需要精简，冗员亟待裁汰的背景中，你怎么可以乱设机构，乱配人员？你今天设一个"馒头办"，那你明天会不会同样设一个"面条办""包子办"呢?！郑州市有关部门解释，馒头办不是一个有编制的机构，只是为了完成专项工作而抽调力量形成的临时编组……解释的声音被淹没在更大音量的责备声、嘲笑声中。郑州人嘴笨，一时说不清楚，弄得灰头土脸。自诩"从小卖蒸馍，啥事没经过"的郑州人这一次遇上了从来没有经过的阵势,欲语还休,最后明智地选择不再解释,果断摘掉了"馒头办"的牌子,至今都不愿再提起、再辩白这件事情。

好在专项治理工作并没有停止。郑州市场上的馍变得让大家更加放心了。求真务实,善莫大焉。爱吃馍的人满意了,这才是硬道理。

2021 年 5 月 4 日

说野菜

明朝周定王的野菜专著，算是一种野菜政治学读本。郑州人今天读来，别有心得。

明太祖朱元璋的第五个儿子周定王朱橚，封地在今天的河南开封。市中心那座门前湖光潋滟院内殿宇崇高的龙亭公园，就是他的王府。宋代这里亦属禁苑之地。无数旅游团在这里进进出出，导游姑娘左手举着小旗儿右手端着喇叭边走边讲口舌生香，讲来讲去不外乎大宋王朝故宫旧事，明朝那些事儿在开封人心里根本不足挂齿。

周定王命运多舛，用老百姓的话说他就是一个倒霉蛋，一辈子没过上几天舒坦日子。他老爸当皇上时修理他，他侄子当皇上也修理他，他一母同袍亲哥哥当了皇上还修理他。修理的理由不必细说，反正都是皇权争斗、政治猜忌那一套。

周定王颇有个性但并无野心异志，多少有点愤青做派文人情怀，《明史》说他"好学能词赋"，喜欢岐黄之术，在植物学方面学养丰厚。皇上总怀疑他有什么危险想法，自证清白是很困难的。也许是听了谁的建议，也许是偶发灵感，某年某日他决定成立"野菜研究"课题小组，亲自挂帅，以野外实地踏勘为主兼及古代文献梳理认真进行调查研究，编写一份内容翔实的调研报告。这样做无非两个意思：一是想让紫禁城里的皇上和皇上身边的谋臣看，看他平日专注的事务多么低级、关心的事物多么卑微，看这些东西和皇权运行有没有一毛钱关系；二是让民间更让后人看，看他朱橚到底是一个怎样的王爷，看他是脑满肠肥、昏庸无道，还是心系苍生、关注民生！——他的调研报告出炉时定名《救荒本草》，顾名思义，就是在灾荒饥馑之年给老百姓提供一个在原野中向草木寻求食物以图生存的指南。

皇上是否看到过朱橚的调研报告我不知道，但我知道朱橚在调研过程中又受到皇上的书面训斥，说他擅自到封地城外的州县张贴布告，破坏了朝廷规矩。有研究校释《救荒本草》的当代学者解说：周定王派人四下张贴告示是为了广泛采集民智，邀请民间专家、山野遗贤提供开发野菜资源的建议意见。张贴的地方均在开封附近州县——今天的郑州、许昌、新乡一带。贵为藩王，动辄得咎，钟鸣鼎食却无日不生活在战战兢兢、惶恐焦虑之中，其幸福指数不会高过半饥半饱的村夫。

《救荒本草》如朱橚所愿，给他留下了身后名声。《明史》为此专门记了一笔，后代的学人也夸他仁心仁术，做了前无古人的工作——以往本草著作，皆考证其疗疾伐病之用，专以疗饥果腹的角度入手做深入研究，《救荒本草》历史上尚属首次。

我感兴趣的重点还不是这些。《救荒本草》中胪列野菜品种414个，在介绍各种草木生长地点时，与现代郑州相关的地名反复出现，这引起了我的好奇——例如原文第二条："大蓟，旧不著所出州土，云生山谷中，今郑州山野间亦有之。"这种笔法比比皆是："郑州贾峪山山野中""郑州贾峪山涧水边""郑州南沙岗中""郑州田野中""密县山谷间""密县梁家冲山谷中""密县韶华山山野中""中牟田野中""中牟县平野中"
"中牟南沙岗间""新郑岗野间""荥阳塔儿山岗野间""汜水县田野中"
"汜水西茶店山谷中""巩县赵峰山野中""嵩山中"等等,地名具体而翔
实,遍布今天郑州所辖各县市,对郑州市行政区域图进行了全面覆盖。
我标注并统计了一下,涉及郑州地名的条目达108个之多,占到总条目
的四分之一以上。郑州市的山山水水布满了周定王调研团队的屐痕,
我甚至有一种基于乡情的感动。

　　想了又想,觉得他们选定郑州一带重点踏勘而步履未能广涉天下
各地,真有一定道理。首先是因为离王府的距离较近,容易成行,说走
就走,说回就回。这样不必每次都搅扰地方,招致物议。这在严密的政
治监视中尤为重要。其次这一代地理环境特殊,地貌类型多样。郑州
是中国地图上一个重要的地理节点:是黄河流域与淮河流域的交接点,
是黄河中游与黄河下游的交接点,是黄土高原丘陵沟壑与黄淮平原一
马平川的交接点;有名山有大川(嵩山黄河),有湖泽有溪涧,有荒野有
良田,有沙岗有石滩,潮湿处干燥处,向阳处背阴处,凸起处凹陷处……
备齐了中原大地各种野生草木所需要的宏观和微观地理环境,因而推
断郑州一带生态多样化水准较高,野菜资源禀赋丰饶,能够全面代表中
原本草,这种说法不算过分。

　　郑州人古往今来有吃野菜的风习——这和周定王的著作并无关
系,没有多少人读过600年前的《救荒本草》,更没有人会按图索骥,照
着书本的指导去采挖和烹制。不过这种风习一定和这里的野菜品类繁
富、易于采撷有关——地上的荠菜、刺角芽、面条棵、白蒿、马齿苋,树上
的柳穗、榆钱、枸桃、洋槐花、香椿叶,都是家庭餐桌上的一时之选。野
菜因天光地气而生长,不需农家和老圃照料,远山近水随遇而安,散漫

无序,纵情恣意,自生自灭,无求于人而人有求于它;灾荒年间,人们吃野菜是为了求生渡劫,太平盛世,野菜对人不再有救命之恩,却能给人们带来更多的生命体验——挖野菜可能是为了亲子游、踏青、远足、阳光浴或者是一次社交活动;吃野菜可能是为了尝鲜、忆旧、养胃、食疗,或者是表达一次对没有农药、没有化肥、没有过度包装的绿色食品的无限向往……

2020 年 6 月 3 日

说蒸菜

　　追逐时令,接通地气,平民美食,郑州风尚。切记,蒜汁才是蒸菜的灵魂。

　　老郑州人过节或待客的席面上必有蒸扣碗,这是豫菜的特色菜——将各种荤的素的半成品食材加调料盛在碗里,上笼蒸透出锅,把碗倒扣盘中,盘中出现半球形的丰润造型,所以叫作扣碗。蒸扣碗很少单品出场,往往成组成套,例如"八大碗",例如"扣四宝"。

　　八大碗我记不全了,扣四宝乃八大碗的简化版,年年有机会品尝:一是蒸酥肉,二是蒸黄焖鸡块,三是蒸丸子,四是蒸莲夹。皆非山珍海味,均为平民菜肴。每道菜入碗上笼之前都有共同的加工程序:小火油炸——油温为它们赋予金黄色泽的同时,慢慢逼出食材里的水分,在它们近乎焦干状态时及时出锅,存储备用。在没有冰箱冷柜的时代,低水分的食材意味着能够存放得更久,能够避免腐败,慢慢享用,细水长流。入碗上笼之后焦干的食材进入桑拿模式,立刻僵尸还魂蠢蠢欲动,高温蒸汽透析出食材的香味,又把缕缕香味液化为淋漓的汤汁,汤汁又把食材浸润得糯软而丰腴……扣碗出笼,云蒸霞蔚,热气腾腾地端到桌上,食客们无不欢欣鼓舞,执箸向前。

话题已经跑偏。蒸扣碗当然是一种蒸菜,但郑州人所说的蒸菜则另有所指,特指蒸野菜、蒸时蔬,这是一个专有名词。

野菜品种很多,地上采的,树上摘的,春夏两季资源最为丰富:荠菜、蓟菜、马齿苋、黄黄苗、面条棵、野苋菜;柳穗、榆钱、槐花、枸桃……说是野菜,其实许多品种已开始大棚种植,超市供应。适宜制作蒸菜的时令菜蔬也有不少:红薯秧、豇豆角、芹菜叶、莲菜条、土豆丝、茼蒿、红白萝卜丝……制作方法很简单:将菜叶洗净沥干——萝卜丝、土豆丝则不必淘洗——撒上少许小麦面粉或玉米淀粉(不要太多,多则口感黏腻)用手抓匀,然后放入水已烧滚的笼屉——事先在下面铺上笼布,然后盖上锅盖,蒸十分钟左右即可灭火出锅,放凉后撒上精盐,淋上小磨香油,浇上蒜汁(也可以把盐加在蒜汁里),搅拌均匀,一份美味的蒸菜即可供你大快朵颐了。——我承认我从来没有做过蒸菜的独立出品人,但我保证以上流程基本完整正确,因为我小时候就一次又一次观摩过外婆的制作过程,她老人家是优秀的蒸菜高手。

蒸菜品种不止时鲜野菜和家常菜蔬。金秋时节,黄色的、白色的、丝丝缕缕的菊花花瓣也可用来制作蒸菜,而且是蒸菜上品。诗情画意,为食品增加了雅趣。孟浩然《过故人庄》诗句脍炙人口,"待到重阳日,还来就菊花"。关于"就菊花"该如何解释,评论者有各种不同的解读,有的说是喝菊花酒,有的说是赏菊花景,我的考证是吃菊花蒸菜。个人管见,不接受质疑。——秋天,在郑州的一些餐馆吃饭,你会与蒸菊花偶然邂逅。你品尝之后会感叹,花中四君子之一的菊花不仅给我们提供精神享受和视觉愉悦,竟然还能提供味蕾快感和口腹之乐。

蒸菜好吃,关键所在是最后一道程序——蒜汁调味。郑州中牟是全国主要的大蒜生产基地,中牟大蒜是中州历史名产。风物所在,郑州人有吃蒜的偏好,人均消费量感觉是高于全国各地的。俗话说"辣椒辣嘴蒜辣心"，蒸菜拌上足量的蒜汁蒜泥，吃在口中，辣在心头，爽在脚心。四川人、湖南人喜欢辣味名声在外，国人皆知，其实郑州人也是超级嗜辣的，与四川人、湖南人喜欢麻辣和直辣不同，郑州人喜欢的是辛辣。

夏季酷暑之中，蒜汁捞面是大多数郑州人的最爱——有没有其他菜卤都无所谓，香油蒜汁才是最好的浇头，一碗下肚，解毒抗暑，内热消减，头脑顿时清醒。若有人饮食不洁拉肚子，症状重的理当送医治疗，症状轻的，你给他下碗面条，凉蒜汁拌热捞面，此所谓"臭面"是也，一碗下肚，拉稀立停，后顾之忧因之化解于无形。不少人对大蒜敬而远之，或者爱其滋味而厌其后味，害怕口中经过热发酵的蒜味影响自己的社交。你若真有这种顾虑的话，当你吃过蒜汁捞面或蒜汁蒸菜以后，嚼上几颗生花生米或嚼上几片茶叶，嘴中异味立刻除净，口齿清爽，何忧之有！

我自幼爱吃蒸菜，至今保留着和蒸菜有关的温暖记忆。我的童年正值"文革"期间，食品和蔬菜供应短缺。外婆持家，极尽节俭。她每次到菜市场买菜，绝不争先，而是在排队时反复逊让，总是在各种菜蔬即将售罄时才走上前去，用较低的价格把别人挑剩的和残损的枝枝叶叶买回家去精细加工，用勤劳降低生活成本，用勤劳提高生活品质——别人高高兴兴买走了白胖滚圆的藕节，外婆则笑盈盈地买回尖瘦的莲藕尾尖（人称老尖巴），回家后洗干择净切成细条，拌面制作蒸菜。别人吃芹菜只吃根茎，丢弃叶子，我们家则把叶子当成宝贝，用芹菜叶做出的蒸菜，有着别样的辛香。外婆的蒸菜是我的童年美食，更是她的人生智慧、生活范式。

2020 年 6 月 13 日

吃西瓜

郑人吃瓜，大砍大杀，忌独食，宜分享，画风高古豪迈。

童年之忆中，西瓜是郑州夏天标志性的景观，吃瓜是家家户户最有仪式感的事件。

郑州人吃西瓜有兵戈之气，绿林之风。

西瓜丰满巨硕，油绿的肤色满身的虎皮纹。个头大的重达二三十公斤，普天之下，怕是再也找不到如此雄壮的果实。女士和小孩自知力有不逮，自觉退后垂手而立，男主人面露舍我其谁地自得走上前来，将西瓜缓缓抱起，郑重置于案上，然后手执利刃，踌躇满志，左右打量，目测下刀的部位。

郑州人用刀切开西瓜不叫切瓜而叫杀瓜，杀生的杀，杀戮的杀，屠杀的杀。这个动词通常只用于活体动物，如此施于瓜果，语法中当为孤例。也许唯其如此，才能动宾适配，对得起西瓜的体量。

杀瓜的方法也有将刀刃轻放在西瓜身上另外一只手突然发力猛击刀背的，更加经典的姿态是像李逵抡起板斧砍人脖颈那样手起刀落。哐的一声，西瓜的身体被腰斩为两截，刹那间鲜血一样的殷红汁液溅到案上，溢出桌沿儿，顺着桌腿汩汩流淌。

然后西瓜被剖解为一牙一牙的小块。这时候你若突然想起国际政治关系和中国现代史上的常用的"瓜分"这个词,你会暗中佩服造词的生动和准确。一牙一牙的西瓜由孩子按长幼顺序恭敬地递送到在场的家人手中,有时还会用托盘送给左邻右舍,尊老爱幼敦睦邻里其乐融融,"吃瓜版"的传统美德礼仪操练又一次顺利完成。

　　篮球足球一般大小的西瓜有另外一套吃法,尤为小朋友们喜爱。一切两半后,用勺子掏着吃。瓜瓤掏净后剩下空壳,翻过来扣在头上,瓜皮立刻变身军用头盔。若家属院里有几家同时吃瓜,一支绿盔部队会迅速成军。一群小男孩手持棍棍棒棒像啸聚山林的好汉那样,冲呀,杀呀,大呼小叫,在炎炎烈日下东奔西跑,直到力气耗尽。

　　街头上卖瓜的瓜农和他们的瓜车更是令人印象深刻。他们一年一度像候鸟一样如期而至。他们驾着手扶拖拉机"突突突"吐着黑烟来到城内,停泊在行道树斑斑驳驳的树荫之下,满脸笑容地用指尖弹着瓜皮,向买瓜的人传授根据回声辨别生瓜熟瓜的技巧。谁要多买几颗,他就会用麻袋装好,顺着你的指引,在楼道里步步登高,帮你送到家中。瓜没卖完的话,他们便席地而睡,在夏夜的燥热和蚊虫的骚扰中鼾声如雷。卖瓜者身边常常会带着他们家的"闰土",乡下的孩子守在父亲或祖父身边寸步不离,他们目光清澈,转动着脑袋四处窥视,对周围街区充满好奇和向往。城市对他们并不算十分友好。很长一个时期,身穿制服的人会在入市口上设置卡点,拦阻他们进城。驱离他们、丑化他们或者相反妥善安置他们为他们卖掉西瓜提供便利,反反正正都会成为媒体热炒的新闻。现在瓜园普遍纳入公司化运营和订单生产,在各种超市都可以买到西瓜。人口少的家庭到开着空调的超市买瓜,有时只买半个甚至四分之一,杀瓜的仪式取消了,吃瓜变得精致而寡味。街头交易少了,城区深处开着拖拉机的卖瓜人和少年"闰土"都很难见到了。

记得当年我们吃的西瓜号称"汴梁西瓜",那可是开封名产,闻名遐迩。顶级品种的主要种植地在开封郑州两市之间的中牟县,当时归属开封地区。开封种瓜历史久远,至少可以追溯到宋代,南宋初期大诗人范成大作为"国信使"奉旨出使金国,肩荷外交斗争重任,所著《揽辔录》记录了这次行程。他取道开封,重游故国旧都,所到之处满目疮痍、惨不忍睹。走进城郊路遇瓜园,老瓜农得知他的身份如遇亲人,执意选摘西瓜供他品尝。他因而作《西瓜园》诗一首,留下"碧蔓凌霜卧软沙,年来处处食西瓜"的诗句。但西瓜系由金国引入中原之地,诗人吃在嘴里,怎么品咂都不是个滋味。

　　中牟县土质松软,范成大诗中的软沙处处皆是,具有适宜西瓜生长的最佳土壤环境。中牟 1980 年代划归郑州管辖,"汴梁西瓜"主产区被郑州瓜分,这个品牌受到重挫,往日风光不复存在。郑州人市场经济观念相对较强,于是老酒新瓶披挂上阵,"郑州西瓜"新品牌异军突起,一时红遍全国。这是谁都没有意料到的事情。

2020 年 5 月 27 日

冰　糕

　　火车是扭转郑州发展运势的幸运神和吉祥物,郑州人热爱火车,连第一只冰棍儿都以火车命名。

　　同样一种东西,郑州人叫冰糕,北京人叫冰棍儿,上海人叫棒冰。

　　还是冰糕的叫法合理些,我觉得。糕,一听就知道是食品。冰棍儿这个词儿,在郑州另有所指,指的是冬季的早晨挂在屋檐上那些玻璃一样透明的冰溜子,小朋友们喜欢用竹竿把它们戳下来当玩具。三戳两戳,有的咣当一下直接掉地上摔得粉身碎骨,没有落地恰好接到手中的就拿来模拟刺刀匕首在空中挥舞,寒光闪闪,好厉害的样子。攥在手中,手冻得生疼,但手中的玩意儿在温暖的阳光下会变得越来越小,到最后,手心里就只剩几滴水珠了。

　　50多年前一个骄阳似火的夏天,郑州开始诞生第一款冰糕。卖冰糕的老太太们好像经过统一的培训,叫卖的声音全都一样:

　　冰糕——三分儿,火车牌冰糕!

　　按理说给冰糕命名,应当考虑从它消暑降温的功能出发,寻找一些能给人带来"清凉"联想的概念,如"南极",如"珠峰"云云,听上去就感到冰天雪地,凉风习习,由此产生消费欲望。但郑州冰糕创始人另有思路,他们不从功能出发,而是从商品魅力出发,选择在郑州人心目中最厉害、最帅气的形象作为品牌符号,来形成不可抗拒的消费感召力——火车就是这样一种形象——郑州现代史上以铁路兴市,郑州人内心深处有一种"火车崇拜"。你不承认都不行,冰糕品牌只是一个小小例证。

　　冰糕——三分儿,火车牌冰糕!

　　从此,这疾徐有度的叫卖声成为郑州之夏的声韵标志,在一代少年的记忆中余音绕梁,永久回荡,难以磨灭。

　　那时候,小朋友的暑假是最快乐的时光。两个多月的假期是寒假的两倍,可以任意挥霍,用之不尽。踢毽、跳绳、攻城、掷沙包、摔面包、玩胶泥、滚铁环、弹琉璃蛋……大家拥有各种自制的玩具,拥有各种简单的或复杂的游戏规则,可以无须大人参与自行解决相互之间随机发生的各种冲突矛盾。大家都不懂什么叫物质欲望,都貌似具有足够的自制能力……但是,街头上一种熟悉的疾徐有度的声音不期而至:

　　冰糕——三分儿,火车牌冰糕!

　　这一喊,把大家的心都喊乱了。一些孩子短裤口袋里父母因为各种缘由奖励给的几个镍币开始蹦蹦跳跳不复安宁,积攒零钱购买心仪已久的小人书的计划土崩瓦解,心痒难耐中终于咬牙解脱自控,拔腿向老太太的冰糕车狂奔而去。

　　卖冰糕的老太太一般都在 60 岁以上,不少人腰弯背驼、银发飘拂,表情无喜无忧泰然悠然,她们的商品以分币结算,她们的收入以毫厘累积,现在细细算来,她们起早贪黑一天下来,也就挣个三两块钱而已,一个月的净收入也不足百元——这都是她们用等量的汗珠子换来的;别人躲在室内和树荫下的时候,她们在炫目阳光的直射下推着小车踟蹰独行,别人诅咒酷暑企盼阴雨天气的时候,她们感谢老天爷偏爱有加,又赏给了一天的艳阳高照。眼见小朋友狂奔而来,老人家立即停下,笑脸相迎,打开白色木质冰糕箱,掀起厚厚的小棉被,露出整整齐齐相拥而卧的冰糕们,好像害怕打扰它们的睡梦,捉出一个,迅速还原刚才的幽闭状态。老太太把冰糕递给孩子,然后继续推车前行,有时候她们并不急着离开,她把印着火车头图案的包装纸慢慢剥开,露出冰糕那雪白晶莹的胴体,交到小朋友手中,且看小朋友如何消受。

小朋友接到手中,好不欢喜,立即吮吸,含在口中,极尽缠绵,进食过程的喜悦,超过其他任何食品——几十年之后现在的小朋友们无法理解当年同龄少年的感受。现在空调普及,酷暑中家家可以把室温调节到舒适的温度,对冷冻食物并无如此渴望;冰箱普及,人人可以毫不费力地自制冰块、冷饮,超市里各种雪糕冰激凌应有尽有,这些东西对具有丰富"零度"口感体验的小朋友吸引力早已是大打折扣——当年的冰糕可是小朋友们的梦中情人。也许情人这个词对孩子们未必确当,但朝思暮想的感觉上别无二致。冰糕对他们不但爽酷,而且神秘,俗话说"冰火两重天",赤日炎炎之中,冰从何来? 当年制冷技术和制冷设备的稀缺,让对此毫无知识和见识的小朋友们对冰糕的生产无法不产生童话般的想象。

买了冰糕的小朋友转脸看见刚才的玩伴,他们身上没有镍币,满脸经过努力仍然无法掩饰的窘相。这时候该怎么办? 上海小朋友也是很喜欢"棒冰"的,据说他们在打算购买棒冰之前,会问在场的小伙伴:"你们吃吗?"答曰:"不吃。"于是进食者大快朵颐而心安理得。征询在先,尊重对方意愿,做得无可挑剔,小朋友没有义务也没有能力为别人买单。市场经济规则和所谓的契约精神就是这样从小培养起来的。但你接下来会看到郑州的小朋友的做法:他别无选择,径直走过去,走到小伙伴面前,把冰糕送到他们嘴边,请他们分享——同甘共苦,相濡以沫。两个人,有时是三四个人一起分享,他们像小狗一样伸着舌头舔着冰糕,把冰糕越舔越瘦。小朋友之间牢不可破的亲密关系就是这样在分享稀缺资源的过程中建立起来的。

冰糕——三分儿,火车牌冰糕!
冰糕——三分儿,南方牌冰糕!

卖冰糕的吆喝声中后来出现了新内容。火车牌冰糕独霸郑州市场一段时间,很快又诞生了南方牌冰糕。这是新通桥一带著名饭店"广州酒家"的产品。南方牌冰糕的上端有三分之一到五分之一的红小豆,吃到嘴里口感丰富,色彩悦目,让冰糕的糕字更显得名副其实。广州酒家还推出了一种冰镇酸梅汤,冰凉微酸,静坐慢啜,舒服极了,上市后很快风靡一时,供不应求。在中国,一些地理方位概念常常异化为城市别称,"北方"这个词好像无人专擅,"东方"这个词常常指代上海,"东南"常常指代南京,"南方"所指更加清晰,差不多专指广州。改革开放之前,如果说人们对上海的印象是"精工之城"的话,对广州的印象就是"经贸之城",广州人做生意无可匹敌。郑州的广州酒家推出"南方牌"冰糕,自然是后来居上,备受欢迎。后来火车牌冰糕生产了牛奶冰糕,价格提至5分一支,再后来又生产了1角一支的,满口奶香,堪称奶糕,物有所值。郑州冰糕的品牌竞争如此不断演进。郑州冰糕的竞争,先于郑州市场经济竞争好多年,这个事实,不知对郑州城市经济史的研究有无价值,爰以记之,聊备一说。

还有一事,与冰糕有关,在我记忆中难以淡忘。当年卖冰糕者皆为老人,某年(1970年代初)某月邻居一位大哥哥(小名九一,大概因出生时日而得名)突然加入老太太的队伍中,开始沿街叫卖。他未经父母同意,向别人借了100多元买了一辆永久牌直行车,把冰糕箱子牢牢捆绑在后座上,骑着车子走街串巷,用清脆快乐的声音高声喊:

冰糕——三分儿,火车牌冰糕!

干部子弟,又是在校中学生,竟然像老太太那样卖冰糕,不符合一般行为规则,这让不少人大跌眼镜。卖了一个夏天,挣来的钱把买车的借款还清之后还绰绰有余,实现了短期的"财务自由"。暑假结束秋天开学的时候,他已经由步兵转为"骑士"了,经常能见到他翩翩单骑自由无羁的车上姿影,心中敬意油然而生。不知道这位老兄现在何方,我一直有心了解他的后续故事,但无从得知只言片语——因为我不知他的学名大号,所以我猜想,即便他后来成了商界大腕,成了鼎鼎有名的企业家,我也无法对应辨识。想他当年十几岁就有那样的勇气和心智,我相信他在后来的改革开放大潮中一定会有所成就的。

2020年6月27日

猜　枚

善饮者说，这是一种流行民间的非物质文化遗产，学而时习之，可手指如兰，双目如炬，脑洞大开。

过去郑州人喝酒喜欢猜枚——郑州酒文化中猜枚就是划拳。考究起来，猜枚是个大概念，划拳是个子概念，猜枚还有划拳以外的诸多游戏方法，但老百姓没兴趣咬文嚼字，一直把两个概念混为一谈，我们只好从众——注意，我是说过去，过去上过酒桌的成年男子哪位没有过拇战经历呢？现在猜枚貌似已隐身遁形，好久没能看到捋袖摇臂、高声搦战、反复缠斗的精彩场面了。

1990年代初，我的几位年轻同事到广州出差，晚上慕名到大排档体验南粤风情，在地摊上坐下，要了几个小菜两份牛河，天气湿热皮肤发黏浑身不爽，便掏出自带的白酒消暑。两杯下肚，一时兴起，技痒难耐，就在暮色苍茫人影幢幢中猜起枚来，分班对垒，你来我往，高腔大调，旁若无人，好不痛快！"一心敬，哥俩好，三星照，四季财，五魁首，六六顺，七巧关，八匹马，九常有，满堂红"这些吉语听上去又像是古典文学，又像是江湖行话，看他们嘴里妙语连珠，手指兰花绽放，节奏铿锵，表情生动，无人裁决而胜负自现——广州人哪见过这种阵势，呼啦啦半条小街的人都被吸引过来,里三层外三层把他们团团围住,水泄不通,看得目瞪口呆莫名其妙却无人离去。有人说,无意中目睹了过去电影中才能看到的场面;有人问,能不能边表演边解说让观众弄明白整个流程;还有人笑嘻嘻地上前递烟,有心拜师学艺。最后结账时店家老板死活坚持免单,感谢这几位客人给他带来了开张以来未曾有过的人气,盛况空前喜出望外,盼望他们明天再来。

猜枚的好处随便就可以列上几条,从上面这个故事中已经看到了第一条:助酒兴,添气氛。故旧相会、亲人团圆都离不开聚宴,猜枚一旦开始,直接就把大家的情绪推到高潮。第二条不太重要,但很实际:节省菜品。玩起来以后你上不上菜就没人在意了,大家都把注意力集中到行为艺术上。菜肴是否丰盛不再是评价宴会质量的主要指标,留在记忆中甚至被当事人长期津津乐道的往往是自己的奇胜和对方的惨败,更纯粹的精神愉悦战胜了更传统的物质消费。第三条最重要,也是猜枚作为一种文娱方式的价值所在:益智和健身。猜枚是眼、手、心(脑)三者的联动配合,眼要顾盼流动,察看和寻觅对方不断变换的手势中无意显现的变化规律;手要极尽变化,指法飘忽不定,同一数字能用不同的屈伸指法轮替呈现,绝不雷同,让对方眼花缭乱,死活难以掌握你的手法变幻轨迹;心要不断提高计算运转速度,用最短的时间完成敌我双方两只手的数字总和,更要命的是同时要完成对敌方下一个可能弹出数字的概率进行预测,做出综合判断,想出因应之策。经常如此进行眼、手、心的配合训练会让你更加眼明心亮、肢体灵活,身体素质想不提高都难……

志趣高雅者不要吐槽。你也许会嫌弃猜枚,不喜欢高分贝的声音打扰别人的清净,不喜欢酗酒滥饮对人的身体、精神和形象的破坏,不喜欢张扬的体态显得粗鄙低俗……你觉得猜枚一定和这些有必然联系吗?猜枚是一种民间游戏,是一种其他国家没有而中国人独有的文化现象,假如在玩这种游戏的时候控制好声调,控制好场合,控制好时间,让这种游戏与公务活动无关,与公款消费无关,与工作时间无关,把它的活动空间限定在私人空间民间交往之中,它存在的合理性、正当性就差不多无可厚非了吧。老百姓的娱乐本来就不多,传统的民俗样式还是需要着意回护的。

话说回来,猜枚盛景不再,它的衰落倒真的与谁重视不重视排斥不排斥没啥关系。主因还是郑州人生活方式的演进。喝白酒的少了,喝洋酒、喝红酒都是慢慢啜的,好像和猜枚不搭。喝酒的少了,喝茶、喝咖啡、喝果汁、喝无酒精饮料的多了,喝着聊着更舒服,不易产生眼、手、心联动操作的激动。家务劳动社会化程度空前提高,在家招待客人的机会少了,过去关起家门随便热闹,现在待客尽在酒店,公共场所确实以安静为宜。猜枚变得稀有,也是没有办法的事。

前几天,偶然遇到几个年轻人在地摊吃饭,他们喝着啤酒,猜枚取乐。一看便知,他们都是新手,手法简单,远远算不上老练,但他们取用郑州地名猜枚,很是新鲜,煞是好玩:

一马路　二里岗　三磨所　四环路　陈五寨

铁六中　七里河　八里庙　九龙镇　十里铺

地名里面嵌了必需的数字,还蕴含了丰富的地理与地名信息。我因地名联想起一些故事,心头一热。传统的"四季财""五魁首"等等吉语显得风格古旧,新的猜枚地名却乡情满满,生鲜独特。全国各地每座城市都会有类似的镶嵌数字的地名,从一到十不难凑齐。这还真算是大家都能玩的玩法,不妨试试。

2020 年 6 月 6 日

地名联

　　字少墨重,联短情长。这种翰墨游戏,各地均有同类地名资源,何妨一试。

　　偶然兴起,拣选古今郑州地名,炮制短联若干。敝帚自珍,作为书法练习之用。今日献芹,供同好共赏。短联尽力讲究对仗平仄,但拉郎难免配捉襟见肘,只能勉强凑合。末尾两联平仄明显出轨,因偏爱其字面趣味而不忍割舍,务请朋友们不要拍砖。

碧沙岗　　金水河

　　注:碧沙岗公园位于郑州西郊,内有环形步道名曰海棠大道,花开时节春色四溢,娇艳无比。金水河贯通整个市区,算是郑州城历史最为悠久的绿色廊道。

红花寺　　紫荆山

　　注:红花寺是郑州市区西南一座古村,今属二七区侯寨乡。据说当年村中古寺和尚们喜种红花,因而得名。紫荆山在城东同名公园之内,实为商城城墙的一部分。

黄岗寺　青龙山

注：黄岗寺是郑州烈士陵园所在地。青龙山乃列子故里，是战国时代道家代表人物列御寇隐居的地方。

八卦庙　百炉屯

注：八卦庙在郑州西南，唐太宗李世民在此留有行迹。百炉屯在郑州高新区，乃汉代冶铁遗址。

管城驿　圃田泽

注：管城驿是郑州古代著名驿站，唐代诗人刘禹锡撰有《管城新驿记》述其形制规模。圃田泽乃古代郑州东部浩渺水体，《尔雅》将其列入中国十薮。

列子观　胡公祠

注：列子观今称列子祠，在郑州城东，传为列御寇墓地所在。胡公祠乃冯玉祥为纪念陕籍将领胡景翼而建，在今人民公园南门，胡曾为冯的属下，后任河南督军、省主席。

纪公庙　吕祖轩

注：纪公庙在郑州城西北，为纪念汉代名将纪信而建，纪信当年献身救主，使刘邦脱困，自己被楚军焚身于此地。吕祖轩，古庙名，在郑州古城西墙外，乃清人祭祀八仙之一吕洞宾的庙宇，是民国初期郑州新市区发轫之地。

张五寨　陈三桥

注：皆为郑州古村名，前者在郑州高新区，后者在郑东新区，张五、陈三，都是古代的平民百姓。

老坟岗　大石桥

注：老坟岗为片区地名，在郑州古城西门西北，明清时为市民墓葬聚集之所，民国至今是郑州商业繁华之地。大石桥亦为片区地名，因

1940 年代金水河人工改道架设石拱桥得名。

高皇寨　仆射陂

注：高皇寨在郑州城北，传刘邦曾在这里夜宿，因而得名。仆射陂，已消失的古郑州城湖，北魏孝文帝曾赏赐给仆射李冲，因而得名，唐代改名曰广仁池。仆射，古代官职，与宰相相类。

东风渠　西流湖

注：东风渠是一条 1958 年人工开挖的引黄灌溉河渠。西流湖是 1970 年为解决城市供水而兴工的一座引黄入郑人工湖，当年被称作郑州人的大水缸。

关虎屯　饮马池

注：关虎屯在今花园路中段，传周穆王在圃田狩猎，捉到老虎关押于此，因而得名。饮马池在郑州火车站附近，传明代嘉靖皇帝曾在此住宿饮马，故有此名。

书写少字数地名联须作榜书大字。度纸大小，八尺则过于疏阔，四尺则失于局促，六尺对开最为适宜。周末假日，午睡充足，然后抖擞精神捉大号斗笔上阵，先饱蘸清水，再饱蘸浓墨，果断发力，用颜鲁公体或龙门造像风格，奋笔疾书，纵横捭阖，满纸云霞，墨沈淋漓，字态天成；不计工稳，但逞豪情。写罢掷笔，顾盼自雄，意犹未尽，招甥侄辈小酌，微醺中畅谈郑州前朝旧事。人生惬意，莫过于此。间或为之，岂不快哉！

2020 年 6 月 18 日

松社印象

　　写书者联翩而至，读书人络绎不绝，这里像是办了一桌连续不断的流水席，厨子和食客皆大欢喜。

　　我想说松社是一家非典型书店。

　　它的企业形象和运营模式与一般的书店风格迥异，超出常规。虽然松社声名远播，在郑州读书界、知识界人尽皆知，但论店舍面积，估计它难以排进郑州书店前20名的座次；论全职员工数量，开业七年来从来没有达到过两位数字。店内素常清寂，你不论何时进入店中，购书者、阅读者都如闲云野鹤，倜傥不群，不会有扎堆的顾客、拥挤的人流。店内四壁都是书脊的竖向线条，但地坪纵向分成两半，一半低，一半高，形成梯田地貌，初来乍到的客人上上下下之间会有一种奇异的空间感受。

　　在进入松社的楼梯间拾级而上，你会看到侧墙上密密麻麻挂满了相框，全都是各地作家学人来松社讲课的图片，图片上的人物或者肢体语言丰富，挥动着手臂，比画着手势，慷慨陈词，发黄钟大吕之声；或者宁静安详，诙谐幽默，娓娓而谈，有春雨润物之韵。他们有一个共同的身份：松社书架上那些书籍的作者，松社之友。我数了数，相框计有

243 幅之多。

松社老板刘磊笑嘻嘻地说:"不止这些。"松社有个核心词语,叫作"听松"。

听松,这是关于"松社我来讲"系列讲座的诗性表达。据刘磊介绍,七年来松社在店内举办讲座 500 余次——楼梯间墙壁面积有限,难以全部展示讲课者的风采。如果加上受郑州市机关、学校、企事业单位的委托由松社负责操作在店外各处举办的人文学术与文艺讲座,总数已超 1000 次,听众人数多达数十万之众。

松社的微信公众号每月初都会对外推送当月讲座和文化沙龙活动的内容与时间安排,这种沙龙活动安排每周少则一两次,多则三五次,此起彼伏,前呼后应,连绵不绝。讲座之夜,松社一改白日的宁静,变得熙熙攘攘,春风满堂。店内地坪的高程变化这时候显现了隐形功能,高处自动演变成讲台舞台,低处变成听众座席,谈笑有鸿儒,往来无白丁,关于图书、读书的文化盛宴日复一日在这里大宴宾朋。郑州人呼朋引类纷至沓来,这里常常是座无虚席甚至是人满为患难以立足,松社不得不要求大家事先在网上预约订座,以便控制人数,平衡需求。

经济学家张维迎来到这里,从经济学原理和经济学常识出发帮助郑州读者分析当下经济热点问题;华东师大教授许纪霖来这里讲中国知识分子的家国情怀;文化学者余世存来这里讲先秦时代的中国智慧;鲁迅研究专家孙郁来这里讲当代文学中的鲁迅传统;近代史学者张鸣来这里讲晚清巨变中的历史细节;中国人民大学教授梁鸿来这里讲故乡与精神之源;中国作家协会副主席叶辛来这里讲文学与青春;美食研究者与影视导演陈晓卿讲"舌尖上的中国";文学史家陈子善来这里讲关于现代作家签名本的逸闻趣事;著名出版人刘瑞琳来这里分享她的"理想国"理念;传奇女诗人余秀华来这里举办 40 岁生日诗友会;董必武后人董良翚来这里展示共和国元勋先贤的家书故事；英国著名音乐家凯瑞·安德鲁来这里举办音乐分享会；学者葛剑雄、林毅夫、陈志武、汪兆骞、李银河、吴钩、李敬泽、鲁枢元、李陀、杨天石、虞云国、张楚、扬之水、朱大可、王立群、何向阳和作家梁晓声、叶兆言、邱华栋、毕飞宇、阿来、熊召政、张抗抗、范小青、李修文、李洱、祝勇、马原、李佩甫、张宇、王跃文、柳建伟、阎连科、邵丽……以及一些当红网络作家在这里发布他们的新作，他们阐释著作核心意涵，延展书中不尽之意，爆料书外珍闻花絮……每一个名字，都意味着一场思想和语言的饕餮大餐，都意味着一次言说者与倾听者的双向满足。讲座"讲者无酬，听众免费"，即便如此，国内许多作家学者仍主动与松社联系，或间接表达前来松社与郑州读者交流的愿望。

作为郑州的文化客厅，松社不仅展示客人的学养气度，这里也是显示主人素质和品味的地方。每次讲座，讲台上的传道者有备而来，尽情发挥，酣畅淋漓；讲台下的倾听者聚精会神，积极回应，风生水起。张维迎完成答问环节结束他的讲座以后，边擦汗边对刘磊说："刘磊呀刘磊，你应该事先提醒我今天听众的专业水平啊！——郑州人够厉害的，刚才几位能提出那样深度的问题，让我都有点猝不及防啊，哈哈哈……"

以讲座的频次、讲座的质量和影响力而论，"松社我来讲"的运行状态让省内任何一家讲坛论坛机构都难以置信，望尘莫及，有的高等学府也难以望其项背，自叹弗如。松社因此在郑州同业中独树一帜，亦令全国同行刮目相看。

实体书店生意清淡，利润微薄，求生艰难，这是当下整个行业无奈的常态。松社每日个人购书者并非门庭若市，松社的讲座又不向听众收取费用，不免有人向刘磊讨教松社的盈利模式问题。刘磊回答："利润本身并不是松社的第一追求，以挣钱为人生目标的人不会投资书店这个微利行业。"投资其他产业例如投资餐饮业更容易获得利润,所以说书店业是个"机会成本"较高和投资风险较高的行业。但说句老实话,不盈利而存世的企业一定是"假企业"。要维持良性循环和可持续发展,松社也必须面对现实,找准着力点,打好组合拳。刘磊说:"我们重点关注的对象并不是偶尔进店浏览的那些路人,松社的目标市场是省会乃至郑州以外城市的文化精英、知识阶层,是那些知书者、爱书者、聚书者、用书者,为他们提供定向的精准的优质服务,同时捕捉团体需求,为相关机关企事业单位推荐和配送读物,在这个过程中基本实现财务平衡。加之为社会机构代为操作组织的各类讲座各种文化艺术活动实行有偿服务,这些收入足以使松社保持青枝绿叶活力充盈的状态。"

松社自开办之初就超越了书商的身份定位,它以书为媒、以书为原点发散延伸,展开各种与书相关的服务——为读者服务,让他们在购得书籍承载的文化信息的同时,能够听得到著作人的初心脉动,看得到书本背后别样的风景;为作者服务,为他们提供与读者和拥趸见面的平台,让他们了解自己作品的社会反响与普遍关切,给他们提供推介、诠释、扩展作品的机会;为出版社服务,向他们回馈出版物的市场评价,介绍当地读书界的生态,提供出版选题方向的建议意见……与其说松社是在卖书,不如说更像是在卖服务、卖品牌——刘磊深耕细作,多年如一日致力于打造"松社"这个文化品牌,不断扩大品牌影响力,让品牌影响力在企业运营中转化为凝聚力、向心力、成长力,使松社能够根深叶茂,迎风挺立。

刘磊四十多岁,面廓清朗,话语简洁。执掌松社之前他是市直某机关的办公室主任。为了松社,他放弃了公务员身份,放弃了体制内的前程。谈到这段经历,他粲然一笑说:"没有惋惜。我没有感觉自己失去了什么,反倒有一种涨停板的快感。大学毕业进入机关十几年经过多个层级的历练,自己增加了对社会肌理的了解,接受了机构运行方面的训练,懂得规则和秩序的力量,掌握了沟通的艺术,积攒了人脉资源。操盘松社之后,自己身上的潜质得以更好地发挥也得以更加有效地利用,很多事情因而能够应付裕如。记忆中童年时曾坐在西郊浓密的法桐树荫之下与小朋友分享阅读连环画,开始对纸质的读物充满向往和期待。以书为师,以书为友,以书为业,以书结缘,这是自己少年时就反复憧憬的一个梦想。美梦成真,岂不快哉?清人沈德潜有联云:'种树乐培佳子弟,拥书权拜小诸侯',培植树木和培育后代都是人生乐事,而作为读书人能够坐拥书城,顾盼自雄,那心情更如同封侯拜相一样快乐。爱好与工作统一,梦想和职业重合,这就是所谓幸福的核心意涵吧。"

刘磊排除了松社未来拷贝复制、连锁经营的发展走向。他说:"书店的设计风格、情景设置很容易复制,服务能力却难以如愿生成,核心人物更无法像《西游记》描写的那样拔根毫毛一吹就跑出来一群同款的孙猴儿。在郑州再找出一个和我一样的刘磊,绝非易事。"刘磊哈哈一笑,既自我调侃,又自信满满。

谈及今后几年的打算,刘磊提到松社还会继续在优化深化服务方面做好文章。例如也许会延请省会贤达成立专家委员会,发掘文化资源、策划出版选题,为出版社提供建议意见,甚至直接与出版社合作出版专题读物;每月发布"松社推荐",向社会提供建议阅读的书单,搞好市场导向,增强市场影响力;也许会设立一个"松社奖",评选豫版年度好书,为优质图书站台加油,也为中原文化的传承传播发挥作用;也许会设置"书房设计师"岗位,免费为千家万户的书房装修和图书配置提供咨询;也许会聘请"松社首席摄影师",为松社讲座的专家和听众、作者和读者提供优质的影像服务……

许多城市都有一家知名的书店。有一家好书店，这是当地文化人的脸面。到国内一些大城市去，总能邂逅闻名遐迩的书店，看到他们的本土品牌：钟书阁、西西弗、言几又、晓学堂、先锋书店……看到这些招牌，我会勾留不去，艳羡不已，垂涎三尺。郑州有"松社"，这让爱面子的郑州读书人松了口气，宽慰不已。"既见君子，云胡不喜？"

若有外地朋友来访，我也可以陪他们到这里体验一下，品茗，选书，"听松"，在这里找一找今日书香郑州的感觉。

2020 年 12 月 3 日

后　记

十八年前一件旧事，让我记忆深刻，至今不忘。

那一天我应邀到郑州市某大学为旅游学院的学生讲课，讲座的题目记得叫作"旅游城市与城市旅游"——前一部分讨论城市对旅游产业"行、游、住、食、购、娱"诸要素不可或缺的支撑作用，后一部分分析城市作为一个巨大的充满魅力的文化实体，本身就是一个旅游吸引物和旅游目的地，特别是大都市，产业百态，风情万种，街巷深处蕴藏着丰富的高品质的旅游资源，可以开发、加工和衍生出无数种旅游产品。都市观光之旅，将占据未来旅游市场半壁江山。讲课内容大意如此。

没想到的是，我刚张嘴开讲，下面听众席就窃窃私语，乱糟糟一片。再讲几句，竟然听到了喝倒彩的掌声。这是我从来没有遇到过的窘境。

我明白问题所在，沉吟了一下，问："同学们，大家是不是不习惯我的满口方言啊？"

大家哄笑，同意我的判断。

我说："那我们今天的讲座就改从方言说起吧。"

于是，正题之前先讲了一段方言问题。我坦言："三尺讲台上用普通话上课，这是高校教学规范。我从小受到过普通话训练，在日常生活和文化交流中使用普通话没有什么困难。但今天的讲座是旅游学的课程,用本地方言讲课,是我的选择而不是我的失误——这样的话,表达更自如,描述更生动,词语更有味。"

我告诉同学们,古代先贤分析旅游活动时,就有"目游""舌游""耳游"三分法的说法,很有智慧。目游就是视觉体验,看山水形胜;舌游就是口感体验,品民间百味(前些年大获好评的美食类纪录片《舌尖上的中国》,其题目就受到这种说法的启发);耳游就是听觉体验,用耳朵捕捉不同地域言辞声韵变化之趣。方言是对应地域的声音形象,是地域文化特色的重要构成,是非物质文化遗产的首要项目,被方言包围和淹没,更是完整和深度旅游体验不可或缺的一环。我们难以设想,如果到重庆到成都听不到风趣幽默的四川话,到郑州到洛阳到开封,听不到简洁、痛快、古拙的中原音韵,到闽西听不到客家话,到广州听不到粤语,到苏州杭州无锡听不到吴侬软语,到上海听不到"阿拉"和"侬",到东北听不到当地人满口大碴子味的爽朗话语……所到之处方言都被普通话彻底取代,这些城市这些地区的文化特色和鲜活形象还能站得住脚吗?

普通话广泛推广、普遍使用的结果不应当是各种方言的消亡。方言是普通话的参照物,也是普通话的滋养之源。普通话和方言并行不悖,相得益彰,长期共存,才是一种美好的境界。懂得方言才能真正懂得中国上下五千年的文明史,才能保全祖国文化多样化的魅力。忽视和鄙视方言在民族文化传承中的作用,当属不智之举,应为旅游从业者所不取。

这堂课受到了同学们的欢迎,赢得了他们掌声的点赞。陪坐的旅游学院院长在礼貌性的总结中开玩笑说:"听了这堂课,我都不好意思用普通话表示感谢了……"

写完《郑州人》书稿后想起这件陈年旧事,颇有一些感触,这些感触与刚才所述的一些概念有关:

南京大学出版社近年来出版了"城市人"系列图书：《北京人》《南京人》《武汉人》《苏州人》《哈尔滨人》《桂林人》《南昌人》……偶然在朋友的书架上看到这一组图书，心动不已，赶紧借来，一一拜读。我佩服南大社的眼光和筹划、组织能力。他们致力于发现、发掘都市文化的特殊魅力，选择国内知名城市，安排合适作家充任导游，陆续推出系列化的"都市文化观光之旅"项目——纸上旅游历来被读书人目为重要的出游方式，榻上"卧游"，此其名也——读者通过纸媒阅读，足不出户畅游天下，一册在手造访名城，完成愉快的阅读体验，得到可心的文化享受。这些书与那些介绍各地景区景点和食街、风味的旅游攻略类图书当然不是一个概念，这已是南大社对图书界独特的贡献了。再放眼看去，全国有 600 多座城市，地级市近 300 座，其中国务院公布的历史文化名城达到 130 多家，每一个都有独特的故事，都是一个诱人的公共读本，如果南大社长期坚持"城市人"书系的操作，继续动员一批作家"导游"参与到都市观光的"卧游"项目中来，那将更成为国内城市文化研究及其文学表现的一个壮丽景观。

南大社这个书系的作者们，多为文坛名宿，个别作者因我囿于阅读视野，未谙其名，但读了作品，也深感文笔了得。他们都熟悉自己长期居住的城市，对城市既有历史的纵深探询，又有现实的人文关怀，作品表现的内容宏大而精微。如果把方言一词当作地域文化个性的隐喻，我以为其中每一本都可以算作"方言读本"——用个性化的语言写作，写个性化的城市，表现城市主人的个性。

我有机会写作《郑州人》是一件非常开心的事情。我希望这本书能给"郑州之旅"——无论是真正意义上的旅游活动还是纸上的都市观光，都能发挥一点导引服务的作用。我希望我这 30 多篇长短不齐的随笔，能够触及郑州这座城市的独特个性，没有全部隔靴搔痒。我也希望这本书能被认定为方言写作，我认为这是对一个城市文化研究者兼随笔写手的一种褒奖。

我的女儿是一名建筑师，她的职业也要求她对城市和地域文化特色问题保持兴趣。在这一点上，父女颇有共同语言。她知道我有《郑州人》一书的写作计划后，向我提出疑问："你以什么身份、以什么态度写这座城市？"她没有明说，但我知道她的担心：怕我写一本近似官方风格的读物，或者说写一本百度词条汇编那样类型的满篇溢美之词的宣传品。

我答复女儿，我想我有资格以"知情者"的身份写郑州——我因长期（50多年）生活在郑州而知情，因长期效力亲身参与郑州的发展而知情，因长期关注和积累相关文史信息而知情——我算是一名"知郑者"吧。我想请她放心，我会继续以文化随笔的风格写作，不会虚张声势、言过其实、跟风从众、刻意褒贬、失去分寸。选择的题目，既有公众话题类，又有私人经验类，难免有不够严谨之处。至于字里行间流露一些对郑州这座城市的温情，这也是情非得已再自然不过的事情。

希望郑州人接受这本《郑州人》，更希望外地读者有阅读的兴趣。

感谢南京大学出版社司增斌先生给予的信任、支持。祝愿他主导的这个书系连绵不断，攻城略地，再下新城。

2021年5月18日，郑州，凯旋阁